2017年度上市公司
环境信息披露评估报告

李晓亮　张　炳　葛察忠　汤亚茹　李婕旦　等著

中国环境出版集团・北京

图书在版编目（CIP）数据

2017年度上市公司环境信息披露评估报告/李晓亮等著. —北京：中国环境出版集团，2019.12
ISBN 978-7-5111-4206-1

Ⅰ. ①2… Ⅱ. ①李… Ⅲ. ①上市公司－环境信息－信息管理－研究报告－中国－2017 Ⅳ. ①F279.246

中国版本图书馆CIP数据核字（2019）第289789号

出 版 人 武德凯
责任编辑 陈雪云
责任校对 任 丽
封面设计 彭 杉

更多信息，请关注
中国环境出版集团
第一分社

出版发行 中国环境出版集团
（100062 北京市东城区广渠门内大街16号）
网 址：http://www.cesp.com.cn
电子邮箱：bjgl@cesp.com.cn
联系电话：010-67112765（编辑管理部）
010-67112735（第一分社）
发行热线：010-67125803，010-67113405（传真）

印 刷 北京中科印刷有限公司
经 销 各地新华书店
版 次 2019年12月第1版
印 次 2019年12月第1次印刷
开 本 787×1092 1/16
印 张 11.5
字 数 280千字
定 价 65.00元

《2017 年度上市公司环境信息披露评估报告》
编写委员会

李晓亮　张　炳　葛察忠　汤亚茹　李婕旦
贾　真　王　青　吴　爽　吴嗣骏　冀云卿
霍敬裕　刘闺臣　胡　睿

前　言

信息手段是环境管理的重要手段，在深度信息化社会能够发挥越来越重大的作用。命令控制型、经济激励型和信息（自愿）型手段是环境管理中最主要、最常用的三类政策手段。从环境管理的国际经验、国内环境政策发展趋势与未来需求，以及我国制造强国与生态文明双重发展目标与战略等角度综合来看，信息（自愿）型手段因其具有效果好、覆盖广、柔性化、透明度高、行政成本与社会代价均低、相关主体能够自我适应和自我调节等特征，被视为继强制性标准与政策（命令控制型）、环境经济政策（经济激励型）后，最主要和最受倚重的环境政策手段。从政策实践角度来讲，此种趋势和要求已经明确，2017 年，中国人民银行等 7 部门共同印发的《〈关于构建绿色金融体系的指导意见〉的分工方案》，要求“到 2020 年 12 月底前，强制要求所有上市公司披露环境信息”；十九大报告中要求生态环境部牵头制定覆盖所有企业的《企业环境信息强制性披露改革方案》。

上市公司是评估和试验信息手段如何发挥更好效果的最优对象。信息（自愿）型手段的进一步发展与完善必须从其现状与问题的科学系统评估起步，即需要回答几个问题：“现有政策执行效果如何、存在哪些问题、改进完善方向在哪里、如何改进”等。首先，上市公司信披渠道与形式最规范、信息最透明、关注和应用者最多，其披露现状和未来潜力代表了所有企业的目前最优水平和未来最大潜力；其次，上市公司行业覆盖面全（3 596 家、覆盖 19 大门类 90 个行业门类，基本覆盖所有行业门类），典型性、代表性强；再次，上市公司是我国国民经济的主力军，其中重污染行业上市公司 1 520 家，占主板上市公司总数的 46.26%，也是污染排放的重要贡献者；所以，上市公司是研究与评估环境信息披露政策的最佳和最具代表性的样本群体。本报告选取上市公司作为研究对象，将研究问题凝练为“在现有环保和证券监管政策体系下，如何建立能够覆盖全部特性上市公司的‘（法定义务）披露合规度’评估方法及其影响因素识别方法”，作为回答上述“四问”的逻辑起点和科学支撑。

经过评估，我们发现从现状看，上市公司通过定期报告披露一般性环境信息的形式合规度显著提升，但全面性、规范性、真实性与可用性仍较差；同时，环境处罚等关键有效信息披露状况极差。部分政策标准不清、缺乏信息沟通与跟踪评估等执行保障是披露水平差的主因，进而导致诸多对企业本可具有巨大威慑力的已有经济、金融与综合手段“大杀器”处于“沉睡状态”。建议补充现有证券与环保政策中的关键欠缺环节，加强现有政策跟踪与执行，激活“沉睡条款”助力污染防治攻坚战；同时，系统设计强制披露制度，为市场主体绿色决策提供有效信息引导，为构建生态经济体系和生态文明制度体系提供制度支撑。

本报告的第 2～5 章由李晓亮撰写，第 1 章和第 6 章由其他同事撰写。本报告得到生态环境部法规标准司别涛司长、赖晓东处长，生态环境部综合司李华友处长、陈默调研员、王力副处长，以及生态环境部环境规划院王金南院士等相关领导和专家的指导与支持，霍敬裕律师与刘闺臣律师为此报告提供了法律咨询与支持，在报告研究与编制过程中，诸多领导与专家提出了宝贵的意见与建议，在此一并表示感谢。

作者

2019 年 3 月

目　录

第一章
研 究 背 景

1.1 企业环境信息披露的必要性

在我国经济高速发展的进程中，环境污染问题日益严峻，受到越来越广泛的社会关注。环境保护需要政府、企业及公众的多方面共同参与，而其前提是对环境信息的充分知情。根据《奥胡斯公约》，环境信息是指包括环境要素（如水、空气、土壤、动物、植物、土地和自然遗址等)、生物多样性（含转基因生物）的状况、对环境要素可能发生影响的因子（包括行政措施、环境协议、计划等)、用于环境决策的成本—效益和其他基于经济学的分析及假设在内的一切信息，这些信息以文本、图像、录音或数据库的形式表现。环境信息作为一种公共信息资源，是政府、企业和公众实施环境行为选择和行动的重要信息基础。

企业作为一个既有社会服务功能，也有盈利功能的经济组织，有义务履行其社会责任，披露环境相关信息。根据企业受托责任理论，企业的经营者既是企业股东的受托人，承担经济受托责任，也是企业利益相关者的受托人，承担环境和社会受托责任，应履行相应的环境保护和环境污染治理的义务，并对此进行说明和报告。对公众而言，环境污染与人民生活息息相关，公众有权了解环境现状及重要污染源的排污情况，也有权监督其他个体及单位的环境行为。《奥胡斯公约》第 1 条规定：各国应“保障公众在环境问题上获得信息、参与环境决策和诉诸法律的权利”；我国《环境保护法》第 53 条也明确规定：“公民、法人和其他组织依法享有获取环境信息、参与和监督环境保护的权利”。公众环境知情权是其他权利得以正确行使的先决性权利，只有保障了其知情权，公众才能更好地行使其监督权与参与权。通过规范环境信息披露行为，可以保障公众环境知情权，促进公众积极参与环境治理，保护公众环境利益。

企业作为环境污染的主要来源和国民经济发展的主要推动力，其环境信息披露对于协同和控制社会经济发展中的政府、企业和公众行为，改善生态环境、保障社会福利都具有重要作用。企业环境信息披露行为可以提升企业的环境守法意愿和守法认识；帮助管理部门和机构投资者及时准确地掌握污染主体排污和污染治理的真实情况，并通过市场行为反馈激励污染主体加强污染管控、提升环境绩效；对公众而言，信息披露有助于拓宽信息获取途径，从而提升公众对环境问题的认识、加强公众对决策的参与，最大限度地调动社会公众参与环境监督的积极性。

此外，环境信息披露对于环境保护和社会稳定具有重要作用。环境信息披露为环境领域的公众参与创造了条件，是公众参与的基础。缺少了信息披露，公众只能凭经验判断环境指标，没有切实的数据和结论支撑其参与环境的监督与保护。环境问题的不透明会增加社会的不稳定因素，公众在不知情的情况下，往往被谣言误导，产生对政府的不信任，容易发生大规模群体性事件。环境信息的披露还能有效避免政府环境决策失误。虽然环境问题的监督需要相当专业的背景知识，而政府和企业一旦披露了信息，必定预先对问题进行过自纠，且专业的组织机构对披露的信息有相当的敏感度，经过舆论对专业数据进行大众化的解读，使得信息披露起到有效的监督作用。

上市公司的环境信息披露是环境信息披露制度的重要组成部分。截至2016年年底，我国3 200余家上市公司年产值近30万亿元，总市值逾52万亿元；其中重污染行业上市公司2 052家，占主板上市公司总数的62.45%。这些上市公司既是我国国民经济的主力军也是污染排放的重要贡献者。督促上市公司履行社会责任，真实、有效地披露环境信息，不仅可以培养上市公司环境守法意识、促进企业改进环境表现，更有助于保护投资者利益、提升上市公司质量、优化资本市场结构。时任证监会副主席姜洋也表示，上市公司是资本市场的基石，在落实环境保护责任方面责无旁贷，建立强制性环境信息披露制度有助于提升上市公司质量，也是资本市场稳健发展的重要制度、促进环境质量改善的新举措。

自2006年《环境统计管理办法》发布以来，我国已出台一系列法律法规以促进企业信息披露制度的发展。就上市公司而言，早在2007年，证监会就已发布了《上市公司信息披露管理办法》，但相关制度还很不完善。2016年，中央深化改革领导小组会议审议通过的《关于构建绿色金融体系的指导意见》，全面部署了绿色金融的改革方向，并由我国首次倡导将绿色金融纳入G20议程。该意见专门明确要“逐步建立和完善上市公司和发债企业强制性环境信息披露制度”。2017年6月12日，环保部与证监会联合签署了《关于共同开展上市公司环境信息披露工作的合作协议》，旨在共同推动建立和完善上市公司强制性环境信息披露制度，督促上市公司履行环境保护的社会责任。[①]

然而，尽管近年来上市公司环境信息披露制度逐步建立完善，监管力度也不断加强，但是上市公司环境信息披露的形式、内容、监管等方面仍存在诸多问题。不完善的环境信息披露影响了公众对于企业环境表现的认知和掌握，削弱了公众参与企业环境公共监督的能力，同时也使得市场对于污染企业的反馈力度降低，在一定程度上为污染企业继续排污、忽视环境规制以攫取经济利益带来了激励。基于这一认识，当前对于上市公司信息环境披露的工作要着眼于加强监管和规制，完善市场信息以督促企业完整地披露自身环境信息，同时建立和完善上市公司环境信息披露制度。只有做好上述两方面研究及实践，才能在保证上市公司如实且完整地披露环境信息的同时最大限度地调动社会公众对于环境监督的积极性，也为政府评估企业环境绩效并有效实施环境规制提供了支持。

① 姜洋：上市公司落实环保责任责无旁贷，徐昭，《中国证券报》，2017-06-13.

评估上市公司的环境信息披露程序、内容及其环境表现，完善上市公司环境信息披露制度体系，对于推动上市公司更有效地披露环境信息和促进企业改善环境表现具有重要现实意义。

1.2 国内外发展现状

1.2.1 国外企业环境信息披露要求

1. 国外一般企业环境信息披露要求

（1）美国

美国议会颁布的环境法绝大多数都包括环境信息披露的内容，例如，《资源保护和恢复法》（Resource Conservation and Recovery Act，RCRA）和《综合环境反应、赔偿和责任法》（Comprehensive Environmental Response，Compensation and Liability Act，CERCLA）要求企业明确披露潜在的责任人、向外部环境排放的有害物质的种类、数量和存放地点等信息，《清洁空气法》（Clean Air Act，CAA）规定上市公司必须披露每年气体污染物的排放信息。

在美国环境信息披露制度中，最具代表性的是以《应急计划与社区知情法》（Emergency Planning and Community Right-to-Know Act，EPCRA）为基础的《有毒化学物质排放清单》（Toxic Release Inventory，TRI）。该制度要求所有符合规定的企业必须每年向美国国家环境保护局提交有毒物质排放表，披露有关化学物质特别是有毒物质生产、运输、使用和处置等各环节的环境信息；环保局据此编制《有毒化学物质排放清单》（TRI），并通过网络发布，建立对公众开放的 TRI 数据库。

EPCRA 法案从行业、规模和（物质）阈值三个角度对需要提交有毒物质排放表的企业进行了明确规定：一是工业类别指标，设施分类属于标准工业分类码列出的行业；二是规模指标，全职雇员超过 10 人或等同于 2 万工作小时；三是化学品和阈值（threshold）指标，设施应生产、进口、处理或使用的有毒化学品属于 TRI 列明的化学品且数量超过阈值。基于化学品不同的使用存储特性和环境特性，EPCRA 法案制定了四项不同的报告制度，分别是应急计划报告（emergency planning and notification）、紧急排放报告（emergency release reporting）、危险化学品通报和存量报告（hazardous chemicals notification and inventory reporting）及有毒化学品排放报告（toxic chemicals release inventory reporting）。

排放表是报告排污信息的主要载体，内容包括：设施的名称、位置和正常商业用途，设施负责人签字确认的证明文件，有毒化学品明细等。表格中除信息内容填报之外，还包括辅助企业填报的指南、计算化学物质的方法等信息。

TRI 的执行与责任机制包括 EPA 的行政罚款、法院的民事罚款以及公民诉讼三种方式。仅以行政罚款为例，EPCRA 规定，任何企业违反第 11022 条或者第 11023 条，每次违法最多可处以 25 000 美元的罚款，此处“每次”的界定以天计算，即每延误报告一天即视为违法一次。

（2）日本

与美国的 TRI 制度类似，日本也实行污染物排放与转移登记（PRTR）制度。1996 年 10 月，原日本环境厅（现日本环境省）成立了 PRTR 技术咨询委员会；1999 年，环境厅联合国际贸易及工业部合作编写了《化学物质排放量管理促进法》。根据该条例规定，2001年起，企业每年需对其排放的化学物质的总量进行评估，并于次年向政府相关部门申报；政府部门汇编各企业具体数据并向社会公众发布。PRTR 制度旨在通过企业提供的数据，在企业、政府与公众之间搭建一个信息联动的平台，让社会公众知晓上市公司释放的化学物质的总量、种类和来源。

除 PRTR 制度外，日本还实行企业环境报告披露制度。日本的企业环境报告披露通常采用自愿模式，以政府引导为主，法律为辅；由日本环境省发布各项准则和指南，指导和规范环境报告书。1993 年，原日本环境厅为了促进规范企业环境信息披露，制定了《关注环境的企业的行动指南》，第一次明确了环境报告书的法律地位。2005 年 4 月，日本政府实行的《关于通过促进提供环境信息等促进特定企（事）业者等开展环保型事业活动的法律》，要求所有国有企事业单位必须发布环境报告书，企业若不公布或不如实公布将会面临 20 万日元以下的罚款。2000—2012 年，日本先后四次修订了《环境报告书指南》，不断补充完善报告书的内容，对企业环境信息披露的基本项目、信息指标、描述框架等做了详细的规定。根据《环境报告书指南》规定，企业环境报告书需包含以下五个方面内容：基本项目、环境管理（环境管理指标 MPI）、降低负面环境影响活动（运营指标 OPI）、环保和经营间的关系（环境效率指标 EEI）、社会措施。

（3）欧洲

欧盟的企业环境信息强制披露制度始于 20 世纪 70 年代。1990 年，欧盟前身的欧共体发布了《有关环境信息取得自由的指令》，该指令第一次以专门立法形式规定了环境信息披露问题。1998 年 6 月 25 日，联合国欧洲经济委员会在第四次部长级会议上通过了《在环境问题上获得信息、公众参与决策和诉诸法律的公约》（即《奥胡斯公约》），该公约是迄今为止对环境信息披露规定得最为完善的公约。2003 年 1 月，在《奥胡斯公约》的基础上，欧洲会议和理事会颁布了新的《关于公众获取环境信息的指令》（2003/4/EC 指令），对《奥胡斯公约》中的相关概念做出了具体界定。

欧盟的企业环境信息强制披露制度主要是污染物排放和转移登记（EPER）制度，其主要法律依据是《奥胡斯公约》《污染物排放和转移登记制度议定书》（也称《基辅议定书》）和《〈基辅议定书〉执行指南》。该制度对企业环境信息强制披露的主体、范围、形式，以及法律责任等做了明确而系统的规定，且具有披露内容详细、范围较广、披露形式灵活等特点，还对披露范围的例外情形明确了规定。根据《基辅议定书》，违反该制度的企业应依具体情况相应承担包括民事赔偿、行政处罚、刑事责任等在内的多种形式处罚。

除欧盟的法规外，欧洲的部分国家还制定了国内环境信息披露制度。例如，英国的自愿性环境报告披露制度和年度环境报告奖励制度。2001 年 11 月，英国环境、食品和农村事务部会同英国贸易与工业部等发布了《环境报告通用指南》，指导各类组织编制环境报告。1991 年起，英国特许公认会计师公会（ACCA）设立可持续发展报告奖，对披露环境信息年度报告的公司进行奖励。荷兰环境部规定大型企业有公布环境报告的法律义务。荷兰政府将环境报告分为面向政府部门和社会公众两种，披露内容主要包括企业的环境政策、环境管理体系、产品检测及企业经营在环境方面的可持续性；披露的方式可以以文字为主或以数字报表为主，所列数据须经外部审计。

2. 国外上市公司环境信息披露要求

美国是最早确立专门的上市公司环境信息披露制度的国家。20 世纪 70 年代，美国出现零星的环境信息披露，90 年代迅速增加。经过发展，在国会、美国环保局（EPA）、证券交易委员会（SEC）、财务会计准则委员会（FASB）和学者们的共同努力下，美国的上市公司环境信息披露制度已经基本成熟。90 年代后期开始，EPA 对于石化、钢铁、造纸等重污染行业强制实施环境信息披露，并与 SEC 建立公司环境信息协调、沟通机制，使 SEC 在监管上市公司环境信息披露方面能够发挥更好的作用。美国的环境法规分为联邦、州两级，主要由环境监测与污染防治和环境清理与复原责任两大类构成，前者包括《清洁空气法》（CAA）、《清洁水法》（CWA）和《资源保护和恢复法》（RCRA），后者主要由《综合环境反应、赔偿和责任法》（CERCLA）等组成。这些法律法规都有专门条款对环境信息披露做出规定。针对上市公司，除了遵循上述法律法规外，还必须按照 SEC 的要求披露环境信息。① 主要涉及的法律法规相关文件有《S-K 规则》（1934 年）、《应急计划和社区知情权法》（EPCRA）（1986 年）、《有毒化学物质排放清单》（TRI）（1986 年）、《第 92 号会计专业公报：或有损失的会计处理与披露》（1993 年）、《作为经营管理手段的环境会计：基本概念及术语》（1995 年）等。

下面从披露主体、披露方式、披露内容三个方面梳理总结国外（主要是美国）的上市公司环境信息披露政策。

（1）披露主体

美国要求上市公司均要披露环境信息，包括外国私人发行者，但对于不同规模大小的公司披露要求的严格程度不同。

（2）披露方式

美国公司的证券申请上市登记表、年度报告和其他报告、私人事务声明、收购要约的声明、对证券持有者的年度报告及代理和信息声明，以及其他证券交易法要求的文件，均需要根据《S-K 规则》披露相应的环境信息。此外，公司档案的 MD&A（管理层讨论分析）中需要披露有关的环境信息，公司的财务报告和报表中也需要披露环境会计信息。

（3）披露内容

美国上市公司在年度报告中需要披露的信息包括环境因素对公司的成本、收益及竞争力的影响，公司在环境污染防治设施方面的重要资本支出，由环境引起的行政或司法诉讼（包括私人侵权诉讼和公益集团诉讼），环境因素可能带来的未来运营结果或财务状况的不确定性影响，公司的合同义务中所产生的环境责任，可以为投资带来投机机会和风险的环境风险因子，与环境责任有关的潜在损失，环境修复责任等。规定中特别强调，对于风险因子的讨论必须是具体的，不能泛泛而谈。外国私人发行者需要提供“关于任何实际有形固定资产，包括租赁资产的信息”，包括对“任何可能影响公司对资产利用的环境问题”的

① 杨为程. 基于绿色证券的环境信息披露：海外经验与启示——从上市公司环境事故说起［J］. 新疆大学学报（哲学人文社会科学版），2014，42（2）：43-47.

描述，这项条款要求披露所有与实际资产有关的问题。

1.2.2　我国企业环境信息披露制度

1. 我国一般企业环境信息披露要求

自 2006 年《环境统计管理办法》发布以来，我国已出台了一系列法律法规以促进企业环境信息披露制度的发展。2007 年 4 月国家环境保护总局公布了《环境信息公开办法（试行）》，要求超标排污企业强制披露排污信息、环保设施的建设运行情况、环境污染事故应急预案等环境信息，同时鼓励其他企业自愿披露环境信息。2011 年，环境保护部发布了《企业环境报告书编制导则》，对企业环境报告书的框架结构、编制原则、工作程序、编制内容和方法等进行了规定，以规范企业环境信息披露行为、促进企业环境管理水平提高。此外，环保部还于 2010 年和 2013 年针对事业单位和企业分别发布了《环境保护公共事业单位信息公开实施办法（试行）》和《国家重点监控企业自行监测及信息公开办法（试行）》《国家重点监控企业污染源监督性监测及信息公开办法（试行）》，对国家重点监控企业的自行监测信息提出了披露要求。

2014 年，全国人大对《中华人民共和国环境保护法》进行了修订，其中专章强调了环境信息公开和公众参与，要求重点排污单位如实向社会公开环境信息，以基本法的形式明确了“信息公开与公众参与”的地位。同年环保部出台了《企业事业单位环境信息公开办法》，规定了重点排污单位所需披露的环境信息内容、公开途径、惩罚措施，这是目前我国企业环境信息披露的最主要法律依据。2017 年发布的新版《企业事业单位环境信息公开办法（征求意见稿）》提出，为便于社会公众查询，国务院环境保护行政主管部门建立统一的企事业单位环境信息公开平台，集中发布重点排污单位的环境信息。[①] 已出台的其他有关环境信息披露的政策包括《全国污染源普查条例》（2007 年）、《中华人民共和国清洁生产促进法》（2012 年）、《环境保护公众参与办法》（2015 年）、《环境影响评价法》（2016 年）等。政策发展历程如图 1.1 所示：

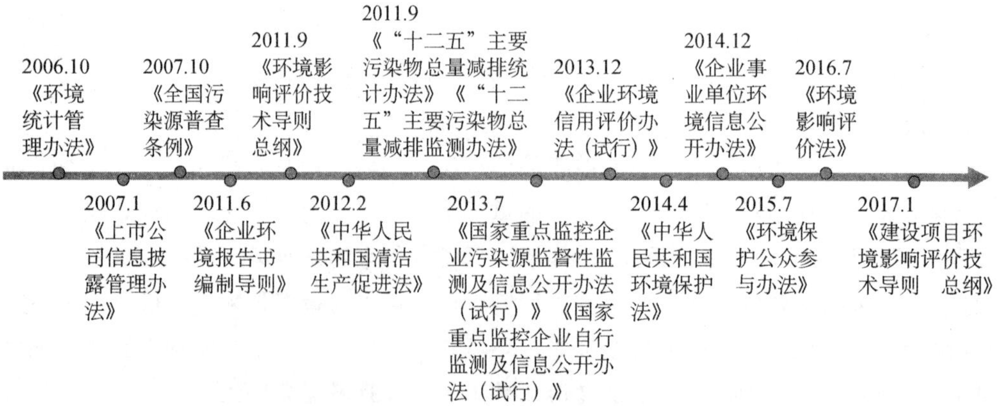

图 1.1　我国企业环境信息披露政策发展历程

① 新版《企业事业单位环境信息公开办法》公开征求意见，重点排污单位应主动公布排污信息，互联网文档资源 http://www.sohu.com/a/167751431_331084.

2. 大陆上市公司环境信息披露要求

上市公司的环境信息披露是环境信息披露制度的重要组成部分。早在2007年，证监会就已发布了《上市公司信息披露管理办法》，规定上市公司及其子公司受到重大行政处罚（包括重大环境行政处罚）后须披露临时报告。2008年，国家环境保护总局正式发布了以上市公司环保核查制度和环境信息披露制度为核心的《关于加强上市公司环保监管工作的指导意见》，针对上海证券交易所和深圳证券交易所A股市场的所有上市公司，为上市公司环境信息公开提供了法律依据和技术指南。2010年发布的《上市公司环境信息披露指南》（征求意见稿）对上市公司环境信息披露的准确性、及时性和完整性等方面都做出了明确的要求，但并未得以实施；证监会出台的《上市公司重大资产重组管理办法》《公开发行证券的公司信息披露内容与格式准则第1号——招股说明书（2015年修订）》《首次公开发行股票并上市管理办法》等一系列文件中，也均有涉及上市公司的环境信息公开的部分。

2015年，中共中央和国务院印发的《生态文明体制改革总体方案》中要求“建立上市公司环保信息强制性披露机制”。2016年，中央全面深化改革委员会会议审议通过的《关于构建绿色金融体系的指导意见》，全面部署了绿色金融的改革方向，并由我国首次倡导将绿色金融纳入G20议程。该意见专门明确要“逐步建立和完善上市公司和发债企业强制性环境信息披露制度”。[①] 2017年，中国人民银行、环保部等7部委印发《〈关于构建绿色金融体系的指导意见〉的分工方案》，要求“到2020年12月底前，证监会适时修订上市公司定期报告内容与格式准则，强制要求所有上市公司披露环境信息”。2017年6月12日，环保部与证监会联合签署了《关于共同开展上市公司环境信息披露工作的合作协议》，旨在共同推动建立和完善上市公司强制性环境信息披露制度，督促上市公司履行环境保护的社会责任。时任证监会副主席姜洋表示，合作协议着眼于执行层面，有利于形成完整的环境信息披露监管链条。证监会将进一步深化与环境保护部的合作，坚持依法、全面、从严监管，践行绿色发展理念，不断完善上市公司环境信息披露制度，督促上市公司切实履行信息披露义务，引导上市公司在落实环境保护责任中发挥示范引领作用，牢牢扛起国家责任、社会责任。[②]

目前我国上市公司强制性环境信息披露制度建设方案分为“三步走”：第一步为2017年起，被环境保护部列入重点排放企业名单的上市公司强制性披露环境信息；第二步在2018年实行“半强制”环境信息披露，企业不披露相关信息必须解释为何不披露；第三步为到2020年，所有上市公司强制披露环境信息。相应地，证监会于2016年12月9日发布了《公开发行证券的公司信息披露内容与格式准则第2号——年度报告的内容与格式》（2016年修订）和《公开发行证券的公司信息披露内容与格式准则第3号——半年度报告的内容与格式》（2016年修订），明确规定属于环境保护部门公布的重点排污单位的上市公司在年报和半年报中需要强制性披露“主要污染物及特征污染物的名称、排放方式、排放口数量和分布情况、排放浓度和总量、超标排放情况、执行的污染物排放标准、核定的排放总量，以及防治污染设施的建设和运行情况”等九项环境信息，并要求“公司应当披露其他在报告期内发生的《证券法》《上市公司信息披露管理办法》所规定的重大事件，以及公司董事

① 环境信息披露合作协议签约仪式举行，王昆婷，《中国环境报》，2017-06-13.

② 姜洋：引导资本市场主体提升环保责任意识，朱宝琛，《证券日报》，2017-06-13.

会判断为重大事件的事项。如前款所涉重大事项已作为临时报告在指定网站披露，仅需说明信息披露指定网站的相关查询索引及披露日期”。2017 年 12 月 26 日，证监会再次对《公开发行证券的公司信息披露内容与格式准则第 2 号——年度报告的内容与格式》和《公开发行证券的公司信息披露内容与格式准则第 3 号——半年度报告的内容与格式》进行修订，在原有规定的基础上增加了 3 项上市公司应披露的环境信息，要求属于环境保护部门公布的重点排污单位的公司及其子公司在年报及半年报中披露主要污染物及特征污染物的名称、排放方式、排放口数量和分布情况、排放浓度和总量、超标排放情况、执行的污染物排放标准、核定的排放总量、防治污染设施的建设和运行情况、建设项目环境影响评价及其他环境保护行政许可情况、突发环境事件应急预案及环境自行监测方案等 12 项环境信息。《准则》还强调，“重点排污单位之外的公司可以参照上述要求披露其环境信息，若不披露的，应当充分说明原因”。

与此同时，上市公司环境信息披露监管的力度也不断增强。2018 年 5 月 7 日，甘肃上峰水泥股份有限公司因未及时披露全资子公司上峰建材被诸暨市环保局立案调查、相关高管因未履行报告义务被甘肃证监局给予警告并处以罚款；5 月 30 日，甘肃证监局下达行政处罚决定书，依法对上峰水泥及相关责任人员信息披露违法行为做出行政处罚。2014—2017 年，山西三维集团股份有限公司先后七次收到山西省有关环境保护部门的《行政处罚决定书》，罚款金额总计 2 858 448 元，公司日常生产经营中也存在多次排污超标的情形；但公司在相关定期报告中并未如实披露。2018 年 6 月 19 日，深交所对山西三维及相关人员给予公开谴责的处分；6 月 22 日，山西证监局依法对公司及 28 名责任人员予以相应行政处罚。

3. 香港上市公司环境信息披露要求

中国香港关于上市公司环境信息披露的主要法律法规有《主板上市规则》《创业板上市规则》。2015 年 12 月，港交所发布了《环境、社会及管治（ESG）报告指引》修订版，对在港交所挂牌的上市公司提出 ESG 信息披露要求，将环境管治报告由原先的“建议披露”级别提高至“一般披露责任”级别，即从“自愿性发布”上升至“不遵守就解释”（comply or explain）的半强制性规定，并明确了需要披露的“关键绩效指标”（KPI）。这也使港交所成为 ESG 信息披露方面全球领先的交易机构。

下面从披露主体、披露方式、披露内容三个方面梳理总结中国香港的上市公司环境信息披露政策。

（1）披露主体

中国香港的主板和创业板上市公司均需要披露环境信息，尤其强调了矿业公司。

（2）披露方式

中国香港对于主板和创业板上市公司有明确要求，其上市文件必须披露重要物业（包括租赁物业）的环境事宜资料，如是否有环境违规行为；其中，在主板和创业板上市的矿业公司，上市文件还必须披露因环境、社会及健康安全问题引起的项目风险和项目或产业的环境责任等资料。主板或创业板上市公司收购或出售物业而刊发的通函，其中必须披露相关环境事宜。证券上市后，主板上市公司在年度报告内需刊载环境、社会及管治报告；

创业板上市公司要在其董事会报告及年度财务报表内刊发环境、社会及管治报告。此外，公司发行人须每年披露环境、社会及管治数据，有关资料所涵盖的期间须与其年报内容涵盖的时间相同。环境、社会及管治报告可以登载于发行人的年报中、一份独立的报告中又或发行人的网站上。无论采纳何种形式，环境、社会及管治报告都应同时发布于港交所及该发行人的网站上。

（3）披露内容

港交所要求上市公司董事报告中需包含公司的环境政策及表现；主板和创业板企业需披露环境绩效关键指标、影响资产估值的环境因素，主板和创业板中的矿业公司还需披露环境风险因素等。其中绩效关键指标包括主要污染物排放量、排放浓度，减排措施及成效，废弃物（有害或无害）的处理方式，资源（包括能源、水及其他原材料）使用量，节能措施及效果，生产经营活动可能对环境产生的重大影响及所采取的环保措施。

1.3 相关研究现状

近年来已有一些学者对我国上市公司环境信息披露状况进行了调查评估。2013—2015年，北京化工大学低碳经济与管理研究中心主任刘学之和研究团队成员，每年撰写中国上市公司环境责任信息披露评价报告，并经由中国环境新闻工作者协会发布；2015年，公众环境研究中心（IPE）和证券时报社，启动了“上市公司在线监测数据污染物排行榜”项目，收集30个省级环保部门官方网站披露的重点监控企业自行监测数据和达标情况，对上市公司污染物排放表现进行日常“跟踪”；2016年起，复旦大学环境经济研究中心课题组，在梳理上海证券交易所旗下重污染行业的企业在官方渠道披露的环境信息的基础上，形成指数得分的排名结果，并每年发布企业环境信息披露指数报告。

2017年，环境规划院和南京大学环境管理与政策研究中心也对上市公司中属于2017年重点排污单位的264家公司在定期报告中所披露的环境信息进行了合规性评估，并分析了不同因素对上市公司环境信息披露水平的影响及环境信息披露水平与公司环境绩效的关系，形成《上市公司环境信息披露评估报告 2016—2017》。评估结果显示，上市公司的环境信息披露状况整体较差，有近半数上市公司几乎没有环境信息披露，能够披露8项以上环境信息的公司仅占1/3左右。图1.2和图1.3分别为本次评估的信息记录示例与评估结果示例。

除了上市公司环境信息披露状况评估外，也有一些学者对影响上市公司环境信息披露的因素进行了分析。现有的对我国上市公司环境信息披露的研究主要关注公司是否有披露相关信息，鲜少有研究关注所披露信息的真实性与有效性。上市公司环境信息披露的真实性、有效性分析及相关机制研究，将是接下来需要关注的问题。

1.4 本报告的主要工作和目的

在2016年对上市公司定期报告中所披露的常规环境信息的合规性评估工作的基础上，本报告跟踪评估了证监会和环保部近1～2年推动上市公司环境信息披露工作的进展与成

序号	企业	主要污染物和特征污染物名称	排放方式	排放口数量	排放口分布情况	排放浓度	排放总量	超标排放情况	执行的污染物排放	核定的排放总量	防治污染设施的建设和运行情况
1	恒天海龙股份有限公司										
2	酒鬼股份有限公司										
3	广西河池化工股份有限公司										
4	河南新野纺织股份有限公司	工业废水、COD、氨氮、工业废气颗粒、二氧化碳、氮氧化物	集中统一	工业废水、COD、氨氮：3；废气颗粒物、二氧化硫、氮氧化物：2	工业废水、COD、氨氮：园区总排口、南厂总排口、北厂总排口；废气颗粒物、二氧化硫、氮氧化物：园区排放口、南厂排放口	COD：50mg/L，氨氮：1.93mg/L；颗粒物：22mg/m³、二氧化硫：45mg/m³、氮氧化物：106mg/m³	COD：162t、氨氮：6.3t；颗粒物：9.3t、二氧化硫：18.75t、氮氧化物：27.5t	无	GB4287—2012；GB13271—2014	COD：489t/a、氨氮：70t/a；二氧化硫：126.27t/a、氮氧化物：126.27t/a	公司投资 1 000 余万元建设了日处理 1 000t 的污水处理站，设施运行正常，公司投资 1 000 万余元对锅炉环保设施进行升级改造，采用脉冲式布袋除尘+SNCR 脱销装置+双碱法脱硫对锅炉废气进行治理，达到了废气排放标准，设施运行正常
5	天水华天科技股份有限公司										
6	河南华英农业发展有限公司										
7	崇义章源钨业股份有限公司	pH、化学需氧量、氨氮、SS、总铜、总锌、总砷、总铅、总镉、六价铬、总镍	间歇排放	1	厂区东北角废水总排放口	pH：7.02mg/L，化学需氧量：48mg/L，氨氮：2.69mg/L，SS：18.3mg/L，总铜：未检出，总锌：0.11 mg/L，总砷：0.0018 mg/L，总镉：未检出，总铅：未检出，六价铬：未检出，总镍：0.09mg/L	化学需氧量：12 859kg，氨氮：2 040kg，SS：8 235kg，总锌：49.5kg；总砷：25.87kg，总镉：1.00kg，总铅：30.89kg；六价铬：0.89kg，总镍：4.05kg	无	《污水综合排放标准》（GB8978—1996）一级标准	化学需氧量：22 300kg，氨氮：7 430kg，总砷：36.46kg，总镉：3.30kg，总铅：40.67kg	废水处理站（新建）处理能力 3 000m³/d 正常运行、锅炉脱硫除尘装置（旋风除尘+湿式静电除尘）处理能力 26 000m³/h 正常运行，氨回收系统处理能力 13 000m³/h 正常运行

图 1.2　上市公司环境信息记录示例

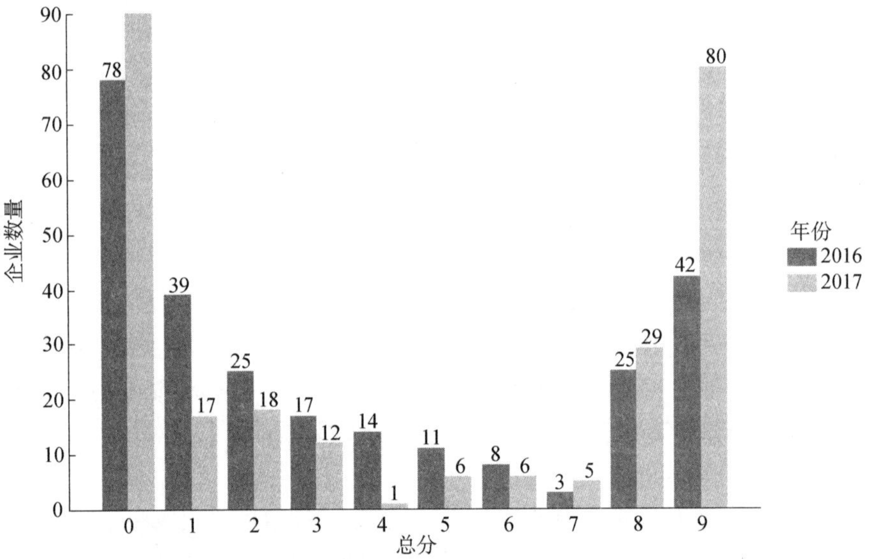

图 1.3　评估结果示例——整体得分

效。针对沪、深 A 股中属重点排污单位的上市公司及其重要子公司，收集分析其 2017 年年度报告和 2018 年半年度报告中披露的环境信息，参照《准则》要求，对上市公司定期报告环境信息披露合规性进行跟踪评价；根据环监局所统计的各级环保部门环境行政处罚数据，整理 2017 年上市公司重大环境行政处罚信息，对比上市公司定期报告及临时报告中所披露的信息，评估上市公司重大环境行政处罚信息披露的真实性与完整性。具体研究内容如下：

1. 上市公司定期报告环境信息披露状况跟踪评估

利用上市公司官方网站、证券交易所网站和其他财经网站等数据来源获取上市公司年度报告、半年度报告，收集其中的环境信息。依据《公开发行证券的公司信息披露内容与格式准则第 2 号——年度报告的内容与格式（2017 年修订）》《公开发行证券的公司信息披露内容与格式准则第 3 号——半年度报告的内容与格式（2017 年修订）》的要求制定评估细则，对上市公司的定期报告环境信息披露水平进行跟踪评估，并分析上市公司定期报告环境信息披露水平的时间变化及不同因素对上市公司环境信息披露的影响，撰写《上市公司环境信息披露评估报告》。

2. 上市公司重大环境行政处罚信息披露评估

利用环监局在线统计信息建立上市公司环境行政处罚数据库，并在梳理各地方法规的基础上构建重大环境行政处罚判别标准，据此从数据库中筛选出上市公司重大环境行政处罚信息；利用上市公司官方网站、证券交易所网站和其他财经网站等获取上市公司年度报告、半年度报告及临时报告。根据整理出的 2017 年受到环保部门行政处罚的上市公司名单，逐个查询上市公司的定期报告和临时报告，从合规性、完整性与有效性三个方面评估上市公司的环境行政处罚信息披露情况。

本报告的目的是，通过评估在现有上市公司环境信息披露政策下上市公司环境信息披露的合规性、真实性与有效性，对比上市公司 2016—2017 年度环境信息披露状况，识别现有上市公司环境信息披露制度的效果与不足。结合主要发达国家与交易所关于上市公司环境信息披露的国际经验，根据上市公司所处不同地域的发展水平、环保要求，不同行业的污染水平等差异，从上市公司环境信息披露的内容和方式、社会监督、反馈整改机制等方面提出上市公司环境信息披露制度改进的政策建议；推动上市公司 ESG 报告体系的建立，促进上市公司环境信息披露行为与上市公司环境表现的改善。

第二章

评 估 方 案

本报告从定期报告环境信息披露和重大环境行政处罚信息披露两方面评估上市公司2017年环境信息披露水平。具体评估方法如下。

2.1 上市公司定期报告环境信息披露状况跟踪评估

2.1.1 评估依据

《公开发行证券的公司信息披露内容与格式准则第 2 号——年度报告的内容与格式（2017 年修订）》和《公开发行证券的公司信息披露内容与格式准则第 3 号——半年度报告的内容与格式（2017 年修订）》（以下简称《准则》）中规定：

属于环境保护部门公布的重点排污单位的公司或其重要子公司，应当根据法律、法规及部门规章的规定披露以下主要环境信息：

（一）排污信息。包括但不限于主要污染物及特征污染物的名称、排放方式、排放口数量和分布情况、排放浓度和总量、超标排放情况、执行的污染物排放标准、核定的排放总量。

（二）防治污染设施的建设和运行情况。

（三）建设项目环境影响评价及其他环境保护行政许可情况。

（四）突发环境事件应急预案。

（五）环境自行监测方案。

（六）其他应当公开的环境信息。

公司在报告期内以临时报告的形式披露环境信息内容的，应当说明后续进展或变化情况。如相关事项已在临时报告披露且后续实施无进展或变化的，仅需披露该事项概述，并提供临时报告披露网站的相关查询索引。

重点排污单位之外的公司可以参照上述要求披露其环境信息，若不披露的，应当充分说明原因。

鼓励公司自愿披露有利于保护生态、防治污染、履行环境责任的相关信息。环境信息核查机构、鉴证机构、评价机构、指数公司等第三方机构对公司环境信息存在核查、鉴定、评价的，鼓励公司披露相关信息。

2.1.2 评估范围

本次评估选择沪、深两市母公司属于 2018 年重点排污监控单位的上市公司为评估对象，共 377 家公司。其中，仅母公司属于重点监控单位的上市公司 232 家，母公司属于重点监控单位且至少有一家子公司属于重点监控单位的上市公司共 145 家。

评估的时间范围为 2017 年，主要评估公司的 2017 年年度报告中披露的环境信息。根据准则要求，上市公司须在年度报告和半年度报告的第五节：重要事项中披露环境信息。报告的主要来源包括上市公司自身的官方网站、证券交易所网站和其他财经网站。上市公司按法规规定须在证券交易所网站披露定期报告。在交易所网站上可以找到几乎所有公司的年报和半年报以及上市公司有披露的社会责任报告。大部分上市公司的官方网站会披露年度报告和半年度报告，部分上市公司不在官方网站上披露信息，只在证券交易所网站披露。除官网和证券交易所网站外，上市公司还会通过其他财经类网站如巨潮资讯网、中国证券网等披露信息。

2.1.3 评分细则

根据《准则》要求，上市公司须在定期报告中披露 12 项常规环境信息，每项赋一分，具体的评分要求如下：

（1）主要污染物及特征污染物的名称

只要有公布污染物名称即可得分。须明确说明污染物的名称，若仅公布排放因子（废气、废水、噪声等），该项不得分；若仅是在披露其他信息（如环保处罚信息、环保设施运行状况等）时提及污染物名称，不得分。

（2）排放方式

只要说明排放方式即可得分。披露的排放方式为污染物有组织（无组织）排放、连续（间断）排放、排放去向（接入城市污水管网、直接排入河流等）皆可得分；若披露的排放方式为“总排口”，也得分（排放方式为直接排入河流）。

（3）排放口数量

须明确说明数量、有具体数字方可得分。仅披露排放口总数或按不同子公司、污染物、污染因子等分类公布排放口数量均可得分。

（4）排放口分布情况

交代排放口在厂区内的分布（如厂区南侧、×楼楼顶等）或地理位置（××河），该项得分。若仅笼统交代“厂区内”，也给分。

（5）排放浓度和总量

主要污染物或特征污染物的排放浓度或排放总量任意公布一项即可得分，必须有具体浓度或数量。若披露排放浓度，必须标明相应的污染物名称，否则不算披露；若披露排放总量，须标明污染物或排放因子（如大气污染物排放量）。仅披露二氧化碳排放总量不得分，仅披露固体废弃物总量不得分。

（6）超标排放情况

若没有明确说明超标排放情况如何，所有环境信息混杂在一段文字中，则该段文字中只要有说明达标、超标、符合标准或其他类似表述，即可得分。但若只有“加大环保投入，确保排放达标”或其他类似的较为空洞的表述，不算披露超标排放情况。

（7）执行的污染物排放标准

公布标准名称（如《水污染物综合排放标准》《锅炉大气污染物排放标准》等）或编号皆可得分；若不公布具体文件，公布标准限值，也可得分。但必须有具体的文件或标准值，仅笼统地说“按照国家标准”不得分。

（8）核定的排放总量

按污染物公布核定排放总量可得分，仅按排放要素披露核定的排放总量（如大气污染物排放量）不得分。

（9）防治污染设施的建设和运行情况

防治污染设施的建设和运行情况披露一项即可得分。只要说明公司已建设了污染防治设施（污染处理设施、环境保护设施、在线监测设备或其他类似表述），或相关设备的改造升级（如污水处理改造工程），即认为披露了防治污染设施的建设情况；只要说明环保设施运行正常（或其他类似表述）即认为披露了防治污染设施的运行情况。此外，如果提及公司通过技术升级、生产线改造等方式减少污染物的产生和排放（如锅炉煤改气工程、引进先进加工线减少排放等），也给分。

（10）建设项目环境影响评价及其他环境保护行政许可情况

只简单说明公司已按要求进行环评审批、接受环评验收或公布了具体的项目名称或验收文件等均可得分。

（11）突发环境事件应急预案

只说明上市公司已编制环境应急预案或已在环保主管部门备案或有风险源介绍或备案编号等详细信息均可。

（12）环境自行监测方案

若未披露监测项目、监测时间、监测点位等信息，只简单说明已制定自行监测方案，也可得分。

2.2 上市公司重大环境行政处罚信息披露状况评估

2.2.1 评估依据

1. 法律法规要求

（1）中国证券监督管理委员会《关于规范上市公司信息披露及相关各方行为的通知》（证监公司字［2007］128号）

一、上市公司及相关信息披露义务人应当严格按照《证券法》《上市公司信息披露管理办法》（证监会令　第 40 号）的相关规定，切实履行信息披露义务，公平地向所有投资者披露可能对上市公司股票交易价格产生较大影响的重大事件（以下简称股价敏感重大信息），以使所有投资者均可以同时获悉同样的信息，不得有选择性地、提前向特定对象单独泄露。特定对象包括（但不限于）从事证券投资、证券分析、咨询及其他证券服务业的机构、个人及其关联人等。

二、上市公司的股东、实际控制人及筹划并购重组等重大事件过程中的相关人员，应及时主动向上市公司通报有关信息，并配合上市公司及时、准确、完整地进行披露。上市公司在获悉相关信息时，应及时向证券交易所申请停牌并披露影响股价的重大信息。

（2）《最高人民法院关于审理证券市场因虚假陈述引发的民事赔偿案件的若干规定》

第十七条　证券市场虚假陈述，是指信息披露义务人违反证券法律规定，在证券发行或者交易过程中，对重大事件作出违背事实真相的虚假记载、误导性陈述，或者在披露信息时发生重大遗漏、不正当披露信息的行为。

对于重大事件，应当结合《证券法》第五十九条、第六十条、第六十一条、第六十二条、第七十二条及相关规定的内容认定。

虚假记载，是指信息披露义务人在披露信息时，将不存在的事实在信息披露文件中予以记载的行为。

误导性陈述，是指虚假陈述行为人在信息披露文件中或者通过媒体，作出使投资人对其投资行为发生错误判断并产生重大影响的陈述。

重大遗漏，是指信息披露义务人在信息披露文件中，未将应当记载的事项完全或者部分予以记载。

不正当披露，是指信息披露义务人未在适当期限内或者未以法定方式公开披露应当披露的信息。

（3）《存托凭证发行与交易管理办法（试行）》

第十八条　境外基础证券发行人应当按照《证券法》《若干意见》、中国证监会规定以及证券交易所业务规则，按时披露定期报告，并及时就可能对基础证券、存托凭证及其衍生品种交易价格产生较大影响的重大事件披露临时报告。

第二十条　发生《证券法》第六十七条以及《上市公司信息披露管理办法》第三十条规定的重大事件，投资者尚未得知时，境外基础证券发行人应当立即披露，说明事件的起因、目前的状态和可能产生的法律后果。

（4）中国证券监督管理委员会《关于加强派出机构上市公司监管工作的通知》

二、建立监管责任制度

对上市公司日常监管中的监管责任，各派出机构要提出明确、具体的要求，建立监管人员“尽责、问责、免责”的监管责任制度。

各派出机构要把对上市公司的监管放到监管工作的重要地位，尽快充实上市公司监管人员，按照每人监管 5 家至 10 家上市公司的标准配备监管人员（上海、深圳等地可适当增加家数），将监管任务量化到人，责任到人。

监管责任制度应当要求每个监管人员熟悉自己负责的监管对象的历史状况和最新动态，建立监管日志，做好持续监管记录，对上市公司重大事件的信息披露、法人治理结构、募集资金使用、关联交易、资产重组、风险因素及重大隐患应当予以重点关注，对监管对象发生的异常状况（经营、财务状况异常，股价异常波动，重大事项等）要保持合理的怀疑，进行敏锐追踪，发现问题要及时处理和报告。各派出机构分管上市公司监管的主任和负责上市公司监管的处长对监管人员的工作承担督办、检查、及时处理的领导责任。

（5）国务院《关于促进市场公平竞争维护市场正常秩序的若干意见》（国发〔2014〕20号）

（二十六）发挥市场专业化服务组织的监督作用。支持会计师事务所、税务师事务所、律师事务所、资产评估机构等依法对企业财务、纳税情况、资本验资、交易行为等真实性、合法性进行鉴证，依法对上市公司信息披露进行核查把关。

（6）最高人民法院印发《关于审理证券行政处罚案件证据若干问题的座谈会纪要》的通知（法［2011］225号）

四、关于上市公司信息披露违法责任人的证明问题

会议认为，根据《证券法》第六十八条规定，上市公司董事、监事、高级管理人员对上市公司信息披露的真实性、准确性和完整性应当承担较其他人员更严格的法定保证责任。人民法院在审理《证券法》第一百九十三条违反信息披露义务行政处罚案件时，涉及对直接负责的主管人员和其他直接责任人员处罚的，应当区分《证券法》第六十八条规定的人员和该范围之外其他人员的不同责任标准与证明方式。

监管机构根据《证券法》第六十八条、第一百九十三条规定，结合上市公司董事、监事、高级管理人员与信息披露违法行为之间履行职责的关联程度，认定其为直接负责的主管人员或者其他直接责任人员并给予处罚，被处罚人不服提起诉讼的，应当提供其对该信息披露行为已尽忠实、勤勉义务等证据。

对上市公司董事、监事、高级管理人员之外的人员，监管机构认定其为上市公司信息披露违法行为直接负责的主管人员或者其他直接责任人员并给予处罚的，应当证明被处罚人具有下列情形之一：（一）实际履行董事、监事和高级管理人员的职责，并与信息披露违法行为存在直接关联；（二）组织、参与、实施信息披露违法行为或直接导致信息披露违法。

（7）《上市公司信息披露管理办法》

第三十条　发生可能对上市公司证券及其衍生品种交易价格产生较大影响的重大事件，投资者尚未得知时，上市公司应当立即披露，说明事件的起因、目前的状态和可能产生的影响。

前款所称重大事件包括：（十一）公司涉嫌违法违规被有权机关调查，或者受到刑事处罚、重大行政处罚；公司董事、监事、高级管理人员涉嫌违法违纪被有权机关调查或者采取强制措施。

（8）《公开发行证券的公司信息披露内容与格式准则第2号——年度报告的内容与格式》

第四十五条　公司应当披露其他在报告期内发生的《证券法》《上市公司信息披露管理办法》所规定的重大事件，以及公司董事会判断为重大事件的事项。如前款所涉重大事项

已作为临时报告在指定网站披露，仅需说明信息披露指定网站的相关查询索引及披露日期。

第四十六条　公司的子公司发生的本节所列重大事项，应当视同公司的重大事项予以披露。

（9）《公开发行证券的公司信息披露内容与格式准则第 3 号——半年度报告的内容与格式》

第四十二条　公司应当披露其他在报告期内发生的《证券法》《上市公司信息披露管理办法》所规定的重大事件，以及公司董事会判断为重大事件的事项。如前款所涉重大事项已作为临时报告在指定网站披露，仅需说明信息披露指定网站的相关查询索引及披露日期。

第四十三条　公司的子公司发生的本节所列重大事项，应当视同公司的重大事项予以披露。

（10）《深圳证券交易所股票上市规则》

7.8　上市公司控股子公司发生的本规则第九章、第十章和第十一章所述重大事件，视同上市公司发生的重大事件，适用前述各章的规定。上市公司参股公司发生本规则第九章、第十一章所述重大事件，或者与上市公司的关联人发生第十章所述的有关交易，可能对上市公司股票及其衍生品种交易价格产生较大影响的，公司应当参照前述各章的规定，履行信息披露义务。

11.11.3　上市公司出现下列使公司面临重大风险情形之一的，应当及时向本所报告并披露：

（一）发生重大亏损或者遭受重大损失；

（二）发生重大债务、未清偿到期重大债务或者重大债权到期未获清偿；

（三）可能依法承担的重大违约责任或者大额赔偿责任；

（四）计提大额资产减值准备；

（五）公司决定解散或者被依法强制解散；

（六）公司预计出现资不抵债（一般指净资产为负值）；

（七）主要债务人出现资不抵债或者进入破产程序，公司对相应债权未提取足额坏账准备；

（八）主要资产被查封、扣押、冻结或者被抵押、质押；

（九）主要或者全部业务陷入停顿；

（十）公司因涉嫌违法违规被有权机关调查或者受到重大行政、刑事处罚；

（十一）公司董事、监事、高级管理人员因涉嫌违法违规被有权机关调查或者采取强制措施而无法履行职责，或者因身体、工作安排等其他原因无法正常履行职责达到或者预计达到三个月以上；

（十二）本所或者公司认定的其他重大风险情况。

上述事项涉及具体金额的，应当比照适用本规则 9.2 条的规定。

（11）《上海证券交易所股票上市规则》

7.7　上市公司控股子公司发生的本规则第九章、第十章和第十一章所述重大事项，视同上市公司发生的重大事项，适用前述各章的规定。

上市公司参股公司发生本规则第九章和第十一章所述重大事项，或者与上市公司的关联人进行第 10.1.1 条提及的各类交易，可能对上市公司股票及其衍生品种交易价格产生较大影响的，上市公司应当参照上述各章的规定，履行信息披露义务。

11.12.5 上市公司出现下列使公司面临重大风险的情形之一时，应当及时向本所报告并披露：

（一）发生重大亏损或者遭受重大损失；

（二）发生重大债务或者重大债权到期未获清偿；

（三）可能依法承担重大违约责任或者大额赔偿责任；

（四）计提大额资产减值准备；

（五）公司决定解散或者被有权机关依法责令关闭；

（六）公司预计出现股东权益为负值；

（七）主要债务人出现资不抵债或者进入破产程序，公司对相应债权未提取足额坏账准备；

（八）主要资产被查封、扣押、冻结或者被抵押、质押；

（九）主要或者全部业务陷入停顿；

（十）公司因涉嫌违法违规被有权机关调查，或者受到重大行政、刑事处罚；

（十一）公司法定代表人或者经理无法履行职责，董事、监事、高级管理人员因涉嫌违法违纪被有权机关调查或采取强制措施，或者受到重大行政、刑事处罚；

（十二）本所或者公司认定的其他重大风险情况。

上述事项涉及具体金额的，比照适用第 9.2 条的规定。

2. 合规披露形式与时点总结

对于重大环境行政处罚信息披露可以有几种不同的理解，因而适用的披露要求也不同，表 2.1 总结了重大环境行政处罚的不同解释及分别适用的披露要求。一方面，重大环境行政处罚可以归结为“重大事件”，需要 2 个工作日通过临时报告披露；但在“重大事件”的定义上也可能出现分歧，我们可以将全部重大环境行政处罚看作是“重大事件”，则具体披露要求如列（2）所示；但在涉及具体金额时，证监会通常认为适用《上海证券交易所股票上市规则》及《深圳证券交易所股票上市规则》第 9.2 条，以“占上市公司最近一个会计年度经审计净利润的 10%以上，且绝对金额超过 1 000 万元”作为判别标准，如列（1）所示。另一方面，重大环境行政处罚可以仅被视作重大行政处罚，则通过定期报告披露即可，具体要求如列（3）所示。

根据《上市公司信息披露管理办法》中对重大事件的信息披露义务规定，上市公司对环境行政处罚的公布时间并未限定具体的时限，而以“及时”作为评价标准。但因行政处罚具有公开性，故应公布的行政处罚信息实质已有公众可知性，因此评估方法中将上市公司在临时报告和定期报告中的披露情况作为统计范围是妥当的。同时，也建议上市公司所受环境行政处罚达到“重大事件”标准后，需发布临时报告予以披露。

表 2.1　上市公司重大环境行政处罚合规披露形式与时点梳理总结

类别	重大事件		重大行政处罚
	（1）	（2）	（3）
披露范围	公司因环境管理不力被环境监管部门处以罚款，罚款数额达到或超过上市公司最近一个会计年度净利润（经审计）的10%，且绝对金额超过1 000 万元的环境行政处罚	1. 责令停产停业； 2. 突发环境事故； 3. 公司因环境管理不力被环境监管部门处以责令停产停业等重大环境行政处罚； 4. 新公布的环境法律、法规、规章，可能对公司生产经营产生重大影响	1. 责令停产停业； 2. 较大数额的罚款（达到案件管辖区域内举行行政处罚听证的最低罚款额度以及法律法规规章规定的重大行政处罚范围）
法律依据	1.《中华人民共和国证券法（2014 修正）》； 2.《上市公司信息披露管理办法》第三十条； 3.《上海证券交易所股票上市规则》11.12.5； 4.《深圳证券交易所股票上市规则》11.11.3； 5.《股票发行与交易管理暂行条例》	1.《中华人民共和国证券法（2014 修正）》； 2.《上市公司信息披露管理办法》第三十条； 3.《股票发行与交易管理暂行条例》第六十条	1.《上市公司证券发行管理办法》第九条； 2.《上市公司信息披露管理办法》第十九条、第二十条； 3.《公司债券发行与交易管理办法》第四十五条； 4.《公开发行证券的公司信息披露内容与格式准则第 2 号——年度报告的内容与格式（2017 年修订）》第三十七条； 5.《公开发行证券的公司信息披露内容与格式准则第 3 号——半年度报告的内容与格式（2017 年修订）》第三十五条； 6.《主板信息披露业务备忘录第 1 号——定期报告披露相关事宜》第二节一； 7.《中小企业板信息披露业务备忘录第 2 号：定期报告披露相关事项》一（二）； 8.《创业板信息披露业务备忘录第 10 号：定期报告披露相关事项》一
披露形式	临时报告、定期报告	临时报告、定期报告	定期报告、中期报告和年度报告（发行债券）
披露时点	（一）临时报告 1. 董事会或者监事会作出决议时； 2. 签署意向书或者协议（无论是否附加条件或者期限）时； 3. 公司（含任一董事、监事或者高级管理人员）知悉或者理应知悉重大事件发生时。 （二）定期报告 同重大行政处罚	（一）临时报告 1. 董事会或者监事会作出决议时； 2. 签署意向书或者协议（无论是否附加条件或者期限）时； 3. 公司（含任一董事、监事或者高级管理人员）知悉或者理应知悉重大事件发生时。 （二）定期报告 同重大行政处罚	1. 年度报告（4 月 30 日前）：每个会计年度结束之日起四个月内； 2. 一季度报告（4 月 30 日前）：每个会计年度前三个月结束后的一个月内，且不得早于上一年度的年度报告披露时间； 3. 半年度报告（8 月 31 日前）：每个会计年度的上半年结束之日起两个月内； 4. 三季度报告（10 月 31 日前）：每个会计年度前九个月结束后的一个月内
披露内容	说明事件的起因、目前的状态和可能产生的法律后果	说明事件的起因、目前的状态和可能产生的法律后果	行政处罚的具体内容、执行状态以及可能产生的法律后果

具体条款：

《上市公司信息披露管理办法》第三十一条　上市公司应当在最先发生的以下任一时点，及时履行重大事件的信息披露义务：

（一）董事会或者监事会就该重大事件形成决议时；

（二）有关各方就该重大事件签署意向书或者协议时；

（三）董事、监事或者高级管理人员知悉该重大事件发生并报告时。

在前款规定的时点之前出现下列情形之一的，上市公司应当及时披露相关事项的现状、可能影响事件进展的风险因素：

（一）该重大事件难以保密；

（二）该重大事件已经泄露或者市场出现传闻；

（三）公司证券及其衍生品种出现异常交易情况。

3. 披露违规法律后果

若上市公司环境信息披露违规，则可能在公开发行股份、定向增发及可转债、重大资产重组、银行贷款等方面受到限制，具体受限行为及受限时段如表2.2所示。

表2.2　上市公司环境信披违规受限行为及受限时段

	公开发行股份	定向增发及可转债	重大资产重组	银行贷款
是否受限	是	是	是	一定区域内受限
法律依据	《中华人民共和国证券法》第五十条　股份有限公司申请股票上市，应当符合下列条件：（四）公司最近三年无重大违法行为，财务会计报告无虚假记载。 《首次公开发行股票并上市管理办法》第二十五条　发行人不得有下列情形：（一）最近36个月内未经法定机关核准，擅自公开或者变相公开发行过证券；或者有关违法行为虽然发生在36个月前，但目前仍处于持续状态；（二）最近36个月内违反工商、税收、土地、环保、海关以及其他法律、行政法规，受到行政处罚，且情节严重； 《首次公开发行股票并在创业板上市管理办法》第二十条　发行人及其控股股东、实际控制人最近	《中华人民共和国证券法》第六十条　公司债券上市交易后，公司有下列情形之一的，由证券交易所决定暂停其公司债券上市交易：（一）公司有重大违法行为； 《公司债券发行与交易管理办法》第十七条　存在下列情形之一的，不得公开发行公司债券：（一）最近三十六个月内公司财务会计文件存在虚假记载，或公司存在其他重大违法行为；（二）本次发行申请文件	《上市公司重大资产重组管理办法》第十一条　上市公司实施重大资产重组，应当就本次交易符合下列要求作出充分说明，并予以披露：（一）符合国家产业政策和有关环境保护、土地管理、反垄断等法律和行政法规的规定； 《上市公司收购管理办法》第六条　任何人不得利用上市公司的收购损害被收购公司及其股东的合法权益。有下列情形之一的，不得收购上市公司：（一）收购人负有数额较大债	《福建省企业环境信用动态评价实施方案（试行）》 （一）评价范围和方式 1. 强制评价。根据原环境保护部、国家发展改革委、中国人民银行、原中国银监会四部委印发的《企业环境信用评价办法（试行）》规定，原则上将污染物排放总量大、环境风险高、生态环境影响大、环境违法问题突出的企业纳入环境信用强制评价范围。包括但不限于：存在污染物排放的上市企业，已核发国家版排污许可证的企业以及各地结合实际情况报经省生态环境厅同意纳入强制评价范围的其他企业。 2. 应约评价。根据原省环境保护厅、人行福州中心支行、原福建银监局、福建证监局、原福建保监局《关于加强绿色金融和环境信用评价联动助推高质量发展的实施意见》（闽环保总队〔2018〕44号），金融机构对其企业客户进行甄别，筛选出需要了解、掌握其环境信用情况的企业客户并函告生态环境部门，由生态环境部门对其中未纳

续表

	公开发行股份	定向增发及可转债	重大资产重组	银行贷款
法律依据	三年内不存在损害投资者合法权益和社会公共利益的重大违法行为。 《上市公司证券发行管理办法》第十一条　上市公司存在下列情形之一的，不得公开发行证券：(一）本次发行申请文件有虚假记载、误导性陈述或重大遗漏；(六）严重损害投资者的合法权益和社会公共利益的其他情形。 第三十九条　上市公司存在下列情形之一的，不得非公开发行股票： (一）本次发行申请文件有虚假记载、误导性陈述或重大遗漏；(六）最近一年及一期财务报表被注册会计师出具保留意见、否定意见或无法表示意见的审计报告。保留意见、否定意见或无法表示意见所涉及事项的重大影响已经消除或者本次发行涉及重大重组的除外；(七）严重损害投资者合法权益和社会公共利益的其他情形 《公开发行证券的公司信息披露内容与格式准则第 36 号——创业板上市公司非公开发行股票预案和发行情况报告书》第十一条　发行对象属于本准则第六条、第七条规定的情况的，发行对象的基本情况说明应当包括：(三）发行对象及其董事、监事、高级管理人员（或者主要负责人）最近五年受过行政处罚（与证券市场明显无关的除外）、刑事处罚或者涉及与经济纠纷有关的重大民事诉讼或者仲裁的，应当披露处罚机关或者受理机构的名称、处罚种类、诉讼	存在虚假记载、误导性陈述或者重大遗漏； (三)对已发行的公司债券或者其他债务有违约或者迟延支付本息的事实，仍处于继续状态；严重损害投资者合法权益和社会公共利益的其他情形。 《公开发行证券的公司信息披露内容与格式准则第 24 号——公开发行公司债券申请文件(2015 年修订)》第三章　中介机构关于本次公司债券发行的文件 3-1 主承销商核查意见，主要内容应当包括：(4）对募集文件真实性、准确性和完整性的核查意见，包括募集文件中与发行条件相关的内容是否符合相关法律法规及部门规章规定的意见	务，到期未清偿，且处于持续状态；(二)收购人最近 3 年有重大违法行为或者涉嫌有重大违法行为；(三)收购人最近 3 年有严重的证券市场失信行为；(四）收购人为自然人的，存在《公司法》第一百四十六条规定情形；(五）法律、行政法规规定以及中国证监会认定的不得收购上市公司的其他情形	入强制评价和自愿评价的企业开展简化高效便捷的环境信用评价。 (二）信用等级和评价标准 1. 企业环境信用等级。根据企业环境信用状况，将企业环境信用等级从高到低评定为：环保诚信企业、环保良好企业、环保警示企业、环保不良企业，分别以绿牌、蓝牌、黄牌、红牌标识。 企业环境信用等级评定采用评分制。总得分高于 90 分为环保诚信企业；高于 70 分（含）低于 90 分（含）为环保良好企业；高于 60 分（含）低于 70 分为环保警示企业；低于 60 分或符合“一票否决”情形的为环保不良企业。 2.“一票否决”情形。参评企业有下列情形之一的，实行“一票否决”，直接评定为“环保不良企业”：(1)造成较大及以上突发环境事件的；(2）拒不执行环境行政处罚决定的；(3）相关责任人因环境问题被行政拘留的；(4）涉嫌环境犯罪并移送公安机关立案侦办的；(5）依照相关规定应当评定为“环保不良企业”的其他情形。 六、评价结果应用 按照守信激励、失信惩戒原则，参照环保部等 4 部委《企业环境信用评价办法（试行）》（环发〔2013〕150 号）、国家发展改革委等 31 部委印发的《〈关于对环境保护领域失信生产经营单位及其有关人员开展联合惩戒的合作备忘录〉的通知》（发改财金〔2016〕1580 号）和原省环保厅等 5 部门出台的《关于加强绿色金融和环境信用评价联动助推高质量发展的实施意见》（闽环保总队〔2018〕44 号）要求，充分应用我省生态文明试验区改革成果，各级生态环境部门和其他有关部门可根据企业环境信用评价结果对企业及其法定代表人、主要负责人和其他负有直接责任人员（以下简称“责任人员”）实施“守信联合激励，失信联合惩戒”措施。其中，对评为“环保诚信企业”及其责任人员实施绿色金融、行政许可、评先评优、减少检查频

续表

	公开发行股份	定向增发及可转债	重大资产重组	银行贷款
法律依据	或者仲裁结果以及日期、原因和执行情况			次等激励措施；对评为“环保良好企业”及其责任人员原则上不奖励、不限制、不惩戒；对评为“环保警示企业”从严监管，可采取约束性措施；对评为“环保不良企业”及其责任人员实施相应惩戒措施。企业环境信用等级发生调整的，各级生态环境部门和其他有关部门应按照调整后的企业环境信用等级实施相应激励或惩戒措施
受限时间	主板（36个月） 创业板公开发行股票（24个月）/非公开发行股票（五年）	36个月	36个月	每评审年度期内

其他相关规定：

《高新技术企业认定管理办法》“第三章　认定条件与程序”中“第十一条　认定为高新技术企业须同时满足的条件”中第（八）款提到“企业申请认定前一年内未发生重大安全、重大质量事故或严重环境违法行为”。

《工业和信息化部办公厅关于开展绿色制造体系建设的通知》（工信厅节函〔2016〕586号）中《绿色工厂评价要求》中提出“工厂应依法设立，在建设和生产过程中应遵守有关法律、法规、政策和标准，近三年无重大安全、环保、质量等事故……”

《关于印发〈资源综合利用产品和劳务增值税优惠目录〉的通知》（财税［2015］78号）中提出“已享受本通知规定的增值税即征即退政策的纳税人，因违反税收、环境保护的法律法规受到处罚（警告或单次1万元以下罚款除外）的，自处罚决定下达的次月起36个月内，不得享受本通知规定的增值税即征即退政策”。

2.2.2　重大环境行政处罚判别

目前我国还没有全国统一的重大行政处罚判断标准，但由于目前实行重大行政处罚备案制度，部分省市已在其重大行政处罚备案规定中对重大行政处罚进行了定义，但针对环保行政处罚规定的较少。对于已在重大行政处罚决定备案相关规定中明确了重大环境行政处罚标准的地区，本报告以该地区的地方法规作为重大行政处罚判别依据。对于没有明确规定重大环境行政处罚标准的地区，本报告在梳理《环境行政处罚办法》、各地区重大行政处罚备案相关规定、行政处罚听证相关规定、环保行政处罚执行规范等文件中相关标准的基础上，构建了重大行政处罚判别标准。

1. 现有地方重大环境行政处罚判别标准

在省级重大行政处罚备案规定中，仅《山西省重大行政处罚决定备案办法》中针对重大环境行政处罚做出了明确定义。山西省的部分地级市（如吕梁市、运城市）进一步规范了市级重大行政处罚备案制度，但对重大环境行政处罚的定义与《山西省重大行政处罚决定备案办法》中相同。此外《攀枝花市环境保护重大行政处罚备案制度》中也对重大环境行政处罚进行了定义。具体的规定如表 2.3 所示。

表 2.3　部分地区对重大环境行政处罚的定义

地区	重大行政处罚判别标准	文件名称
山西省	（一）对公民、法人或者其他组织处以较大数额罚款或者没收同等数额的违法所得和非法财物； （二）责令停产停业； （三）吊销许可证或者企业营业执照； （四）10 日以上的行政拘留或者其他限制人身自由的行政处罚。 环保行政处罚的较大数额罚款是指，省级环保部门罚款 30 万元、市级环保部门罚款 20 万元、县级环保部门罚款 10 万元	《山西省重大行政处罚决定备案办法》
攀枝花市	“重大环境行政处罚决定”是指环境保护行政主管部门依照环境保护法律、法规、规章作出责令停止生产或使用、吊销许可证或者较大数额罚款。 “较大数额罚款”是指对个人处以 5 000 元以上罚款、对法人或者其他组织处以 50 000 元以上罚款	《攀枝花市环境保护重大行政处罚备案制度》

2. 其他地区重大环境行政处罚判别标准构建

对于没有明确规定重大环境行政处罚标准的地区，本报告在梳理相关规定的基础上构建重大环境行政处罚判别标准。若某一地方性政策文件中规定了重大行政处罚的判别标准，但没有针对重大环境行政处罚的规定，则认为该地区未明确规定重大环境行政处罚标准，仅将该文件作为构建重大行政处罚判别标准的参考。目前，我国法律、政策规范中涉及“重大行政处罚”词条的，部门规章 1 部、地方政府规章 11 部、地方规范性文件 67 部、地方工作文件 23 件。其中，对于“重大行政处罚”的范围进行专门性规定的规范较少，国家部委制定的规章有《交通行政执法重大行政处罚决定备案审查制度（一九九六年九月二十五日　交通部）》：第二条　本制度所称重大行政处罚决定是指交通行政管理部门作出的吊销证照、责令停产停业、五千元以上罚款的行政处罚决定。重大环境行政处罚判别标准具体如下。

（1）是否在行政处罚决定书中告知听证权利

现阶段，各行政机关对于重大行政处罚的界定基本遵循《中华人民共和国行政处罚法》第四十二条第一款规定，即行政机关作出责令停产停业、吊销许可证或者执照、较大数额罚款等行政处罚决定之前，应当告知当事人有要求举行听证的权利。由此可推，当事人可以要求举行听证权利的行政处罚，即属于重人行政处罚。依据《环境行政处罚办法》，在做出暂扣或吊销许可证、较大数额的罚款和没收等重大行政处罚决定之前，应当告知当事人有要求举行听证的权利。也有部分地方性法规中将“符合适用听证程序的行政处罚”作为重大行政处罚定义的一部分，如《连云港市市级重大行政处罚决定备案办法》《青岛市重大行政处罚备案审查规定》等。

相关法规：

《中华人民共和国行政处罚法》第四十二条　行政机关作出责令停产停业、吊销许可证或者执照、较大数额罚款等行政处罚决定之前，应当告知当事人有要求举行听证的权利；当事人要求听证的，行政机关应当组织听证。

《环境行政处罚办法》第四十八条【处罚告知和听证】在作出暂扣或吊销许可证、较大数额的罚款和没收等重大行政处罚决定之前，应当告知当事人有要求举行听证的权利。

《环境行政处罚办法》第七十八条【较大数额罚款的界定】本办法第四十八条所称“较大数额”罚款和没收，对公民是指人民币（或者等值物品价值）5 000 元以上、对法人或者其他组织是指人民币（或者等值物品价值）50 000 元以上。地方性法规、地方政府规章对“较大数额”罚款和没收的限额另有规定的，从其规定。

（2）依据处罚类型及罚款金额

在实际评估过程中，由于数据限制，可能并不是所有行政处罚都可以看到行政处罚决定书，也可能存在罚款数额较大但没有告知听证权利的。因此还需要依据处罚决定进行判断。除重大行政处罚备案规定外，少数省市的环保行政处罚执行规范也有重大行政处罚的定义，但相关规定较少，且属于环保部门内部操作标准，对上市公司不具有普遍约束意义，因此仅作为构建重大行政处罚判别标准的参考。此外，环境行政处罚办法和部分省市的听证程序规定中，对告知听证权利的行政处罚的判定标准也可以作为重大行政处罚判别的参考。

绝大部分地方法规将责令停产停业、吊销许可证或者执照、较大数额的罚款的行政处罚定义为重大行政处罚，但对罚款的“较大数额”定义有所不同，主要有 1 万元以上、2 万元以上、5 万元以上、10 万元以上、20 万元以上等。目前，我国法律、政策规范中涉及“较大数额罚款”词条的，地方政府规章 3 部、地方规范性文件 7 部、地方工作文件 1 件、行政许可批复 3 件。大多数的法律规范按照主体的不同划分较大数额罚款的范围，鉴于报告围绕上市公司的环境信息披露行为，故以法人作为“较大数额罚款”的主体。各地的规定差异不小，部分地方不仅有省级较大数额罚款金额标准，其省会城市也印发了听证程序相关办法，并制定了市级较大数额罚款金额标准。具体的金额规定见表 2.4。

表 2.4　全国各地较大数额罚款标准

省(区、市)/市名称	较大数额罚款标准	条文依据
北京市	3 万元以上	《北京市行政处罚听证程序实施办法》第二条　本市各级行政机关（含经依法授权或者受委托的行政执法组织，下同）对当事人依法作出责令停产停业、吊销许可证或者执照、对公民处以超过 1 000 元的罚款，对法人或者其他组织处以超过 30 000 元的罚款，以及市人民政府规定的其他行政处罚决定前，当事人要求举行听证的，依照行政处罚法和本办法执行
天津市	较大数额罚款金额以有关法律、法规、规章规定的对某类违法行为罚款最高限额的百分之五十（含百分之五十）为标准	《天津市人民政府关于确定行政处罚听证案件中“较大数额罚款”标准的通知》 二、“较大数额罚款”的确定，以有关法律、法规、规章规定的对某类违法行为罚款最高限额的百分之五十（含百分之五十）为标准。但有下列情形之一的，不视为“较大数额罚款”： （一）对非经营活动中的违法行为罚款数额不足 500 元（不含 500 元）的； （二）对经营活动中的违法行为罚款数额不足 1 万元（不含 1 万元）的

续表

省(区、市)/市名称	较大数额罚款标准	条文依据
上海市	5万元以上（或者等值物品价值）	《上海市行政处罚听证程序规定》第四条（较大数额标准）　本规定所称的较大数额，对个人是指5 000元以上（或者等值物品价值）；对法人或者其他组织是指5万元以上（或者等值物品价值）。市政府可以根据经济社会发展的情况，对前述较大数额标准进行调整并予以公布。行政机关可以规定低于前款标准的较大数额标准，并应当予以公布
重庆市	2万元以上	《重庆市行政处罚听证程序规定》第三条　行政机关作出下列重大行政处罚决定之前，应当告知当事人有要求举行听证的权利。当事人要求听证的，行政机关应当组织听证：（三）较大数额罚款。 前款第（三）项所称较大数额罚款，是指对非经营活动中的违法行为处以1 000元以上，对经营活动中的违法行为处以20 000元以上罚款。本市行政机关需要执行高于上述标准的规定的，应当报经市人民政府批准
广东省	10万元以上	《广东省行政处罚听证程序实施办法》第五条　行政机关以及法律、法规授权的具有管理公共事务职能的组织（以下简称行政机关）作出下列行政处罚（以下简称适用听证程序的行政处罚）决定之前，应当告知当事人有要求举行听证的权利；当事人要求听证的，行政机关应当组织听证：（一）责令停产停业；（二）吊销许可证或者执照；（三）较大数额罚款；（四）法律、法规规定可以要求听证的其他行政处罚。 本条前款的较大数额罚款，是指对公民处以1 000元以上罚款，对法人或者其他组织处以5万元以上罚款。 《广东省人民政府关于废止和修改部分省政府规章的决定》将第五条第二款修改为："前款所称较大数额罚款，是指对公民的违法行为处以 5 000元以上罚款，对法人或者其他组织的违法行为处以10万元以上罚款
海南省	10万元以上	《海南省行政处罚听证程序规定》第二条　本省行政区域内的行政机关，作出责令停产停业、吊销许可证或者执照、较大数额罚款等行政处罚（以下简称适用听证程序的行政处罚）的，适用本规定。 前款所称较大数额罚款系指：公民为10 000元以上；法人或者其他组织为100 000元以上
内蒙古自治区	3万元以上	《内蒙古自治区行政处罚听证程序规定》第二条　自治区内各级行政机关或者法律、法规授权组织拟作出责令停产停业、吊销许可证或者执照、较大数额罚款的行政处罚，当事人要求听证的，适用本规定。 前款较大数额罚款是指对公民处以2 000元以上、对法人或者其他组织处以30 000元以上的罚款。行政机关或者法律、法规授权组织根据本系统实际，需要高于或低于本规定罚款数额标准的，应将拟确定的罚款数额报自治区人民政府法制机构批准公布。 实行垂直领导的国务院有关行政主管部门和公安机关对较大数额罚款作出具体规定的，从其规定
新疆维吾尔自治区	2万元以上	《新疆维吾尔自治区行政处罚听证程序实施办法》第三条　自治区各级行政机关（含经依法授权或者受委托的行政执法组织）对当事人依法作出责令停产停业、吊销许可证或者执照、对公民处以500元以上、对法人或者其他组织处以20 000元以上罚款等行政处罚的，在作出处罚决定前，当事人要求举行听证的，依照《行政处罚法》和本办法执行。国务院有关部门对"较大数额罚款"的听证金额另有规定的，自治区有关部门可按其规定执行

续表

省(区、市)/市名称	较大数额罚款标准	条文依据
西藏自治区	1 万元以上(含 1 万元)	《西藏自治区人民政府关于行政处罚听证范围中较大数额罚款标准规定》 一、对公民处以 1 000 元（含 1 000 元）以上罚款、对法人或者其他组织处以 10 000 元（含 10 000 元）以上罚款属于“较大数额罚款”。 二、法律、法规和国务院有关行政主管部门对行政处罚听证范围中“较大数额罚款”标准另有规定的，从其规定
宁夏回族自治区	2 万元以上	《宁夏回族自治区行政听证程序规定》第二十四条　拟作出的具体行政行为有下列情形之一的，行政机关在作出行政行为之前，应当书面告知当事人或者申请人、利害关系人有要求举行听证的权利：（二）对非经营活动中，公民的违法行为处以 1 000 元以上的罚款，法人或者其他组织的违法行为处以 10 000 元以上的罚款；对经营活动中，公民的违法行为处以 5 000 元以上的罚款，法人或者其他组织的违法行为处以 20 000 元以上的罚款的； 前款第（二）项规定的罚款数额，实行垂直领导的国务院有关行政主管部门和公安部门对较大数额罚款作出具体规定的，从其规定
广西壮族自治区	较大数额罚款金额为自治区人民政府所属行政执法机关处以 3 万元以上(含本数，下同)，地区行政公署和自治区区辖市人民政府所属行政执法机关处以 2 万元以上，县级人民政府所属行政执法机关处以 1 万元以上	《广西壮族自治区行政执法程序规定》第四十二条　行政执法机关作出责令停产停业、吊销许可证或者执照，以及作出下列规定的罚款等行政处罚决定之前，应告知相对人有要求举行听证的权利；相对人要求听证的，行政执法机关应按本规定组织听证： （一）自治区人民政府所属行政执法机关对公民个人在非经营性活动中的违法行为作出五千元（含本数在内，下同）以上或在经营性活动中的违法行为作出一万元以上，对法人或者其他组织在非经营性活动中的违法行为作出一万元以上或在经营性活动中的违法行为作出三万元以上罚款的；（二）地区行政公署和自治区区辖市人民政府所属行政执法机关对公民个人在非经营性活动中的违法行为作出三千元以上或者在经营性活动中的违法行为作出五千元以上，对法人或者其他组织在非经营性活动中的违法行为作出五千元以上或在经营性活动中的违法行为作出二万元以上罚款的；（三）县级人民政府所属行政执法机关对公民个人在非经营性活动中的违法行为作出二千元以上或在经营性活动中的违法行为作出三千元以上，对法人或者其他组织在非经营性活动中的违法行为作出三千元以上或在经营性活动中的违法行为作出一万元以上罚款的。 公安机关、实行垂直领导的有关行政执法机关对罚款数额的听证范围，分别按国务院公安部门、实行垂直领导的有关行政主管部门的规定执行。 自治区行政执法机关对罚款数额的听证范围有特殊要求的，由该行政执法机关提出具体方案，经自治区人民政府法制工作机构审查后，报自治区人民政府批准实施
黑龙江省	1 万元以上	《黑龙江省行政处罚监督办法》第八条　行政机关和有关组织作出重大行政处罚决定后，应当在 7 日内按本办法第九条的规定报送备案： （一）对非经营活动中的违法行为罚款超过 1 000 元的；（二）对经营活动中的违法行为罚款超过 1 万元或者没收的违法所得和非法财物价值超过 6 万元的；（三）责令停产停业的

续表

省(区、市)/市名称	较大数额罚款标准	条文依据
吉林省	5 000 元以上	《吉林省人民政府关于行政处罚听证范围中"较大数额罚款"数额的规定》 一、对个人处以 1 000 元以上罚款的，对法人或者其他组织处以 5 000 元以上罚款的，在作出行政处罚决定前，应当告知当事人有要求举行听证的权利，当事人要求听证的，应当组织听证。 二、法律、法规或公安部以及实行垂直领导的国务院有关行政主管部门对行政处罚听证范围中"较大数额罚款"数额另有规定的，从其规定
辽宁省	1 万元以上	《辽宁省行政处罚听证程序暂行规定》第三条　行政机关或组织作出责令停产停业、吊销许可证或者执照、对公民罚款 1 000 元以上、对个体经营业者罚款 2 000 元以上、对法人和其他组织罚款 10 000 元以上的行政处罚决定，被处罚当事人要求听证的，作出行政处罚的机关或组织应当组织听证。 实行垂直领导的国务院有关行政主管部门和公安机关对较大数额罚款作出具体规定的，按其规定执行
山西省	较大数额罚款金额没有违法所得的为1万元以上，有违法所得的为3万元以上	《山西省人民政府关于贯彻实施〈中华人民共和国行政处罚法〉的通知》 六、积极进行行政执法制度改革的探索和实践　听证范围中的"较大数额的罚款"一项，我省暂定为对非经营活动中的违法行为处以 1 000 元以上的罚款；对经营活动中的违法行为，没有违法所得的处以 10 000 元以上的罚款，有违法所得的处以 30 000 元以上的罚款
山东省	2 万元以上	《山东省行政处罚听证程序实施办法》第二条　本省行政区域内各级行政机关（含经依法授权的行政执法组织，下同）对当事人依法作出下列行政处罚之前，应当告知当事人有要求举行听证的权利：（三）对公民处以 500 元以上罚款，对法人或者其他组织处以 20 000 元以上罚款。 法律、法规或者规章对举行听证的罚款数额另有规定的，从其规定
河北省	1 万元以上	《河北省人民政府关于行政处罚听证范围中较大数额罚款数额的通知》 对从事非经营活动的公民处以 500 元以上罚款，对从事非经营活动的法人或者其他组织处以 5 000 元以上罚款；对从事经营活动的公民处以 1 000 元以上罚款，对从事经营活动的法人或者其他组织处以 10 000 元以上罚款，在作出行政处罚决定之前，应当告知当事人要求举行听证的权利；当事人要求听证的，应当组织听证。 国务院公安部门、实行垂直领导的国务院有关行政主管部门对较大数额罚款的数额另有规定的，按其规定执行
河南省	较大数额罚款金额无违法所得的为 1 万元以上，有违法所得的为 3 万元以上	《〈河南省行政机关执法条例〉实施办法》第二十条　有下列情形之一的罚款为较大数额罚款： （一）对非经营活动中的违法行为实施罚款一次达到或者超过 1 000 元的；（二）对无违法所得的经营性违法行为实施罚款一次达到或者超过 10 000 元的；（三）对有违法所得的经营性违法行为实施罚款一次达到或者超过 30 000 元的。 需要注意的是：《〈河南省行政机关执法条例〉实施办法》的上位法已被废止。《河南省行政执法条例》自 2016 年 6 月 1 日起施行，《河南省行政机关执法条例》同时废止。目前，《河南省行政执法条例》未规定新的数额标准

续表

省(区、市)/市名称	较大数额罚款标准	条文依据
湖南省	2万元以上(含2万元)	《湖南省行政处罚听证程序规定》第七条　行政机关作出下列重大行政处罚决定之前，应当书面告知当事人有要求举行听证的权利：（三）对公民处罚款在1 000元以上（含1 000元），对法人或者其他组织处罚款在2万元以上（含2万元）。 海关、金融、国税、国家安全、外汇管理等部门对本部门举行听证的罚款数额另有规定的，从其规定
湖北省	较大数额罚款金额有非法所得的为3万元以上，没有违法所得的为1万元以上	《湖北省行政处罚听证规则》第二条　本条前款所称“较大数额罚款”的具体标准为：对非经营活动中的违法行为处以1 000元以上的罚款；对经营活动中的违法行为，有非法所得的处以30 000元以上、没有违法所得的处以10 000元以上的罚款。 国务院部门经国务院批准规定了具体标准的，从其规定
浙江省	环保系统：5万元以上	《浙江省人民政府法制办公室关于明确实施行政处罚适用听证程序较大数额罚款标准的函》　浙江省实施行政处罚适用听证程序较大数额罚款标准
四川省	5万元以上	《四川省行政处罚听证程序规定》第四条　本规定所称较大数额，是指对非经营活动中公民的违法行为处以罚款或者没收财产2 000元以上、法人或者其他组织的违法行为处以罚款或者没收财产2万元以上；对在经营活动中的违法行为处以罚款或者没收财产5万元以上。 国务院有关部门规定的较大数额标准低于前款规定的，从其规定
江西省	2万元以上	《江西省行政处罚听证程序规定》第二条　本省行政区域内各级行政机关或者法律、法规授权的组织（以下简称行政处罚实施机关）对当事人依法作出下列行政处罚之前，应当告知当事人有要求举行听证的权利：（三）对非经营活动中公民的违法行为处以500元以上、法人或者其他组织的违法行为处以5 000元以上的罚款，对经营活动中的违法行为处以20 000元以上的罚款。 但法律、法规、规章对举行听证的罚款限额另有规定的，从其规定
青海省	1万元以上	《青海省行政处罚听证程序暂行规则》第二条　本规则适用于本省行政区域内拟作出停产停业、吊销许可证或者执照、较大数额罚款等行政处罚的行政机关和法律、法规授权的具有管理公共事务职能的组织（以下统称行政机关）以及与听证相关的公民、法人和其他组织。 前款所称较大数额罚款，是指对非经营活动中公民的违法行为处以500元以上、法人或其他组织的违法行为处以1 000元以上，对经营活动中的违法行为处以10 000元以上的罚款。行政机关确需拟定高于或者低于上述规定的较大数额罚款标准的，应报青海省人民政府法制局批准并公布后方可实施
贵州省	1万元以上(含1万元)	《贵州省人民政府关于行政处罚较大数额罚款标准的规定》 一、法律、法规、规章对某类违法行为罚款没有最高限额规定的，对非经营活动中公民的违法行为处1 000元（含1 000元）以上罚款、法人或者其他组织的违法行为处5 000元（含5 000元）以上罚款为“较大数额罚款”；对经营活动中公民的违法行为处3 000元（含3 000元）以上罚款、法人或者其他组织的违法行为处1万元（含1万元）以上罚款为“较大数额罚款”。 二、法律、法规、规章对某类违法行为罚款有最高限额规定（含具体罚款金额和违法所得百分比、倍数规定）的，罚款数额超过最高限额百分之五十（含百分之五十）的为“较大数额罚款”。但对非经营活动中的违法行为罚款数额不足1 000元（不含1 000元）、经营活动中的违法行为罚款数额不足3 000元（不含3 000元）的，不视为“较大数额罚款”。 三、法律、法规、规章、国务院有关行政主管部门对行政处罚听证范围中“较大数额罚款”标准另有规定的，从其规定。 四、行政机关确需拟定高于或者低于上述规定的较大数额罚款标准的，应报经省人民政府批准并向社会公布30日后方可实施

续表

省(区、市)/市名称	较大数额罚款标准	条文依据
云南省	3 万元以上	《云南省行政处罚程序规范》第二十五条　行政处罚机关在作出责令停产停业、吊销许可证或者执照、较大数额罚款、没收较大数额财产和违法所得等行政处罚决定前，应当在《行政处罚事先告知书》中告知当事人依法享有申请听证的权利。 听证告知的内容应当包括提出听证申请的期限，未如期提出申请的法律后果，以及受理听证申请的行政处罚机关名称、地址等内容。 本条第一款所称较大数额，是指对公民为 1 000 元以上、个体工商户为 1 万元以上、法人或者其他组织为 3 万元以上
甘肃省	3 万元以上	《甘肃省行政处罚听证程序暂行规定》第三条　本省各级行政机关对当事人依法作出责令停产停业、吊销许可证或者执照、较大数额罚款（指对公民处 1 000 元以上的罚款，对法人或者其他组织处以 3 万元以上的罚款）前，当事人要求举行听证的，依照《行政处罚法》和本规定执行。 行政机关拟订的较大数额罚款听证标准低于或者高于上述标准的，应当报甘肃省人民政府法制局批准予以公布。 法律、法规和省人民政府对听证范围和较大数额罚款另有规定的，从其规定。 公安部门、实行垂直领导的国务院有关部门在甘机构，其较大数额罚款的听证标准，从其上级主管部门的规定
安徽省	1 万元以上	《安徽省行政处罚听证程序规定》第三条　行政机关作出责令停产停业、吊销许可证或者执照、较大数额罚款等行政处罚决定之前，应当告知当事人有要求举行听证的权利；当事人要求听证的，该行政机关应当组织听证。 前款中较大数额罚款是指对公民处以 1 000 元以上的罚款；对法人或其他组织处以 10 000 元以上的罚款。国家有关部门对较大数额罚款已有规定的，从其规定
江苏省	2 万元以上	《江苏省行政处罚听证程序规则（试行）》第二条　前款所称的较大数额罚款，是指对非经营活动中公民的违法行为处以 500 元以上、法人或者其他组织的违法行为处以 1 000 元以上、对经营活动中的违法行为处以 20 000 元以上罚款。行政机关确需拟定高于或者低于上述规定的较大数额罚款标准的，应当报江苏省人民政府法制局批准并公布后方可实施。 按国务院规定应当由国务院有关主管部门确定较大数额罚款标准的，有关部门按照其主管部门确定的标准执行
深圳市	5 万元以上	《深圳市行政听证办法》第四十七条　本办法中所称“较大数额罚款”，是指对个人处以 5 000 元以上、对法人或者其他组织处以 50 000 元以上罚款
南京市	2 万元以上	《南京市行政处罚听证程序规定》第三条　本规定第二条中所称的较大数额罚款是指：（一）对非经营活动中公民的违法行为处以 500 元以上的罚款；（二）对非经营活动中法人或者其他组织的违法行为处以 1 000 元以上的罚款；（三）对经营活动中的违法行为处以 20 000 元以上的罚款
石家庄市	1 万元以上	《石家庄市行政处罚听证程序实施办法》第二条　本市具有行政处罚权的行政机关（含经依法授权或者受委托的组织，下同）依法对当事人作出下列行政处罚决定以前，当事人要求举行听证的，按本办法执行。（一）责令停产停业；（二）吊销许可证或者执照；（三）对从事非经营活动的公民处以五百元以上罚款、对从事非经营活动的法人或者其他组织处以五千元以上罚款，对从事经营活动的公民处以一千元以上罚款、对从事经营活动的法人或者其他组织处以一万元以上罚款（国务院公安部门和实行垂直领导的部门另有规定的，从其规定）；（四）法律法规或规章规定应进行听证的行政处罚

续表

省(区、市)/市名称	较大数额罚款标准	条文依据
乌鲁木齐市	2万元以上	《乌鲁木齐市行政处罚听证程序规定》第二条　本市各级行政机关（含经依法授权或者受委托的行政执法组织）对当事人依法作出责令停产停业、吊销许可证或者执照、对公民处以500元以上罚款、对法人或者其他组织处以20 000元以上罚款等行政处罚决定前，当事人要求举行听证的，依照《中华人民共和国行政处罚法》和本规定执行
杭州市	3万元以上	《杭州市行政处罚听证程序实施规定》第二条　本条前款的较大数额罚款，是指对非经营活动中的违法行为处以1 000元以上、对经营活动中的违法行为处以30 000元以上的罚款。行政机关拟订较大数额罚款标准高于或者低于上述标准的，应当报杭州市人民政府法制局批准并予以公布。公安机关的较大数额罚款限额标准，由其上级主管部门确定
郑州市	较大数额罚款金额无违法所得的为1万元以上，有违法所得的为3万元以上	《郑州市行政处罚听证程序规定》第四条　行政机关作出责令停产停业、吊销许可证或者执照、较大数额罚款等行政处罚决定之前，当事人要求听证的，行政机关应当组织听证。 前款所称较大数额罚款是指：（一）对非经营活动中的违法行为实施罚款一次达到或者超过1 000元的；（二）对无违法所得的经营性违法行为实施罚款一次达到或者超过10 000元的；（三）对有违法所得的经营性违法行为实施罚款一次达到或者超过30 000元的
贵阳市	2万元以上（含2万元）	《贵阳市行政处罚听证程序办法（试行）》第三条　行政机关作出责令停产、停业、吊销许可证或者执照，较大数额罚款等行政处罚决定之前，应当书面告知当事人有要求举行听证的权利。 前款中较大数额罚款是指对非经营活动中公民处以1 000元以上、法人或者其他组织处以5 000元以上的罚款，对经营活动中公民处以2 000元以上，法人或者其他组织处以2万元以上的罚款。国家有关部门对较大数额罚款已有规定的，从其规定
抚顺市	1万元上	《抚顺市人民政府办公厅关于进一步加强重大行政处罚备案审查工作的通知（抚政办发〔2017〕24号）》第三条　（一）对公民处以罚款和没收违法所得或者没收非法财物5千元以上，对法人或者其他组织处以罚款和没收违法所得或者没收非法财物5万元以上；（二）责令停产停业；（三）吊销许可证或者执照；（四）市政府认为应当备案审查的其他重大行政处罚决定。 各县（区）政府、沈抚新城管委会、省直各部门、市政府所属的行政执法部门和法律、法规授权的组织做出的重大行政处罚决定，应当严格依照上述标准报市政府法制办备案；各县（区）、各乡（镇）政府和沈抚新城管委会所属的行政执法部门和法律、法规授权的组织做出的重大行政处罚决定，报送备案标准由各县（区）政府和沈抚新城管委会确定，并报市政府法制办备案

此外，2010年3月1日起施行的《环境行政处罚办法》属于部门规章，其第七十八条规定："本办法第四十八条所称'较大数额'罚款和没收，对公民是指人民币（或者等值物品价值）5 000元以上、对法人或者其他组织是指人民币（或者等值物品价值）5万元以上。地方性法规、地方政府规章对'较大数额'罚款和没收的限额另有规定的，从其规定。"2011年2月1日起施行的《环境行政处罚听证程序规定》第五条规定："环境保护主管部门在作出以下行政处罚决定之前，应当告知当事人有申请听证的权利；当事人申请听证的，环境

保护主管部门应当组织听证：（一）拟对法人、其他组织处以人民币5万元以上或者对公民处以人民币 5 000 元以上罚款的”，第四十七条规定：“地方性法规、地方政府规章另有规定的，从其规定”。

部分省市的重大行政处罚定义中还包含处以行政拘留的行政处罚，但对拘留天数规定不同，具体见表2.5。此外，在全国生态环境系统深化“放管服”改革转变政府职能视频会议上的讲话中还提出“推动商业银行将按日计罚、行政拘留等重大行政处罚文书纳入信贷审批和贷后监管流程”。

表 2.5 不同法规对重大行政处罚行政拘留天数的规定

拘留天数	相关法规
无天数规定	《西藏自治区重大行政处罚决定备案制度》《黄山市重大行政处罚备案规定》《哈密地区重大行政处罚决定备案审查办法》《葫芦岛市重大行政处罚处理决定备案暂行办法》《中山市重大行政处罚备案实施办法》《陕西省环境保护行政处罚程序规定》
10日以上	《河北省重大行政处罚备案办法》《内蒙古自治区重大行政处罚备案监督办法》《山西省重大行政处罚决定备案办法》《吕梁市人民政府办公厅关于进一步规范重大行政处罚决定备案工作的通知》《扬州市重大行政处罚备案审查办法》《辛集市人民政府关于贯彻实施河北省重大行政处罚备案办法的通知》《滨州市重大行政处罚决定备案办法（暂行）》《晋城市重大行政处罚决定备案办法》《呼和浩特市人民政府法制办公室关于加强重大行政处罚案件备案管理工作的通知》《大同市重大行政处罚决定备案审查规定》《衢州市重大行政处罚备案审查办法》《贵阳市重大行政处罚决定备案制度实施办法（试行）》《洛南县人民政府办公室关于建立重大行政处罚案件备案制度的通知》
15日	《承德市人民政府关于印发承德市重大行政处罚备案规定的通知》《杭州市重大行政处罚决定备案审查规定》《石家庄市重大行政处罚备案规定（试行）》《万州区重大行政处罚备案暂行办法》《阳泉市人民政府法制办公室关于贯彻执行山西省重大行政处罚决定备案办法的通知》《南京市重大行政处罚备案暂行规定》

现有法规规定的重大行政处罚罚款数额多为5万～10万元，由于目前上市公司对环境行政处罚重视不足，在这些法规规定的基础上选择略严格的重大行政处罚判别标准，以10万元以上为“较大数额”罚款标准。尽管大部分规定以10日以上为行政拘留天数要求，但由于环保行政处罚通常不对责任人进行行政拘留，因此只要出现行政拘留，即认为该上市公司受到了重大环境行政处罚。

3. 总结

本报告的重大环境行政处罚判别标准如表2.6所示。

表 2.6 重大环境行政处罚判别标准

地区	处罚级别	判别标准
山西省	省级	1）责令停产停业； 2）吊销许可证或执照； 3）处以30万元以上罚款； 4）对主要责任人行政拘留10日以上
	市级	1）责令停产停业； 2）吊销许可证或执照； 3）处以20万元以上罚款； 4）对主要责任人行政拘留10日以上

续表

地区	处罚级别	判别标准
山西省	县级	1）责令停产停业； 2）吊销许可证或执照； 3）处以 10 万元以上罚款； 4）对主要责任人行政拘留 10 日以上
攀枝花市	市级、县级	1）责令停产停业； 2）吊销许可证或执照； 3）处以 5 万元以上罚款
其他地区	省级、市级、县级	1）在行政处罚决定书中告知听证权利； 2）责令停产停业； 3）吊销许可证或执照； 4）处以 10 万元以上罚款； 5）对主要责任人行政拘留

2.2.3 评分方法

本报告评估所有上市公司 2017 年临时报告和定期报告中披露的环保重大行政处罚信息，其中定期报告包括 2017 年年报与半年报。临时报告与定期报告均通过证券交易所网站和上市公司官网查找。按照上述重大行政处罚判别标准判断统计各上市公司一年内受到的重大环境行政处罚数量，并对 2017 年受到重大环境行政处罚的上市公司的信息披露情况进行评估。

（1）若公司受到重大行政处罚，但临时报告与定期报告都未予以披露：该项 0 分。

（2）若公司受到重大行政处罚，且临时报告中有披露信息：

① 若临时报告中披露了报告期内所受的全部行政处罚信息，得 4 分；

② 若临时报告未披露全部行政处罚信息但所披露的行政处罚信息数量占该上市公司在报告期内所受的行政处罚总数的 70%（含 70%）以上，得 3 分；

③ 若临时报告中所披露的行政处罚信息数量占该上市公司在报告期内所受的行政处罚总数的 50%以上（70%以下，含 50%），得 2 分；

④ 若临时报告中所披露的行政处罚信息数量不足该上市公司在报告期内所受的行政处罚总数的 50%，得 1 分；

⑤ 若临时报告中披露了行政处罚信息后，定期报告中又披露了临时报告网页链接，加 1 分；

⑥ 若临时报告中所披露的行政处罚信息较为详细，包括具体的时间、地点、处罚内容、处罚金额及后续整改信息，可加 0.5 分，最多不超过 5 分。

（3）若公司受到重大行政处罚，但临时报告未披露信息，定期报告中有披露：

① 若定期报告中披露了报告期内所受的全部行政处罚信息，得 4 分；

② 若定期报告未披露全部行政处罚信息但所披露的行政处罚信息数量占该上市公司在报告期内所受的行政处罚总数的 70%以上（含 70%），得 3 分；

③ 若定期报告中所披露的行政处罚信息数量占该上市公司在报告期内所受的行政处

罚总数的 50%以上（70%以下，含 50%），得 2 分；

④ 若定期报告中所披露的行政处罚信息数量不足该上市公司在报告期内所受的行政处罚总数的 50%，得 1 分；

⑤ 若定期报告中所披露的行政处罚信息较为详细，包括具体的时间、地点、处罚内容、处罚金额及后续整改信息，可加 0.5 分；

⑥ 若定期报告中仅披露行政处罚信息索引（非上市公司临时报告索引），则在原得分基础上扣 1 分，最低不低于 1 分。

（4）若公司受到重大行政处罚，且临时报告与定期报告都有披露，但披露数不同：按披露数量较多的一类评分。

2.2.4 数据来源

本报告评估的上市公司环境行政处罚信息来自环监局统计数据。上市公司所披露的重大环境行政处罚信息来自上市公司年报、半年报和临时报告，报告通过上市公司自身的官方网站、证券交易所网站和其他财经网站获取。

2.3 上市公司环境信息披露综合评估

基于对以上上市公司定期报告环境信息披露状况的跟踪评估和重大环境行政处罚信息披露评估结果，对属于重点排污监控单位的上市公司 2017 年的环境信息披露状况进行综合评估。上市公司环境信息披露综合评估包括定期报告环境信息披露和重大环境行政处罚信息披露两部分，得分满分为 100 分。

2.3.1 定期报告环境信息披露

评估上市公司年报中应披露的 12 项常规环境信息的披露情况，评分方法与第 2.1 部分相同，占满分的 60%。

2.3.2 重大环境行政处罚信息披露

评估上市公司 2017 年收到环保部门重大行政处罚的信息披露情况，占满分的 40%。若某一上市公司 2017 年未受到重大环境行政处罚，则认为该上市公司此项满分；若某一上市公司 2017 年受到重大环境行政处罚，则评分方法与第 2.2 部分相同。

上市公司环境信息披露综合得分计算公式如下：

上市公司环境信息披露综合得分=定期报告环境信息披露得分×5+重大环境行政处罚信息披露得分×8

第三章

上市公司定期报告环境信息披露状况跟踪评估结果

3.1 2017 年评估结果

3.1.1 整体结果

本次评估的公司共 377 家，上市公司定期报告环境信息披露的均分为 8.83（满分 12 分），标准差为 4.26。对不同得分的公司数量分别统计，结果如表 3.1 所示。2017 年有 45 家公司得分为 0，即未公布《准则》中所要求公布的任何环境信息，占比约为 12%；有 154 家公司得分为满分，即完全按照《准则》要求公布所有环境信息，占比约为 40%，是 0 分公司数量的 3 倍多；得分分布在 1～9 分的公司数量分别不超过 20 家，占比均不超过 5.31%。得分为 10 分、11 分的公司数量分别有 34 家、58 家，占比分别是 9.02%、15.38%。以 3 分及 3 分以下为信息披露严重不达标标准，10 分及 10 分以上为公司环境信息披露的合格标准，2017 年不达标的公司占比为 18.3%，达标公司占比约为 65%，但是严格按照证监会的要求披露环境信息的公司，即得分为满分的公司依然不足一半，因此，2017 年环境信息披露情况整体较好，但仍有提升空间，相关部门应继续加强监管，落实惩罚措施，督促公司依法披露环境信息。

此外，从图 3.1 中可以直观看出，公司信息披露存在两极分化现象。2017 年得分为 0 和满分的公司约占总数的 53%，超过了总数的一半；得满分的公司数量是得分为 0 的公司数量的 3 倍多。得分为 1～7 分的公司数量近似，且数量均较少；得分为 5～12 的公司数量逐渐增多，而得分为 12 分的公司数量是得分为 11 分的公司数量的 2.7 倍。

3.1.2 各项得分比较

各项环境信息披露情况如表 3.2 所示。总体来看，各项指标披露的公司数量占比分布在 65%～84%；有 3 项指标披露的公司数量占比低于 70%；7 项指标披露的公司数量占比在 70%～80%；2 项指标披露的公司数量占比超过 80%，各指标之间差距较小。从各指标具体披露情况来看，12 项指标中“执行的污染物排放标准”的披露情况最好，有 84%的公

表 3.1　定期报告环境信息披露评估整体结果

得分	公司数量/家	公司占比/%	累计百分比/%
0	45	11.94	11.94
1	10	2.65	14.59
2	7	1.86	16.45
3	7	1.86	18.30
4	7	1.86	20.16
5	4	1.06	21.22
6	5	1.33	22.55
7	7	1.86	24.40
8	19	5.04	29.44
9	20	5.31	34.75
10	34	9.02	43.77
11	58	15.38	59.15
12	154	40.85	100.00
总计	377	100	100

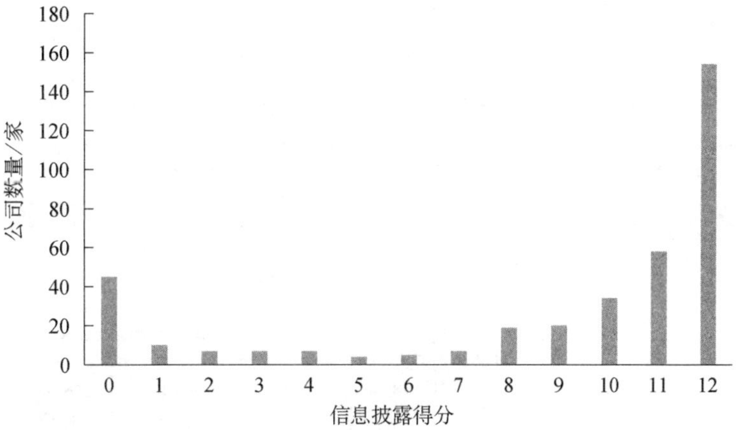

图 3.1　整体得分情况

司披露；其次是“防治污染设施的建设和运行情况”，有 83%的公司披露。披露情况最差的指标是“排放口分布情况”，有 65%的公司披露，其次分别是“核定的排放总量”和“建设项目环境影响评价及其他环境保护行政许可情况”，分别有 67%和 69%的公司披露。“排放口分布情况”指标得分低除了因为部分公司未对该项进行任何披露描述，还因为部分公司在该项指标对应的披露内容处披露了不正确内容，例如重复描述排放口数量，并未说明分布的位置。因此相关部门应当对该项指标披露内容进行更明确的要求。

2017 年新增的三项指标“建设项目环境影响评价及其他环境保护行政许可情况”“突发环境事件应急预案”及“自行监测”披露情况分别排第 10、第 5 和第 8。此外，从年报来看，虽然“突发环境事件应急预案”指标得分较高，但是大部分公司只是含糊地说有备案，很少披露具体方案的情况。“建设项目环境影响评价及其他环境保护行政许可情况”和“自行监测”也面临同样的问题。因此相关部门需加强重视，对环境信息披露内容与形式有更明确的要求。

表 3.2　各项得分比较

披露内容	平均分	公司数量/家	公司占比/%
1 主要污染物和特征污染物名称	0.77	289	76.66
2 排放方式	0.74	279	74.01
3 排放口数量	0.73	277	73.47
4 排放口分布情况	0.65	244	64.72
5 排放浓度和排放总量	0.75	284	75.33
6 执行的污染物排放标准	0.84	317	84.08
7 核定的排放总量	0.67	253	67.11
8 超标排放情况	0.71	267	70.82
9 防治污染设施的建设和运行情况	0.83	312	82.76
10 建设项目环境影响评价及其他环境保护行政许可情况	0.69	259	68.70
11 突发环境事件应急预案	0.75	282	74.80
12 自行监测	0.71	267	70.82

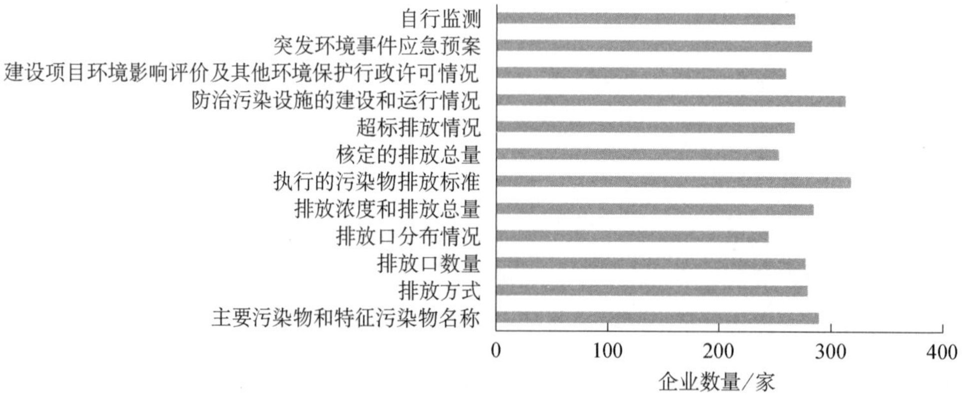

图 3.2　各项应披露内容实际披露企业数量

3.1.3　影响因素分析

1. 地区分析

377 家公司的总部分布于 31 个省级单位。其中有 20 个省份的公司数量少于 10 家；9 个省份的公司数量在 10～30 家；2 个省份的公司数量超过 50 家。从各省份统计结果分别来看，浙江省公司数量最多，达 66 家，其次是山东省、广东省和江苏省，分别分布有 50 家、29 家、28 家公司。西藏、广西、青海三个省份的公司数量仅为 1 家、2 家和 2 家。分东（辽宁、北京、天津、河北、山东、江苏、上海、浙江、福建、广东、广西、海南）、中（山西、内蒙古、吉林、黑龙江、安徽、江西、河南、湖北、湖南）、西（陕西、甘肃、青海、宁夏、新疆、四川、重庆、云南、贵州、西藏）部来看，东部公司数量最多，共有250家；中部其次，分布72家；西部公司数最少，仅55家（表3.3）。

表3.3　各省份定期报告环境信息披露情况汇总

省份	公司数量/家	占比/%	平均分
山西	8	2.12	12.00
内蒙古	3	0.80	11.67
广西	2	0.53	11.50
青海	2	0.53	11.50
江苏	28	7.43	11.25
江西	6	1.59	11.17
湖北	14	3.71	10.64
福建	16	4.24	10.38
四川	16	4.24	10.19
安徽	18	4.77	10.06
河南	6	1.59	9.67
贵州	9	2.39	9.44
北京	8	2.12	9.13
宁夏	5	1.33	9.00
广东	29	7.69	8.72
浙江	66	17.51	8.55
辽宁	17	4.51	8.47
山东	50	13.26	8.46
河北	10	2.65	8.00
天津	6	1.59	7.67
吉林	5	1.33	7.60
湖南	9	2.39	7.56
云南	4	1.06	7.25
重庆	5	1.33	7.00
甘肃	4	1.06	6.75
黑龙江	3	0.80	6.67
新疆	5	1.33	6.20
上海	15	3.98	4.60
海南	3	0.80	4.33
陕西	4	1.06	2.75
西藏	1	0.27	0.00

各省份得分情况如图 3.3 所示。有 14 个省份得分超过全国平均分 8.83 分，17 个省份得分低于全国平均分。有 2 个省份均分低于 3 分，有 19 个省份均分得分在 3～10 分，有 10 个省份均分在 10 分以上。从各省份得分情况看，山西省平均分最高，其 8 家公司得分均为满分；其次依次是内蒙古、广西、青海、江苏、江西，均分都在 11 分以上；西藏、陕西、海南、上海四个省（市）的披露情况较差，均分均在 5 分以下；其中西藏仅有一家上市公司被评估，得分为 0 分。在被评估的上市公司数量超过 20 家的 4 个省份中，广东、浙江、山东的平均分都低于全国信息披露平均水平。相关部门应该加大对广东、浙江、山东、上海等上市公司数量密集且披露信息水平低的省份的监管与要求。

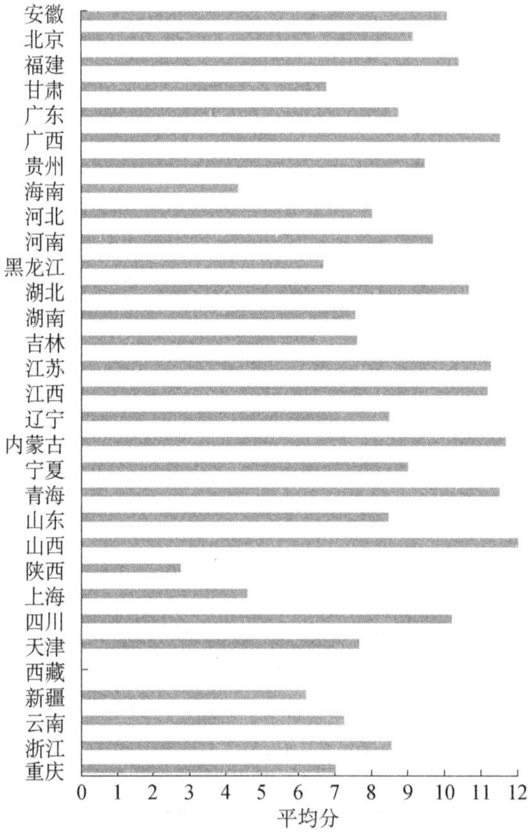

图 3.3　各省份定期报告环境信息披露均分

从各省份信息披露得分分布情况来看（图 3.4），有 20 个省份的信息披露达标公司占比超过 50%。青海、广西、内蒙古、山西整体得分较高，得分均在 10～12 分；上海、海南、陕西、西藏四个省份整体披露情况较差，得分为“0～3 分”的公司占比超过了 50%。黑龙江、新疆两个省份的公司得分为“4～9 分”的占比超过 50%。

从 0 分公司的分布来看，有 6 个省份的 0 分公司数量大于 2 家，其中浙江省有最多的 0 分公司数量，达 9 家；有 14 个省份的 0 分公司数量仅有一家；有 12 个省份没有 0 分公司。从满分公司的分布来看，有 4 个省份的满分公司数量大于 10 家，其中浙江省有最多的满分公司，达 26 家；有 23 个省份的满分公司数量在 1～9 家；只有四个省份没有满分公司，分别是黑龙江、甘肃、陕西和西藏。

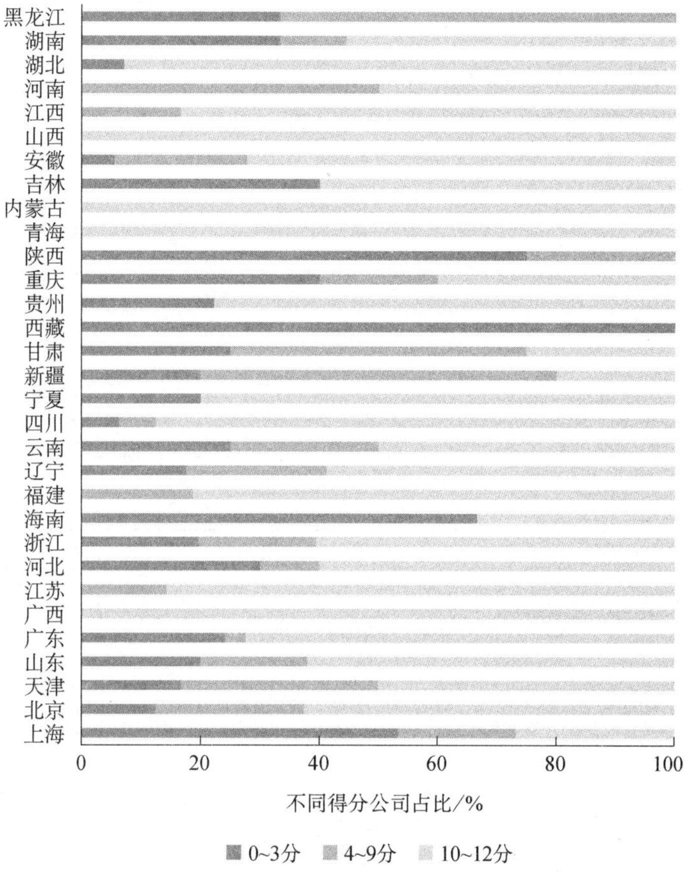

图 3.4 各省份定期报告环境信息披露得分分布

不同地区定期报告环境信息披露得分如表 3.4 所示，2017 年东部地区公司年平均得分为 8.68 分，低于全国平均得分；中部地区公司平均得分为 9.89 分，高于全国平均得分；西部地区平均得分为 8.16 分，低于全国平均分。

从各地区不同得分的公司分布来看，在得 0 分的公司中，东中西部分别有 34 家、3 家和 8 家，分别占得 0 分的公司总数的 76%、7%和 18%；得分为 12 分的公司中，东中西部分别有 96 家、37 家和 21 家，分别占得 12 分的公司总数的 62%、24%和 14%。从表 3.4 可以看到，东部地区得分为“0～3 分”“4～9 分”和“10～12 分”的公司数量在相应区间公司总数中占比相近，均在 65%～70%，且低分公司占比略高于高分公司占比，这与东部公司数量远高于其他两个地区有关。西部和中部在这三个得分区间中的公司占比差异比东部更大；西部低分公司占比高于东部低分公司，西部中高分公司占比低于东部高分公司占比。

总体来说，2017 年东部地区信息披露低中高得分公司数量占比相似，中部地区信息披露情况比西部地区好。相关部门既要督促东部众多不达标公司按要求进行环境信息披露，也要重视西部地区的环境信息披露情况。

表 3.4　各地区环境信息披露情况汇总　　单位：家

得分＼公司数量	东部	中部	西部
0	34	3	8
1	6	1	3
2	3	2	2
3	5	2	0
4	6	0	1
5	3	0	1
6	4	0	1
7	3	2	2
8	12	5	2
9	14	4	2
10	20	9	5
11	44	7	7
12	96	37	21

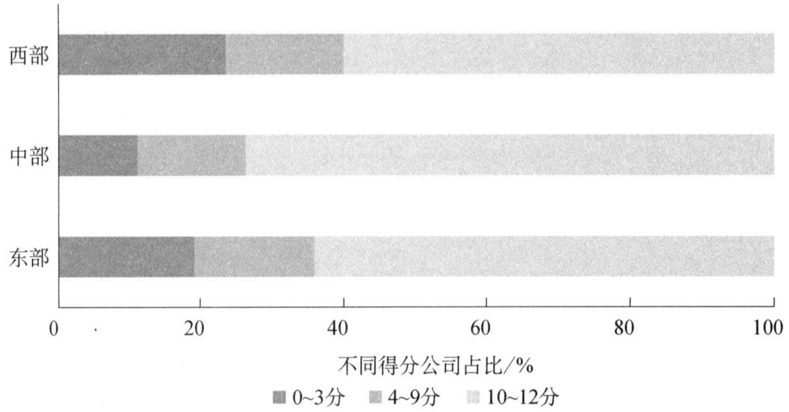

图 3.5　各地区定期报告环境信息披露得分分布

2. 行业分析

根据中国证监会的行业分类标准［《上市公司行业分类指引》（2012 年修订）］，377 家上市公司分别分布在 9 个行业门类，其中 96%（361 家）的公司属于制造业门类。从得分情况来看（表 3.5、图 3.6），2017—2018 年交通运输、仓储和邮政业与电力、热力、燃气及水生产和供应业环境信息披露情况最优，分别为 10 分及以上；而科学研究和技术服务业与采矿业的环境信息披露最差，分别为 1 家公司，其得分均为 0 分。

表 3.5　各行业门类定期报告环境信息披露均分

行业	公司数量/家	平均分
交通运输、仓储和邮政业	2	10.00
信息传输、软件和信息技术服务业	2	6.00
农、林、牧、渔业	2	6.00
制造业	361	8.95

续表

行业	公司数量/家	平均分
建筑业	2	5.00
水利、环境和公共设施管理业	3	4.33
电力、热力、燃气及水生产和供应业	3	10.67
科学研究和技术服务业	1	0.00
采矿业	1	0.00
总计	377	8.83

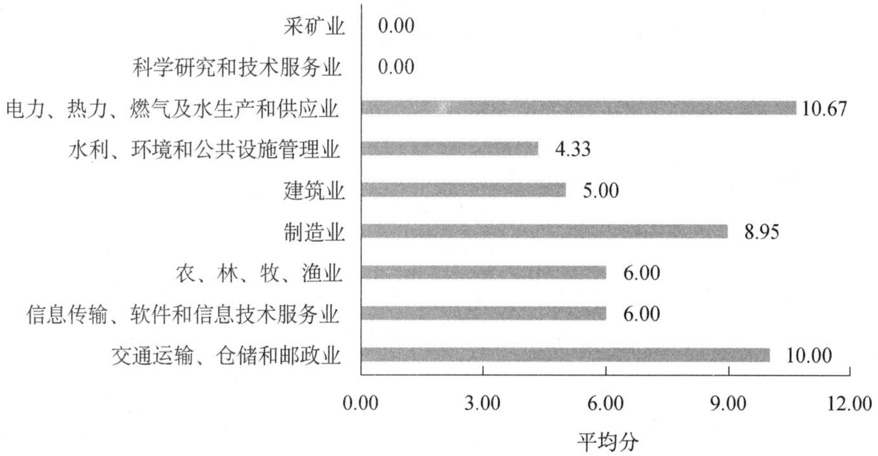

图 3.6　各行业门类定期报告环境信息披露均分

从各行业门类的得分分布情况来看（表 3.6、图 3.7），交通运输、仓储和邮政业，信息传输、软件和信息技术服务业，农、林、牧、渔业，制造业，建筑业，电力、热力、燃气及水生产和供应业均有 50%及以上的公司达到了最高分数段水平（10 分及以上），且信息传输、软件和信息技术服务业，农、林、牧、渔业，制造业，电力、热力、燃气及水生产和供应业的环境信息披露最高分均达到了满分 12 分，交通运输、仓储和邮政业（11 分）与建筑业（10 分）次之。

表 3.6　各行业门类定期报告环境信息披露高分、低分汇总

行业	0～3 分		10～12 分		最高分
	公司数量/家	占比/%	公司数量/家	占比/%	
交通运输、仓储和邮政业	0	0.00	1	50.00	11
信息传输、软件和信息技术服务业	1	50.00	1	50.00	12
农、林、牧、渔业	1	50.00	1	50.00	12
制造业	63	17.45	240	66.48	12
建筑业	1	50.00	1	50.00	10
水利、环境和公共设施管理业	1	33.33	0	0.00	7
电力、热力、燃气及水生产和供应业	0	0.00	2	66.67	12
科学研究和技术服务业	1	100.00	0	0.00	0
采矿业	1	100.00	0	0.00	0

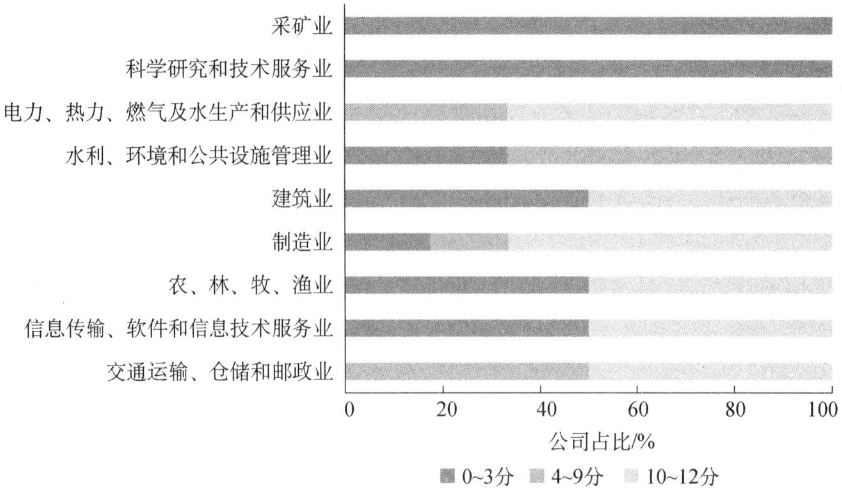

图 3.7　各行业门类定期报告环境信息披露得分分布

本报告所评估的 377 家上市公司中绝大部分属于制造业，因此将制造业上市公司进一步细分。以下根据中国证监会的行业分类标准［《上市公司行业分类指引》（2012 年修订）］将制造业细分至其大类进行分析。2017 年，属于制造业的上市公司总体环境信息披露平均得分为 8.95 分，共分布于 27 个制造业大类。其中，铁路、船舶、航空航天和其他运输设备制造业，木材加工和木、竹、藤、棕、草制品业，其他制造业，仪器仪表制造业，皮革、毛皮、羽毛及其制品和制鞋业，酒、饮料和精制茶制造业，化学原料和化学制品制造业及医药制造业八个大类环境信息披露状况表现良好，平均分都高于 10 分，其中铁路、船舶、航空航天和其他运输设备制造业的 3 家公司与木材加工和木、竹、藤、棕、草制品业的 1 家公司均达到了满分 12 分。而农副食品加工业，电气机械和器材制造业，通用设备制造业及纺织服装、服饰业的平均分都低于 7 分，其中纺织服装、服饰业的 1 家公司得分为 0 分（表 3.7、图 3.8）。

表 3.7　制造业大类定期报告环境信息披露均分

制造业分类	公司数量/家	平均分
纺织服装、服饰业	1	0.00
通用设备制造业	13	5.92
电气机械和器材制造业	12	6.50
农副食品加工业	5	6.60
印刷和记录媒介复制业	3	7.00
汽车制造业	24	7.04
专用设备制造业	13	7.38
造纸和纸制品业	16	7.75
非金属矿物制品业	11	8.00
金属制品业	11	8.09
化学纤维制造业	10	8.20
计算机、通信和其他电子设备制造业	36	8.56

续表

制造业分类	公司数量/家	平均分
石油加工、炼焦和核燃料加工业	7	9.00
食品制造业	7	9.29
纺织业	9	9.56
家具制造业	3	9.67
有色金属冶炼和压延加工业	18	9.67
黑色金属冶炼和压延加工业	19	9.68
橡胶和塑料制品业	8	9.75
医药制造业	39	10.13
化学原料和化学制品制造业	70	10.17
酒、饮料和精制茶制造业	17	10.41
皮革、毛皮、羽毛及其制品和制鞋业	2	11.00
仪器仪表制造业	1	11.00
其他制造业	2	11.00
木材加工和木、竹、藤、棕、草制品业	1	12.00
铁路、船舶、航空航天和其他运输设备制造业	3	12.00

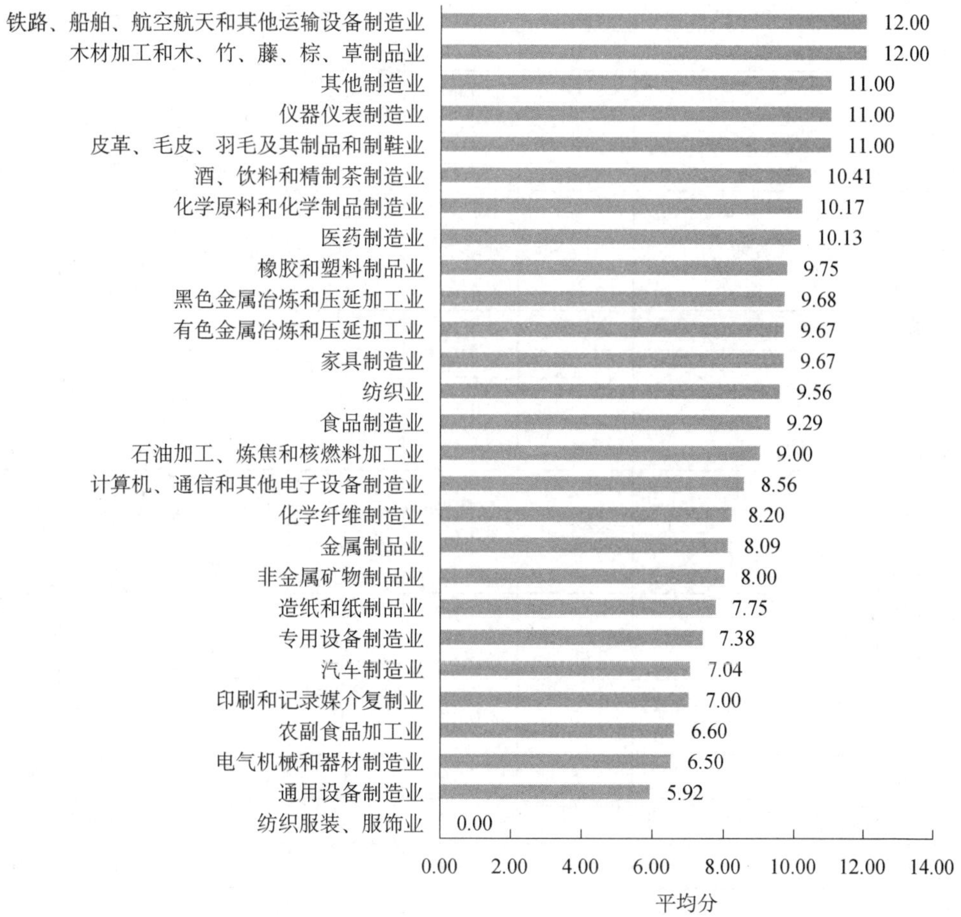

图 3.8　制造业大类定期报告环境信息披露均分

从得分分布情况来看（表 3.8、图 3.9），绝大部分制造业大类中得分在 10～12 分的上市公司比例较高，尤其在其他制造业，仪器仪表制造业，铁路、船舶、航空航天和其他运输设备制造业，木材加工和木、竹、藤、棕、草制品业与皮革、毛皮、羽毛及其制品和制鞋业五个大类中，得分为 10～12 分的上市公司比例为 100%。而值得注意的是电气机械和器材制造业，通用设备制造业，纺织服装、服饰业与农副食品加工业三个大类，0～3 分的上市公司占比较高，导致其平均得分较低。

表 3.8　制造业大类定期报告环境信息披露得分分布

制造业大类	0～3 分		4～9 分		10～12 分	
	公司数量/家	占比/%	公司数量/家	占比/%	公司数量/家	占比/%
农副食品加工业	2	3.17	0	0.00	3	1.25
食品制造业	1	1.59	1	1.72	5	2.08
酒、饮料和精制茶制造业	1	1.59	1	1.72	15	6.25
纺织业	1	1.59	2	3.45	6	2.50
纺织服装、服饰业	1	1.59	0	0.00	0	0.00
皮革、毛皮、羽毛及其制品和制鞋业	0	0.00	0	0.00	2	0.83
木材加工和木、竹、藤、棕、草制品业	0	0.00	0	0.00	1	0.42
家具制造业	0	0.00	1	1.72	2	0.83
造纸和纸制品业	5	7.94	4	6.90	7	2.92
印刷和记录媒介复制业	1	1.59	0	0.00	2	0.83
石油加工、炼焦和核燃料加工业	1	1.59	2	3.45	4	1.67
化学原料和化学制品制造业	7	11.11	8	13.79	55	22.92
医药制造业	3	4.76	5	8.62	31	12.92
化学纤维制造业	2	3.17	1	1.72	7	2.92
橡胶和塑料制品业	1	1.59	1	1.72	6	2.50
非金属矿物制品业	2	3.17	3	5.17	6	2.50
黑色金属冶炼和压延加工业	1	1.59	7	12.07	11	4.58
有色金属冶炼和压延加工业	2	3.17	3	5.17	13	5.42
金属制品业	3	4.76	1	1.72	7	2.92
通用设备制造业	5	7.94	3	5.17	5	2.08
专用设备制造业	3	4.76	4	6.90	6	2.50
汽车制造业	8	12.70	5	8.62	11	4.58
铁路、船舶、航空航天和其他运输设备制造业	0	0.00	0	0.00	3	1.25
电气机械和器材制造业	5	7.94	1	1.72	6	2.50
计算机、通信和其他电子设备制造业	8	12.70	5	8.62	23	9.58
仪器仪表制造业	0	0.00	0	0.00	1	0.42
其他制造业	0	0.00	0	0.00	2	0.83
合计	63	100.00	58	100.00	240	100.00

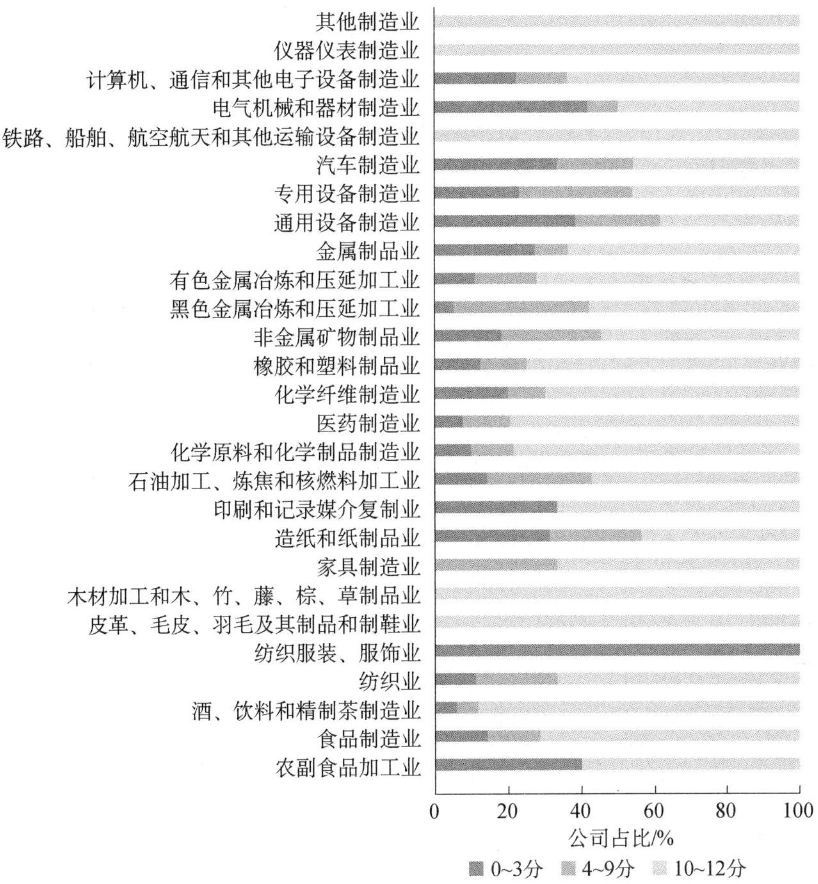

图 3.9　制造业大类定期报告环境信息披露得分分布

3. 公司性质分析

本次评估中，有 65%的上市公司为私企（246 家），34%为地方国企（共 127 家），1%为央企（4 家）。2017—2018 年度国企和私企的环境信息披露平均分不相上下，分别为 8.94 分和 8.81 分，而央企的环境信息披露平均分较低，为 6.75 分（图 3.10）。

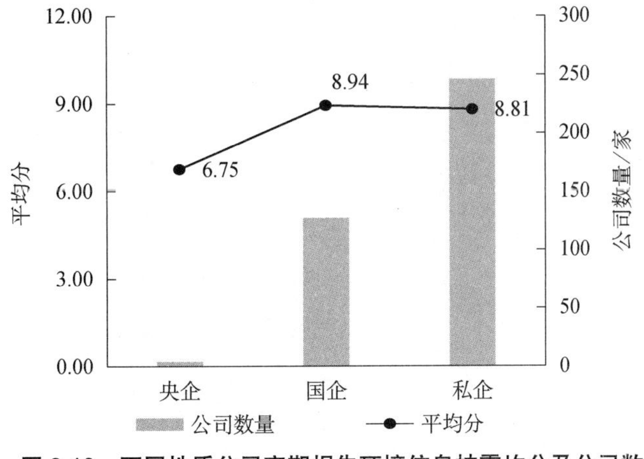

图 3.10　不同性质公司定期报告环境信息披露均分及公司数量

从公司的得分分布情况来看（表3.9、图3.11），4家央企中，各有2家公司分别处于最低分数段（3分及以下）和最高分数段（10分及以上）。国企的环境信息披露状况得分位于最高分数段的公司较多，共79家，占62.20%，其中有37.01%的公司（47家）达到满分；而处于中、低分数段的公司数量较少，分别占21.26%（27家）和16.54%（21家），其中得0分的公司有6.30%（8家）。私企的环境信息披露状况得分两极分化明显，得满分的占43.09%（106家），得11分的占15.45%（38家），而得0分的占15.04%（37家）。对比国企和私企的环境信息披露状况，两者中位于最高分数段的公司都较多，私企表现（67%）略好于国企（62%），且私企中得满分的公司占比更多；但国企中处于最低分数段的公司要少于私企，且得0分公司更少。

表3.9　不同性质公司定期报告环境信息披露得分分布

分数	央企		国企		私企	
	公司数量/家	占比/%	公司数量/家	占比/%	公司数量/家	占比/%
0	0	0.00	8	6.30	37	15.04
1	1	25.00	4	3.15	5	2.03
2	0	0.00	4	3.15	3	1.22
3	1	25.00	5	3.94	1	0.41
4	0	0.00	2	1.57	5	2.03
5	0	0.00	2	1.57	2	0.81
6	0	0.00	2	1.57	3	1.22
7	0	0.00	2	1.57	5	2.03
8	0	0.00	9	7.09	10	4.07
9	0	0.00	10	7.87	10	4.07
10	0	0.00	13	10.24	21	8.54
11	1	25.00	19	14.96	38	15.45
12	1	25.00	47	37.01	106	43.09
总计	4	100.00	127	100.00	246	100.00

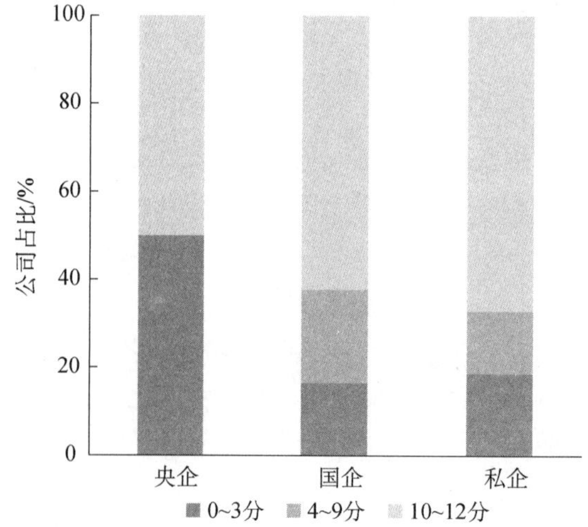

图3.11　不同性质公司定期报告环境信息披露得分分布

由于本次评估的上市公司中央企数量较少，评估结果存在很大的偶然性，因此不再区分央企与普通国企，将所有国企与私企环境信息披露状况进行对比。就环境信息披露平均得分而言，国企与私企的得分相差不大，分别为 8.88 分和 8.81 分（图 3.12）。

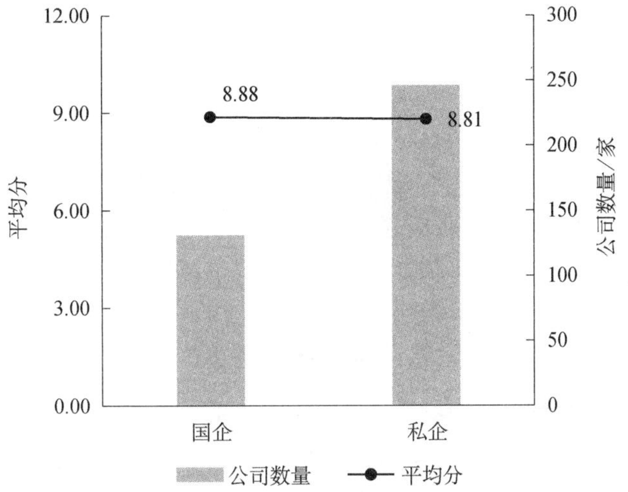

图 3.12　国企、私企定期报告环境信息披露比较

从得分分布情况来看（表 3.10、图 3.13），国企、私企性质公司的环境信息披露高分比例分别为 62%和 67%，其低分比例分别为 18%和 19%，但私企得 0 分的比例较高（15.04%），且超过国企（6.11%）的 2 倍。这说明私企中一些公司的环境意识亟须提高。此外，国企和私企的环境信息披露得分均集中在 12、11、10 和 0 分这四个分数，国企分别有 36.64%、15.27%、9.92%和 6.11%，私企分别有 43.09%、15.45%、8.54%和 15.04%。政府需要重点关注这些 0 分公司，即那些完全不公开自身环境信息状况的公司，加强对其环境信息披露状况的监管。

表 3.10　国企、私企定期报告环境信息披露得分分布

分数	国企		私企	
	公司数量/家	占比/%	公司数量/家	占比/%
0	8	6.11	37	15.04
1	5	3.82	5	2.03
2	4	3.05	3	1.22
3	6	4.58	1	0.41
4	2	1.53	5	2.03
5	2	1.53	2	0.81
6	2	1.53	3	1.22
7	2	1.53	5	2.03
8	9	6.87	10	4.07
9	10	7.63	10	4.07
10	13	9.92	21	8.54
11	20	15.27	38	15.45
12	48	36.64	106	43.09
总计	131	100.00	246	100.00

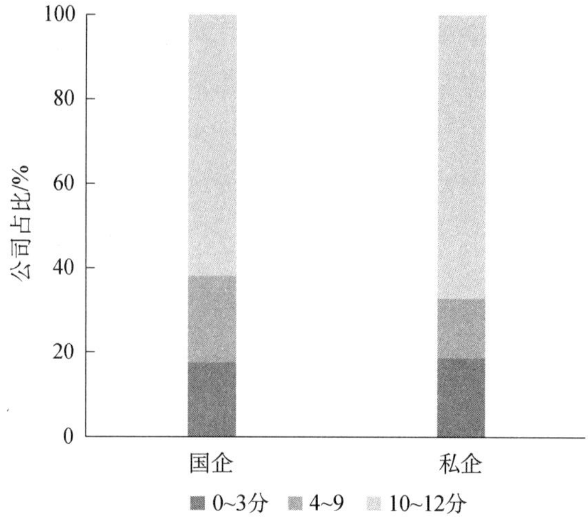

图 3.13　国企、私企定期报告环境信息披露得分分布

4. 不同证券交易所分析

本次评估的公司中有 152 家在上海证券交易所上市，225 家在深圳证券交易所上市。总体来说，深交所上市公司的环境信息披露状况优于上交所。从平均得分来看，深交所上市公司的环境信息披露平均分为 9.70 分，而上交所的为 7.65 分（图 3.14）。

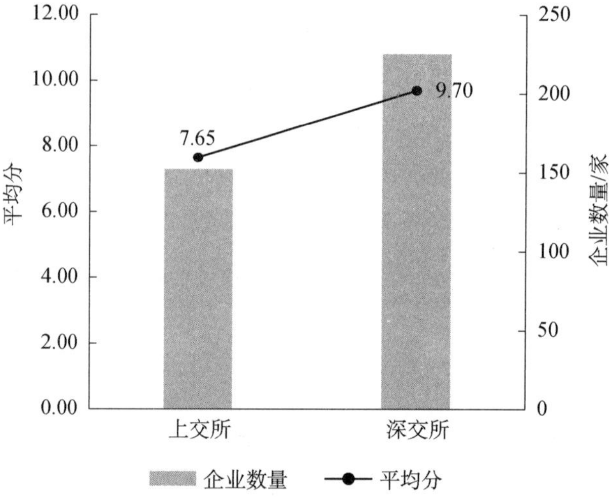

图 3.14　不同证券交易所定期报告环境信息披露均分及公司数量

从得分分布情况来看（表 3.11），高分数段中，深交所有超过 81%的上市公司得分为 10 分及以上，其中得满分的有 124 家，占比超过 55%；而上交所得分在 10～12 分的公司比例仅为 41%，得满分的有 30 家，占比未达 20%。低分数段中，深交所有 15%的公司得分在 0～3 分，其中 0 分公司有 32 家；而上交所得分为 0～3 分的公司占 23%，共 13 家得 0 分的公司。

从下面的沪、深两市定期报告环境信息披露得分分布图可以看出（图 3.15、图 3.16），深交所上市公司的定期报告环境信息披露得分两极分化明显，得分为 1～9 分的公司占比均不足5%，得分为1～8分的公司占比甚至都不到3%。深交所绝大部分上市公司的2017年定期报告环境信息披露得分都在10～12分，尤其是11～12分，得分在11～12分的公司占到了总数的近3/4。上交所的定期报告环境信息披露得分同样存在两极分化现象，但较深交所的分布更平缓一些。上交所大部分上市公司得分在8～12分；得分在11～12分的公司比例仅为29.61%，不足深交所的一半。

综上所述，深交所上市公司的环境信息披露平均分较高，且得分分布集中在高分数段，但两极分化明显；而上交所上市公司的环境信息披露不仅平均分较低，且各分数段的公司分布较为均衡，整体披露情况不佳。这表明深交所上市公司对《准则》的执行更好，可能是由于深交所的环境信息披露监管较上交所更为严格，也可能与2018年生态环境部环境规划院与深交所进行会谈有关。证监会应督促上交所完善其监督管理机制，监督上市公司按规定披露环境信息。

表3.11 不同证券交易所定期报告环境信息披露得分分布

分数	上海证券交易所		深圳证券交易所	
	公司数量/家	占比/%	公司数量/家	占比/%
0	13	8.55	32	14.22
1	9	5.92	1	0.44
2	6	3.95	1	0.44
3	7	4.61	0	0.00
4	6	3.95	1	0.44
5	3	1.97	1	0.44
6	4	2.63	1	0.44
7	7	4.61	0	0.00
8	17	11.18	2	0.89
9	17	11.18	3	1.33
10	18	11.84	16	7.11
11	15	9.87	43	19.11
12	30	19.74	124	55.11
总计	152	100.00	225	100.00

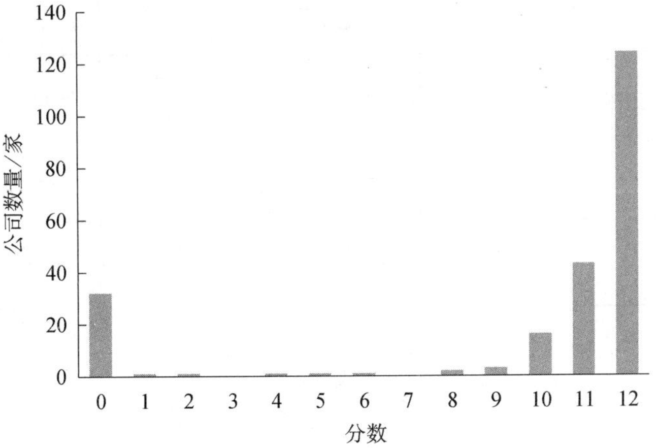

图3.15 深交所定期报告环境信息披露得分分布

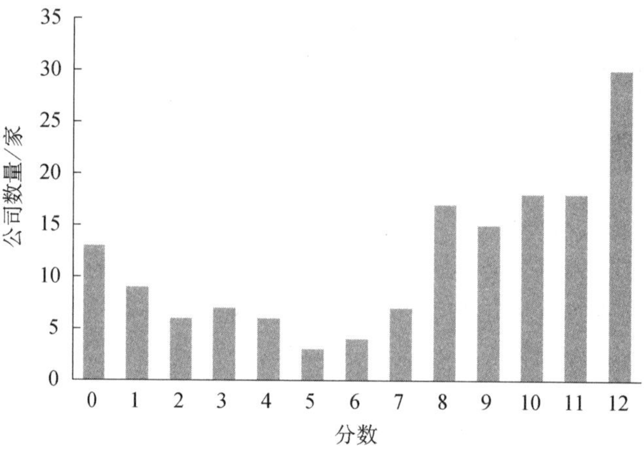

图 3.16　上交所定期报告环境信息披露得分分布

5. 不同上市板块分析

对不同上市板块的公司定期报告环境信息披露情况进行分类分析。本书所评估的 377 家上市公司中，有 210 家为主板上市公司，其均分为 8.17 分；124 家公司在中小企业板上市，均分 9.48 分；创业板上市公司仅 43 家，均分 10.21 分。具体的得分分布如表 3.12、图 3.17 所示。从低分公司数量和占比来看，主板上市公司中 0 分公司占比最低，但得分 0～3 分的公司占比最高，达 20.48%；中小企业板上市的 0 分公司 21 家，占比 16.94%；创业板上市的 0 分公司 5 家，占比 11.63%；中小企业板和创业板都没有得分 1～3 分的上市公司。从高分分布来看，创业板的满分公司占比和 10～12 分公司占比都最高，满分公司占比 65.12%，10～12 分公司占比 86.05%；其次为中小企业板，满分公司占比为 53.23%，10～12 分公司占比为 79.03%。主板上市公司的满分和高分公司占比最小，满分公司占比仅 28.57%，10～12 分公司占比 52.86%。无论是从均分还是得分分布来看，创业板上市公司的定期报告环境信息披露情况都最好，其次为中小企业板，主板上市公司定期报告环境信息披露情况最差。

表 3.12　不同上市板块定期报告环境信息披露得分分布

分数	主板		中小企业板		创业板	
	公司数量/家	占比/%	公司数量/家	占比/%	公司数量/家	占比/%
0	19	9.05	21	16.94	5	11.63
1	10	4.76	0	0.00	0	0.00
2	7	3.33	0	0.00	0	0.00
3	7	3.33	0	0.00	0	0.00
4	6	2.86	1	0.81	0	0.00
5	4	1.90	0	0.00	0	0.00
6	4	1.90	0	0.00	1	2.33
7	7	3.33	0	0.00	0	0.00
8	17	8.10	2	1.61	0	0.00
9	18	8.57	2	1.61	0	0.00

续表

分数	主板		中小企业板		创业板	
	公司数量/家	占比/%	公司数量/家	占比/%	公司数量/家	占比/%
10	25	11.90	7	5.65	2	4.65
11	26	12.38	25	20.16	7	16.28
12	60	28.57	66	53.23	28	65.12
总计	210	100	124	100	43	100

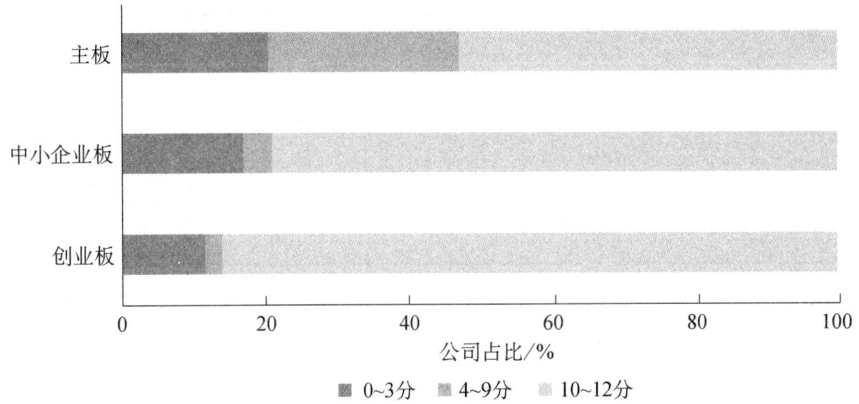

图 3.17　不同上市板块定期报告环境信息披露得分分布

中小企业板和创业板公司仅在深交所上市，因此进一步对深交所的不同上市板块公司的定期报告环境信息披露情况进行分析比较（表 3.13、图 3.18）。本报告评估的 377 家上市公司中，共有 225 家在深交所上市，其中主板上市公司 58 家，中小企业板上市公司 124 家，创业板上市公司 43 家；主板上市公司均分 9.79 分，中小企业板上市公司均分 9.48 分，创业板上市公司均分 10.21 分。从得分分布来看，中小企业板的 0 分上市公司占比最高，其次为创业板；主板上市公司中 0 分公司占比最低，但 0～3 分公司占比高于创业板。创业板的满分公司占比最高，其次为中小企业板；主板的满分公司占比虽然最低，但 10～12 分公司占比高于中小企业板，达 82.76%。总体来说，创业板上市公司定期报告环境信息披露水平最高，其次为主板上市公司；中小企业板上市公司定期报告环境信息披露水平略低于主板，但二者相差不大。深交所的主板上市公司信息披露状况优于中小企业板上市公司，说明前文发现的主板上市公司定期报告环境信息披露情况最差主要是由于上交所主板上市公司定期报告环境信息披露水平低。

表 3.13　深交所不同上市板块定期报告环境信息披露得分分布

分数	主板		中小企业板		创业板	
	公司数量/家	占比/%	公司数量/家	占比/%	公司数量/家	占比/%
0	6	10.34	21	16.94	5	11.63
1	1	1.72	0	0.00	0	0.00
2	1	1.72	0	0.00	0	0.00

续表

分数	主板		中小企业板		创业板	
	公司数量/家	占比/%	公司数量/家	占比/%	公司数量/家	占比/%
3	0	0.00	0	0.00	0	0.00
4	0	0.00	1	0.81	0	0.00
5	1	1.72	0	0.00	0	0.00
6	0	0.00	0	0.00	1	2.33
7	0	0.00	0	0.00	0	0.00
8	0	0.00	2	1.61	0	0.00
9	1	1.72	2	1.61	0	0.00
10	7	12.07	7	5.65	2	4.65
11	11	18.97	25	20.16	7	16.28
12	30	51.72	66	53.23	28	65.12
总计	58	100	124	100	43	100

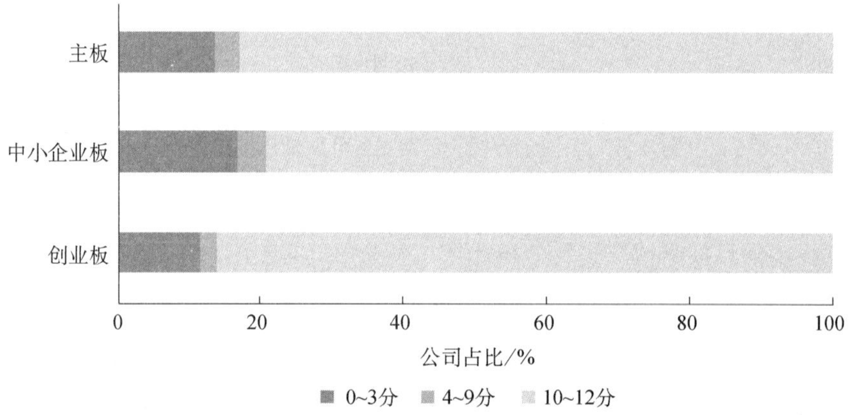

图 3.18　深交所不同上市板块定期报告环境信息披露得分分布

6. 公司经营状况分析

以公司 2017 年全年营业收入、2017 年总资产、2017 年最后一个交易日总市值来表征公司的经营状况，分别进行统计分析，相关的上市公司经济数据来自 Wind 金融数据库。其中年营业收入和总资产由 Wind 数据库整理各上市公司的年报数据获得。

（1）全年营业收入

图 3.19 统计了本报告所评估的 377 家母公司为重点排污监控单位的上市公司的 2017 年全年营业收入分布。大部分公司 2017 年营业收入都在 100 亿元以内，半数以上公司营业收入在 50 亿元以内；但仍有少数公司营业收入超过 1 000 亿元。

根据营业收入将所评估的 377 家公司分为收入低于 10 亿元、收入 10 亿～20 亿元、收入 20 亿～50 亿元、收入 50 亿～100 亿元和收入 100 亿元以上 5 类，分别进行统计分析（表 3.14）。2017 年营业收入在 10 亿元以下的公司有 60 家，均分 8.53 分，是这 5 类公司中均分最低的一类。从 10 亿元以下到 50 亿～100 亿元，随着营业收入的增加，上市公司定

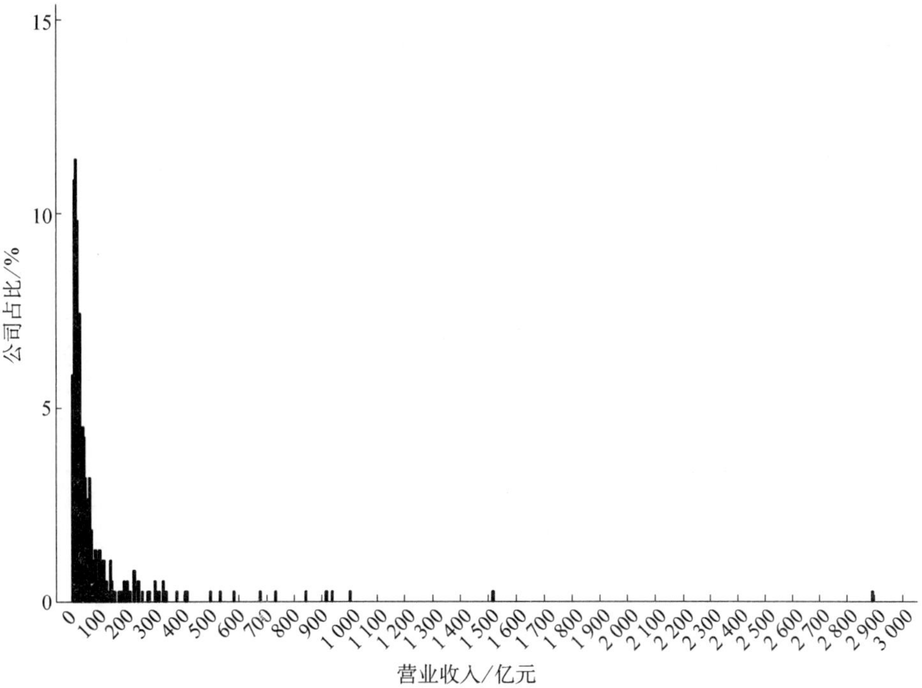

图 3.19　上市公司 2017 年营业收入分布

表 3.14　2017 年营业收入分类统计

营业收入/亿元	公司数量/家	公司占比/%	均分
10 以下	60	15.92	8.53
10～20	83	22.02	8.64
20～50	113	29.97	9.00
50～100	57	15.12	9.09
100 以上	64	16.98	8.84

期报告环境信息披露的均分也逐步增加；营业收入在 50 亿～100 亿元的上市公司定期报告环境信息披露均分是 5 类公司中最高的，达到 9.09 分。营业收入达到 100 亿元以上时，上市公司定期报告环境信息披露均分有所回落，为 8.84 分。本次评估的上市公司均分为 8.83 分，营业收入在 20 亿元以上的 3 类公司均分都超过了总均分，而营业收入在 20 亿元以下的两类公司的均分都没有达到总均分。

从得分分布来看（表 3.15、图 3.20），随着营业收入的提高，各类公司中得分在 3 分及 3 分以下的公司所占比例呈下降趋势；营业收入在 50 亿～100 亿元的公司中 3 分及 3 分以下的公司所占比例最低，为 14.03%；其次为收入超过 100 亿元的公司，占比为 14.06%。营业收入在 10 亿元以下的公司中 0 分公司占比最高，营业收入在 50 亿～100 亿元的公司中 0 分公司占比最低。营业收入在 50 亿～100 亿元的公司中满分公司的占比也最高，达 45.61%；营业收入低于 10 亿元的公司中满分公司占比仅次于收入在 50 亿～100 亿元的公司，为

45%。满分公司占比最低的一类为收入超过 100 亿元的公司。总体来说，营业收入在 20 亿元以上的公司的定期报告环境信息披露表现优于营业收入在 20 亿元以下的公司；其中营业收入在 50 亿～100 亿元的上市公司定期报告环境信息披露水平最高，无论是均分还是得分分布情况都明显好于其他 4 类公司。但营业收入与信息披露得分之间并不存在明显的相关关系。

表 3.15　2017 年不同营业收入公司得分分布

得分	10 亿元以下		10 亿～20 亿元		20 亿～50 亿元		50 亿～100 亿元		100 亿元以上	
	公司数量/家	占比/%	公司数量/家	占比/%	公司数量/家	占比/%	公司数量/家	占比/%	公司数量/家	占比/%
0	11	18.33	13	15.66	12	10.62	4	7.02	5	7.81
1	2	3.33	3	3.61	3	2.65	1	1.75	1	1.56
2	1	1.67	0	0.00	4	3.54	2	3.51	0	0.00
3	0	0.00	2	2.41	1	0.88	1	1.75	3	4.69
4	0	0.00	0	0.00	3	2.65	3	5.26	1	1.56
5	0	0.00	1	1.20	0	0.00	1	1.75	2	3.13
6	1	1.67	1	1.20	1	0.88	1	1.75	1	1.56
7	2	3.33	3	3.61	0	0.00	0	0.00	2	3.13
8	0	0.00	2	2.41	4	3.54	6	10.53	7	10.94
9	3	5.00	1	1.20	9	7.96	1	1.75	6	9.38
10	6	10.00	7	8.43	12	10.62	3	5.26	6	9.38
11	7	11.67	19	22.89	16	14.16	8	14.04	8	12.50
12	27	45.00	31	37.35	48	42.48	26	45.61	22	34.38
合计	60	100	83	100	113	100	57	100	64	100

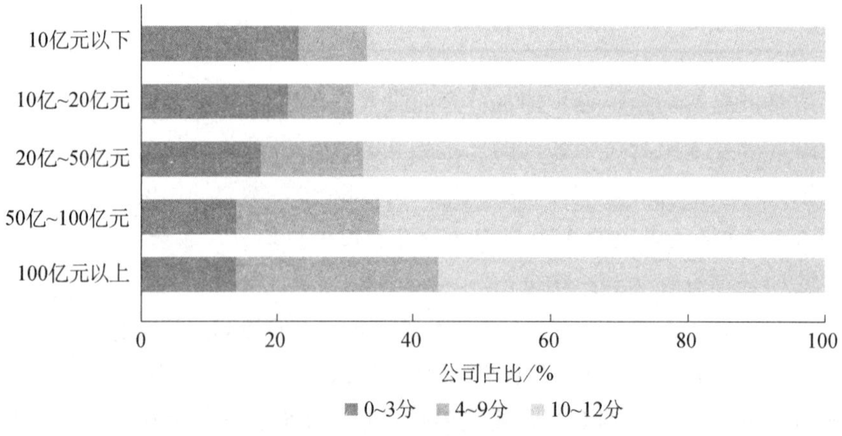

图 3.20　2017 年不同营业收入公司得分分布

（1）全年总资产

图 3.21 统计了本次评估的 377 家上市公司的总资产分布，以公司在 2017 年年报中所

披露的总资产为准。与 2017 年上市公司营业收入分布情况类似，大部分公司的总资产都在 100 亿元以内，但仍有 6 家公司总资产超过 1 000 亿元，资产总额最高达 3 502 亿元。

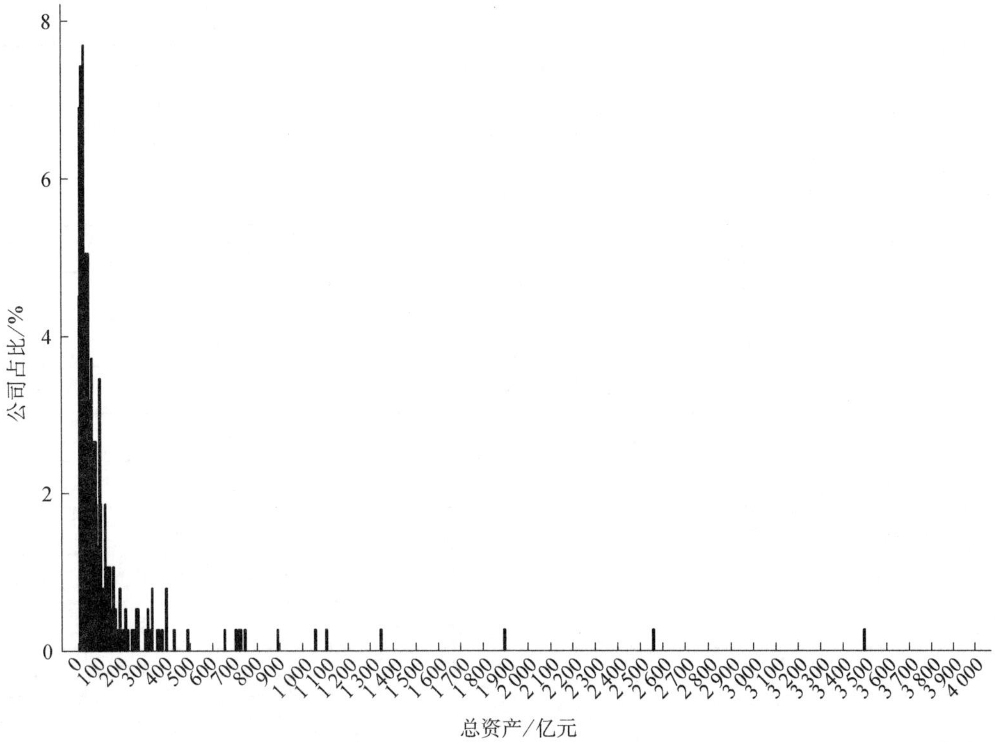

图 3.21　上市公司总资产统计

根据总资产将所评估的 377 家公司分为总资产在 20 亿元以下、20 亿～50 亿元、50 亿～100 亿元和超过 100 亿元 4 类，分别进行统计分析。从均分来看，4 类公司中均分最高的是总资产在 50 亿～100 亿元的公司，均分为 9.25 分，这也是 4 类公司中唯一均分超过了全体上市公司总均分的一类；其次为总资产超过 100 亿元的公司，均分为 8.81 分；总资产少于 20 亿元的上市公司信息披露均分最低，仅有 8.64 分（表 3.16）。

表 3.16　公司资产分类统计

总资产/亿元	公司数量/家	公司占比/%	均分
20 以下	74	19.63	8.64
20～50	122	32.36	8.66
50～100	91	24.14	9.25
100 以上	90	23.87	8.81

从得分分布来看（表 3.17、图 3.22），总资产在 20 亿元以下的公司中 0 分公司占比最高，达 16.22%；同时满分公司占比也最高，为 47.30%。总资产在 100 亿元以上的公司中 0 分公司占比最低，仅有 7.78%；同时满分公司占比也最低，为 35.56%。从分数段分布来看，

资产在 20 亿元以下的公司中 0～3 分公司占比最高，资产在 50 亿～100 亿元的公司中 10～12 分公司占比最高。总体来说，总资产不同公司的环境信息披露没有表现出明显的规律。

表 3.17　不同总资产公司得分分布

得分	20 亿元以下		20 亿～50 亿元		50 亿～100 亿元		100 亿元以上	
	公司数量/家	占比/%	公司数量/家	占比/%	公司数量/家	占比/%	公司数量/家	占比/%
0	12	16.22	17	13.93	9	9.89	7	7.78
1	2	2.70	5	4.10	1	1.10	2	2.22
2	3	4.05	1	0.82	1	1.10	2	2.22
3	0	0.00	3	2.46	2	2.20	2	2.22
4	0	0.00	2	1.64	2	2.20	3	3.33
5	1	1.35	0	0.00	1	1.10	2	2.22
6	1	1.35	1	0.82	2	2.20	1	1.11
7	2	2.70	3	2.46	0	0.00	2	2.22
8	0	0.00	4	3.28	5	5.49	10	11.11
9	3	4.05	5	4.10	4	4.40	8	8.89
10	6	8.11	11	9.02	11	12.09	6	6.67
11	9	12.16	22	18.03	14	15.38	13	14.44
12	35	47.30	48	39.34	39	42.86	32	35.56
合计	74	100	122	100	91	100	90	100

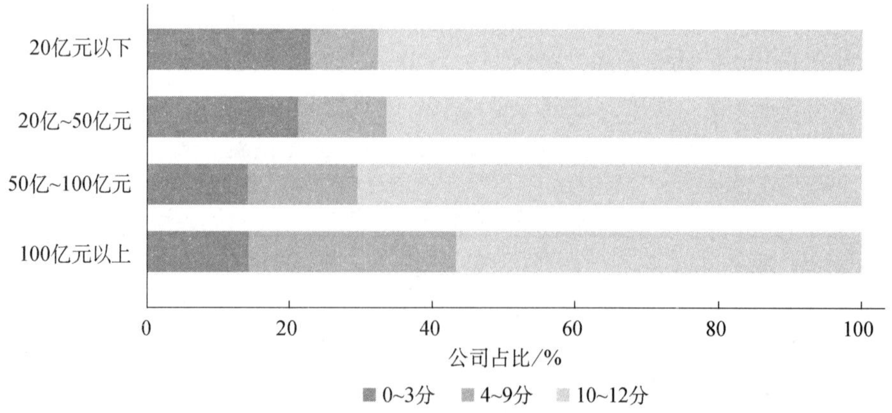

图 3.22　不同总资产公司得分分布

（2）2017 年最后一个交易日市值

图 3.23 为本次评估的 377 家上市公司的市值分布统计，以 2017 年 12 月 31 日收盘时的市值为准。与营业收入和总资产分布情况类似，大部分公司的市值都在 100 亿元以内，但仍有 6 家公司市值超过 1 000 亿元，市值最高达 8 762 亿元。没有市值小于 1 亿元的上市公司。

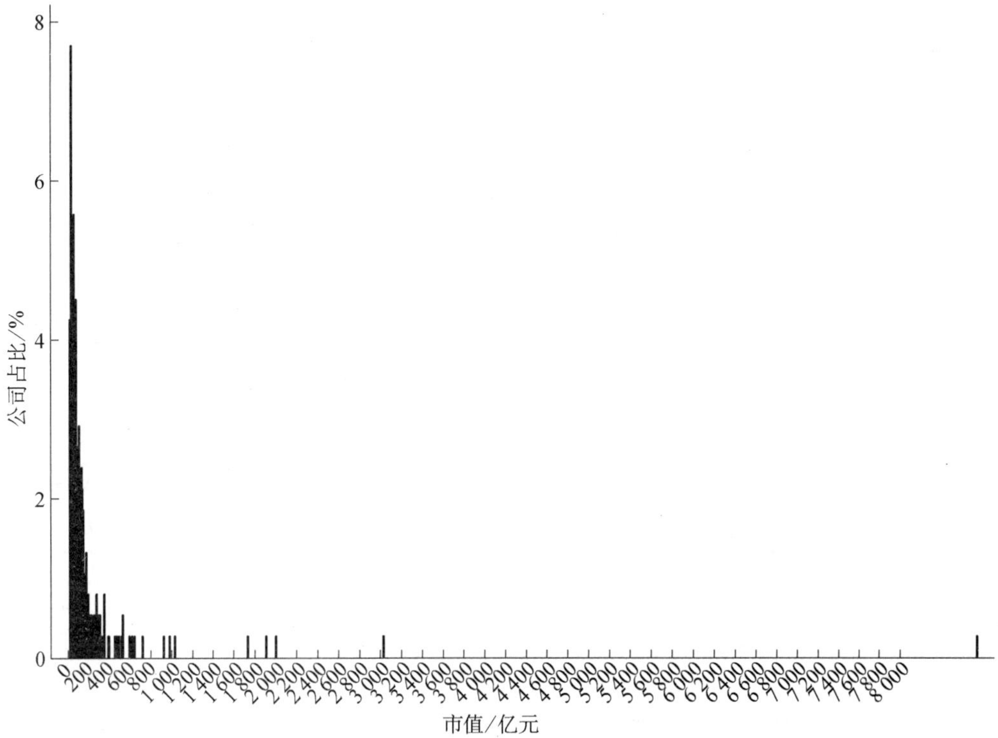

图 3.23　上市公司市值统计

根据总市值将所评估的 377 家公司分为市值低于 50 亿元、50 亿～100 亿元和 100 亿元以上 3 类，数量分别为 111 家、128 家和 138 家。从均分来看，3 类公司中市值在 50 亿元以下的公司均分最高，为 9.11 分；其次为市值超过 100 亿元的公司，均分为 8.93 分；市值在 50 亿～100 亿元的公司均分最低，为 8.49 分，低于全体公司的总均分（8.83 分）（表 3.18）。

表 3.18　公司市值分类统计

市值/亿元	公司数量/家	公司占比/%	均分
50 以下	111	29.44	9.11
50～100	128	33.95	8.49
100 以上	138	36.60	8.93

从得分分布来看（表 3.19、图 3.24），市值在 50 亿～100 亿元的公司中 0 分公司占比最高、满分公司占比最低；这类公司中 0～3 分公司占比是三类公司中最高的，10～12 分公司占比是三类公司中最低的。与这类公司均分最低的结果相一致。三类公司中，市值低于 50 亿元的公司中 0 分公司占比最低、满分公司占比最高；这类公司中 0～3 分公司占比略高于市值超过 100 亿元的公司，但 10～12 分公司占比显著高于另外两类公司，达 71.18%。总体说来，市值在 50 亿元以下的公司的环境信息披露情况最好，其次为市值在 100 亿元以上的公司，市值 50 亿～100 亿元的公司信息披露水平最低。

表 3.19　不同市值公司得分分布

得分	50 亿元以下		50 亿～100 亿元		100 亿元以上	
	公司数量/家	占比/%	公司数量/家	占比/%	公司数量/家	占比/%
0	12	10.81	17	13.28	16	11.59
1	4	3.60	5	3.91	1	0.72
2	2	1.80	3	2.34	2	1.45
3	3	2.70	2	1.56	2	1.45
4	0	0.00	3	2.34	4	2.90
5	1	0.90	1	0.78	2	1.45
6	1	0.90	2	1.56	2	1.45
7	4	3.60	1	0.78	2	1.45
8	2	1.80	7	5.47	10	7.25
9	3	2.70	8	6.25	9	6.52
10	9	8.11	11	8.59	14	10.14
11	18	16.22	20	15.63	20	14.49
12	52	46.85	48	37.50	54	39.13
合计	111	100	128	100	138	100

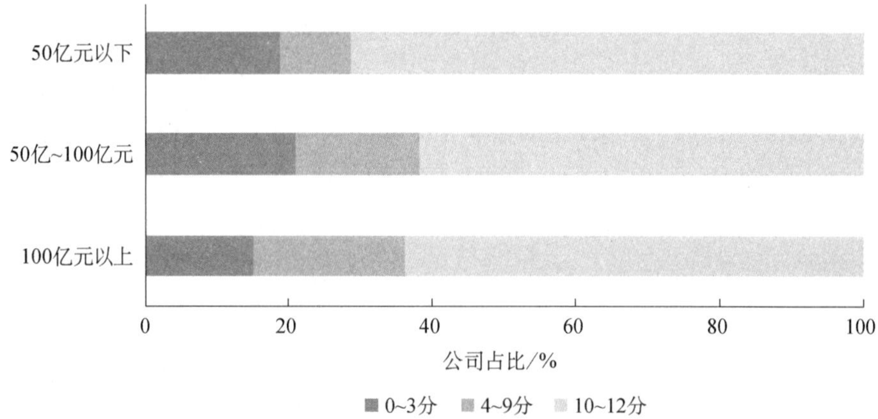

图 3.24　不同市值公司得分分布

7. 各因素对公司得分影响分析

为更好地分析不同因素对上市公司环境信息披露情况的影响，采用以下模型对结果进行回归分析。

$$S_{it} = \alpha + \beta_1 X_i + \beta_2 Z_i + \beta_3 P_i + \beta_4 V_i + \beta_5 R_i + \delta_c + \delta_d + \varepsilon_{it}$$

式中，S_{it}为上市公司 i 在第 t 年的评估得分；X_i为公司性质（央企、国企、私企）；Z_i为上市公司上市的证券交易所（上交所、深交所）；P_i为公司总资产，这里选择截至 2017 年 12 月 31 日的总资产，单位为百万元；V_i为公司的市值，这里选取 2017 年 12 月 31 日的公司市值，单位为百万元；R_i为公司 2017 年的营业收入，单位为百万元；δ_c为地区固定效应，控制到省份层面；δ_d为行业固定效应，控制到行业门类；ε_{it}为残差项。

表 3.20 为回归分析的结果。在各因素中，仅有上市公司所在的证券交易所对其环境信息披露得分有显著影响。与此前分类分析结果类似，上交所的上市公司环境信息披露水平低于深交所。在控制了公司总资产、年营业收入、市值、公司性质及地区固定效应、行业固定效应后，上交所上市公司比深交所上市公司的环境信息披露得分低 2.306 分，且该结果在 0.01 的统计水平上显著。除了所在证券交易所外，其他因素对上市公司环境信息披露水平的影响都不显著。

表 3.20 各因素对公司得分影响分析

	环境信息披露得分		环境信息披露得分
是否在上交所上市	−2.306*** (−5.23)	是否为央企	−0.881 (−0.42)
总资产	0.000 002 03 (0.09)	是否为私企	−0.287 (−0.60)
营业收入	−0.000 016 3 (−0.60)	常数项	9.822*** (3.09)
市值	0.000 004 50 (0.89)	样本量	377

注：*t* statistics in parentheses。

*p<0.1，**p< 0.05，***p< 0.01。

3.2 2016 年、2017 年比较

3.2.1 总分比较

将 2017 年上市公司定期报告环境信息披露的评估结果与 2016 年的评估结果相比较，识别上市公司环境信息披露水平的时间变化，从而评估上市公司环境信息披露政策的实施效果。首先比较总分。2016 年的评估对象为母公司属于 2016 年重点排污单位名单的 264 家上市公司，评估指标共 9 项；2017 年的评估对象为母公司属于 2017 重点排污单位名单的 377 家上市公司，评估指标共 12 项。两年的评估对象与评估内容都不完全相同，因此仅对两年的得分分布趋势进行简单对比。

图 3.25 和图 3.26 分别为 2016 年和 2017 年上市公司定期报告环境信息披露得分分布的柱形图和箱形图。从图中可以看出，两年的得分都呈现出两极分化的趋势，但 2016 年的得分分布比 2017 年更加平均一些，2017 年得分在 1～7 分的公司占比都不足 3%。2016 年的公司得分主要集中在较低的分数段中，60.23%的上市公司得分都在 0～3 分，得分中位数为 2 分，下四分位数为 0 分；2017 年的得分主要集中在较高的分数段中，65.25%的上市公司得分都在 10～12 分，得分中位数为 11 分，上四分位数为满分 12 分。

从 0 分、满分的公司占比来看（图 3.27），2016 年的 0 分公司占比达 29.55%，而 2017 年的 0 分公司占比仅有 11.54%；2016 年的满分公司占比仅有 15.91%，而 2017 年满分公司占比提高到了 40.81%。无论是从得分的分布趋势还是 0 分、满分公司占比来看，2017 年的上市公司定期报告环境信息披露水平较 2016 年都有明显的提高。

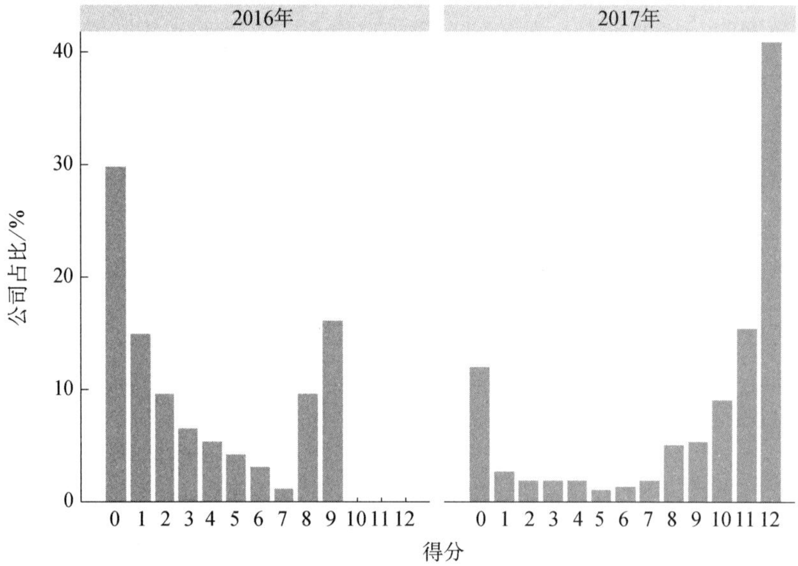

图 3.25　2016 年、2017 得分分布对比柱形图

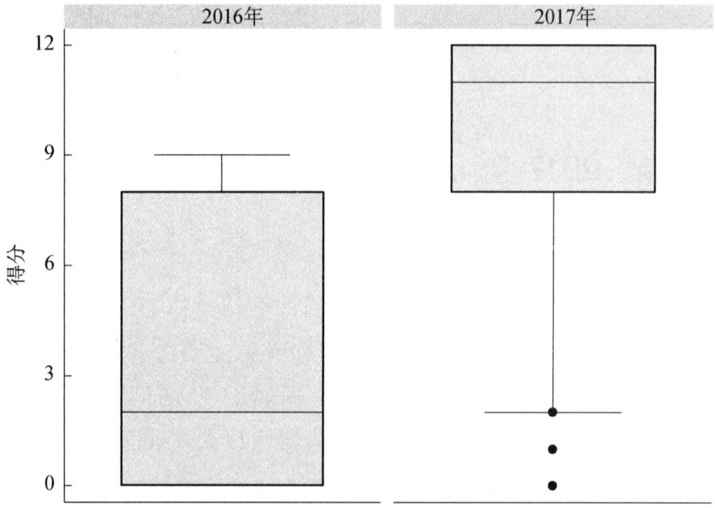

图 3.26　2016 年、2017 得分分布对比箱形图

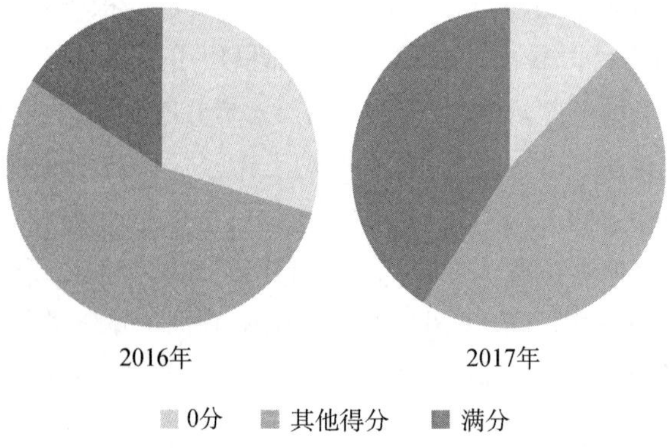

图 3.27　2016 年、2017 年零分、满分公司占比对比

3.2.2　不同指标对比

上市公司 2017 年年报中要求披露的 12 项环境指标中，有 9 项与上市公司 2016 年年报须披露的指标相同。对这 9 项指标的披露情况分别进行对比。表 3.21 和图 3.28 统计了 2016 年和 2017 年这 9 项指标的均分。由于我们评估采用的是 0～1 评分方法，若上市公司有信息披露则得 1 分，无信息披露则得 0 分，因此各项指标的均分实际就是披露该指标的上市公司占比。

表 3.21　2016 年、2017 年各项得分对比

项目	2016 年均分	2017 年均分	差值
主要污染物及特征污染物名称	0.46	0.77	0.31
排放方式	0.31	0.74	0.43
排放口数量	0.28	0.73	0.45
排放口分布情况	0.21	0.65	0.44
排放浓度和总量	0.36	0.75	0.39
执行的污染物排放标准	0.49	0.84	0.35
核定的排放总量	0.39	0.67	0.28
超标排放情况	0.27	0.71	0.44
防治污染设施的建设和运行情况	0.66	0.83	0.17

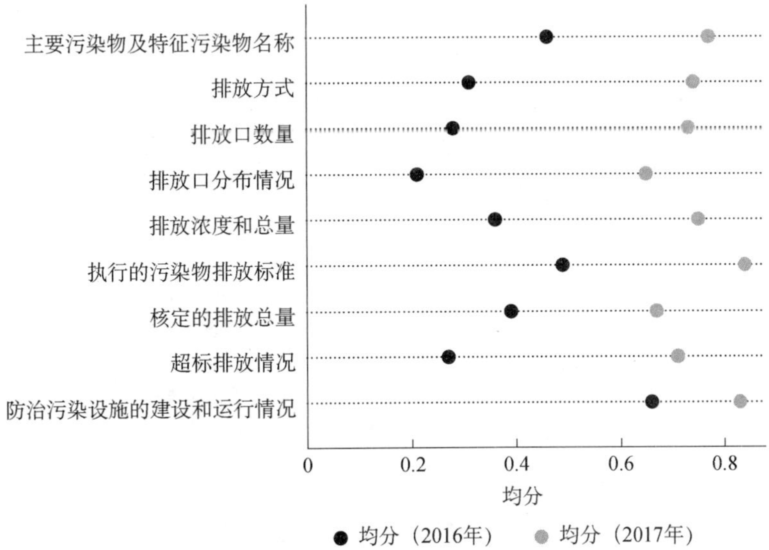

图 3.28　2016 年、2017 年各项得分对比

2017 年各项指标的披露情况都明显优于 2016 年，各项指标均分的分布趋势也大体相似。2016 年披露最好的三项指标分别为防治污染设施的建设和运行情况、执行的污染物排放标准、主要污染物及特征污染物名称，2017 年披露最好的指标仍为这三项。2016 年披露水平最低的指标是排放口分布情况，仅有 21%的上市公司有该项信息披露，2017 年仍然是这项指标披露均分最低。但 2017 年的各项指标均分差异较 2016 年显著缩小。2016 年均分最高与均分最低的指标的均分差值达 0.45 分，而 2017 年的差值仅有 0.19 分。这主要是由于 2017 年各项指标披露都较好，披露最差的指标均分也有 0.65 分。

从各项指标的两年均分差值来看，均分提高最少的一项指标是防治污染设施的建设和运行情况。2016 年该项指标的披露均分已达 0.66 分，因而 2017 年的提升空间较小。均分提高最多的指标是排放口数量，其次为排放口分布情况、超标排放情况、排放方式，这 4 项指标的 2017 年均分都提高了 0.4 分以上。这 4 项指标也是 2016 年披露情况最差的 4 项。

总体来说，2017 年上市公司定期报告环境信息披露情况较 2016 年有了很大的改善，得分的分布从集中在低分段变成了集中在高分段，两年都有要求披露的 9 项指标的披露公司比例都有了显著的提高。近年来证监会和环境保护部对上市公司环境信息披露工作十分重视，社会对上市公司环境信息披露的关注程度不断提高，政府监管力度也不断加强，上市公司定期报告环境信息披露的意识和披露行为的规范性都有了显著改善，大部分上市公司都能够在年报中系统地披露《准则》要求披露的各项环境信息。在评估过程中还发现，许多上市公司都会更新年报、补充披露环境信息，这主要是由于证券交易所会对上市公司的年报进行审核，若发现公司年报中未披露环境信息，会要求该公司补充披露。监管力度的加强是上市公司定期报告环境信息披露水平提高的重要原因。

第四章

上市公司重大环境行政处罚信息披露评估结果

4.1 上市公司重大环境行政处罚统计

4.1.1 处罚情况统计

2017 年环监局统计数据库中，有 2 916 条记录的处罚对象是上市公司及其子公司，共涉及 885 家上市公司，罚款总金额 35 095 万元。这 885 家上市公司中，有 463 家在深交所上市，422 家在上交所上市。其中有 44 家公司 2017 年受到的环境行政处罚次数（包括一般行政处罚和重大行政处罚）在 10 次及 10 次以上，受到处罚次数最多的上市公司是中国建筑，全年共被处罚 203 次。

依据前述重大行政处罚判别标准，2017 年有 501 家上市公司受到了环保部门重大行政处罚，共有 1 121 条处罚记录，涉及罚款总金额 28 979 万元。这 501 家上市公司中，有 252 家在深交所上市，249 家在上交所上市。具体公司名单及所受重大行政处罚次数、罚款总额见附录 2。

表 4.1 和图 4.1 统计了这些上市公司 2017 年所受到的重大环境行政处罚次数。在 501 家上市公司中，有 296 家全年仅受到一次重大环境行政处罚，占总数的 59.08%。92.22%的公司 2017 年受到的重大行政处罚次数都在 5 次以下。但仍有 5 家上市公司 2017 年受到了环保部门重大行政处罚 10 次以上，这 5 家公司分别为上海建工、重庆建工、中国铝业、包钢股份、中国石化。其中包钢股份和中国石化全年受到的重大环境行政处罚次数均高达 37 次。

表 4.1　上市公司重大环境行政处罚次数统计

被罚次数	公司数量/家	公司占比/%	累计百分比/%
1	296	59.08	59.08
2	90	17.96	77.05
3	40	7.98	85.03
4	22	4.39	89.42

续表

被罚次数	公司数量/家	公司占比/%	累计百分比/%
5	14	2.79	92.22
6	10	2	94.21
7	10	2	96.21
8	6	1.2	97.41
9	6	1.2	98.6
10	2	0.4	99
11	1	0.2	99.2
12	1	0.2	99.4
18	1	0.2	99.6
37	2	0.4	100
总计	501	100	—

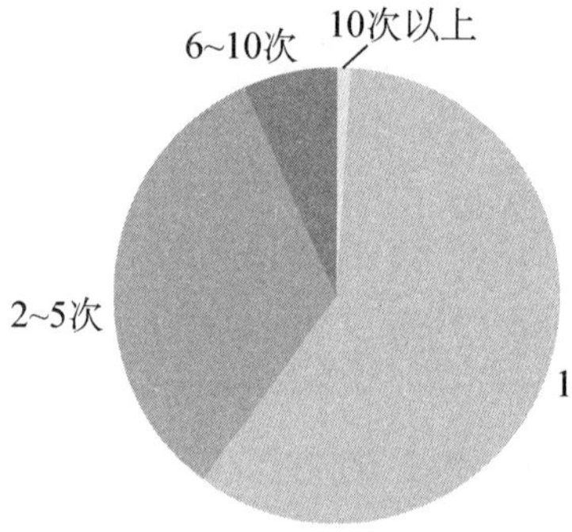

图 4.1　上市公司重大环境行政处罚次数统计

就处罚结果来看，2017 年处罚主体为上市公司的 1 121 起重大行政处罚案件中，共有 30 起移送公安机关；其中涉案人员被行政拘留的有 26 起，受处罚的上市公司 24 家。连续按日处罚的案件有 18 起，受处罚的上市公司 14 家。从单次罚款额来看，单次罚款超过 100 万元的处罚共 42 起，受处罚的上市公司 30 家；其中罚款额超过 500 万元的案件 4 起，被罚对象分别为惠天热电的子公司沈阳市第二热力供暖公司、三峡新材的母公司湖北三峡新型建材股份有限公司、山西焦化的母公司山西焦化集团有限公司、蓝光发展的子公司成都龙泉驿蓝光和骏置业有限公司。

表 4.2 和图 4.2 统计了上市公司 2017 年因受到重大环境行政处罚而缴纳的罚款总额分布。在这 501 家上市公司中，有 6 家并没有因重大环境行政处罚而受到罚款，说明这些公司仅受到了责令停产停业或主要责任人行政拘留的处罚。绝大部分公司全年的罚款总额在 100 万元以下，其中罚款额在 10 万元（包括 10 万元）以下的公司有 169 家，占总数的 33.73%；罚款额在 10 万～100 万元（包括 100 万元）的公司共有 267 家，占比达 53.29%。罚款额超过 100 万元的上市公司共 59 家，其中中国石化和三峡新材两家上市公司全年缴纳的罚款额超过了 1 000 万元。

表 4.2　上市公司重大环境行政处罚罚款统计

罚款总额	公司数量/家	公司占比/%	累计百分比/%
0	6	1.20	1.20
0～10 万元	169	33.73	34.93
10 万～100 万元	267	53.29	88.22
100 万～1 000 万元	57	11.38	99.60
1 000 万元以上	2	0.40	100
合计	501	100	—

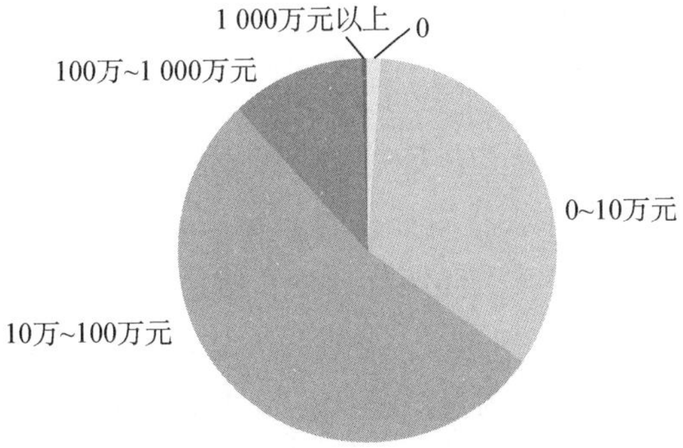

图 4.2　上市公司重大环境行政处罚罚款统计

4.1.2　处罚原因分析

上市公司受到重大环境行政处罚的原因主要有“违反大气污染防治管理制度”“违反水污染防治管理制度”“违反固体废物管理制度”“超标或超总量排污违反限期治理制度”“违反建设项目‘三同时’及验收制度”“违反环境影响评价制度”“不正常使用或者擅自拆除、闲置污染处理设施”等，部分行政处罚可能涉及两项及两项以上的违法行为。表 4.3 统计了几类主要违法行为及涉及该违法行为的行政处罚次数。上市公司 2017 年最主要的环境违法行为是“违反大气污染防治管理制度”，其次为“超标或超总量排污、违反限期治理制度”。

就单次处罚的罚款结果而言，“超标或超总量排污、违反限期治理制度”“违反水污染防治管理制度”“违反环境影响评价制度”更可能导致较高金额的罚款。2017 年单次罚款额超过 100 万元的重大环境行政处罚共有 36 例，其中有 11 例的处罚原因为“超标或超总量排污、违反限期治理制度”，7 例的处罚原因为“违反水污染防治管理制度”，6 例的处罚原因为“违反环境影响评价制度”。

表 4.3　处罚原因及处罚次数统计

处罚原因	处罚次数
违反大气污染防治管理制度	359
违反水污染防治管理制度	137

续表

处罚原因	处罚次数
违反固体废物管理制度	84
超标或超总量排污、违反限期治理制度	212
违反建设项目“三同时”及验收制度	195
违反环境影响评价制度	119
不正常使用或者擅自拆除、闲置污染处理设施	35

4.2 上市公司重大环境行政处罚信息披露评估

4.2.1 评分结果

总体来说，上市公司重大环境行政处罚信息披露严重不足。依据前述重大行政处罚判别标准，2017 年受到环保部门重大行政处罚的上市公司共 501 家，这些公司中仅有 21 家在定期报告或临时报告中披露了重大环境行政处罚信息，披露占比仅为 4.19%。在有信息披露的 21 家公司中，得满分的仅有 3 家，分别为天马精化、丹邦科技和博汇纸业。有重大环境行政处罚信息披露的上市公司信息披露状况及披露得分如表 4.4 所示。

表 4.4 有重大环境行政处罚信息披露的公司得分

代码	名称简称	公司全称	重大处罚次数	临时报告披露处罚数	定期报告披露处罚数	得分	备注
000755.SZ	*ST 三维	山西三维集团股份有限公司	3	0	4	4.5	
000990.SZ	诚志股份	诚志股份有限公司	1	0	0	4.5	
002053.SZ	云南能投	云南能投威士科技股份有限公司	1	0	2	4.5	
002125.SZ	湘潭电化	湘潭电化科技股份有限公司	2	0	1	2.5	
002155.SZ	湖南黄金	湖南黄金股份有限公司	4	0	3	3.5	
002453.SZ	天马精化	苏州天马精细化学品股份有限公司	1	1	1	5	
002564.SZ	天沃科技	苏州天沃科技股份有限公司	1	0	2	4.5	
002567.SZ	唐人神	唐人神集团股份有限公司	2	0	2	4.5	
002601.SZ	龙蟒佰利	龙蟒佰利联集团股份有限公司	3	2	0	2.5	
002618.SZ	丹邦科技	深圳丹邦科技股份有限公司	1	1	1	5	

续表

代码	名称简称	公司全称	重大处罚次数	临时报告披露处罚数	定期报告披露处罚数	得分	备注
600123.SH	兰花科创	山西兰花科技创业股份有限公司	4	0	25	4	仅披露所受处罚总数及总罚款金额（含重大行政处罚和一般行政处罚）
600319.SH	亚星化学	潍坊亚星化学股份有限公司	4	0	1	1.5	
600586.SH	金晶科技	山东金晶科技股份有限公司	5	1	0	1.5	
600688.SH	上海石化	中国石化上海石油化工股份有限公司	2	0	19	4	仅披露所受处罚总数及总罚款金额（含重大行政处罚和一般行政处罚）
600691.SH	阳煤化工	阳煤化工股份有限公司	9	0	17	3	仅披露非临时报告索引
600702.SH	沱牌舍得	四川沱牌舍得酒业股份有限公司	1	1	0	4.5	
600966.SH	博汇纸业	山东博汇纸业股份有限公司	2	4	17	5	
601600.SH	中国铝业	中国铝业股份有限公司	18	0	1	1.5	
603009.SH	北特科技	上海北特科技股份有限公司	1	0	1	4.5	
603188.SH	亚邦股份	江苏亚邦染料股份有限公司	2	0	2	4.5	
603328.SH	依顿电子	广东依顿电子科技股份有限公司	1	1	0	4.5	

若某一上市公司得分为 5 分，说明该公司依据相关法规完整、详细地披露了 2017 年所受的重大环境行政处罚情况，不仅处罚后在相关的临时报告中披露了详细的行政处罚信息，在定期报告中也提供了临时报告的索引；得分在 4 分及 4 分以上（不足 5 分），说明上市公司较完整地披露了该公司 2017 年所受到的重大环境行政处罚信息，但在信息披露方式、信息详细程度方面还存在一定问题，如未发布临时报告、未披露具体的处罚时间、地点、处罚内容、处罚金额及后续整改等信息。本报告以得分在 4 分及 4 分以上（包括 5 分）作为上市公司重大环境行政处罚信息披露合格的标准，合格公司共 14 家，仅占所有受到重大环境行政处罚的公司的 2.79%；有信息披露但不合格的公司共 7 家，占所有受到重大环境行政处罚的公司的 1.40%。图 4.3 为合格、有信息披露但不合格及无信息披露三类公司的分布统计。

从具体的信息披露内容来看，大部分公司在披露重大环境行政处罚信息时都有披露具体的时间、地点、处罚内容、处罚金额及后续整改信息等具体信息，仅有上海石化、兰花

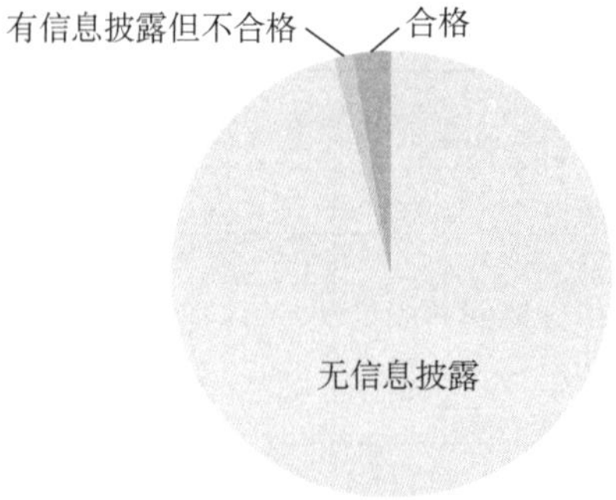

图 4.3　重大环境行政处罚信息披露结果统计

科创两家公司在定期报告中只披露了全年所受处罚总数及总罚款金额而无具体信息；阳煤化工在年报中只披露了《关于阳煤化工股份有限公司非公开发行股票发审委会议准备工作的函的回复》的文件索引。

完成评估后，我们随机选择了几家罚款总额超过 100 万元的上市公司进行了电话采访。这几家上市公司的信息披露部门工作人员均表示，罚款数百万元对于本上市公司而言无足轻重，只有罚款超过公司总资产的 10%时他们才认为是需要披露的重大行政处罚。目前证监会及上交所、深交所均未对“重大行政处罚”的罚款标准作出明确规定，但上交所《股票上市规则》中规定：“上市公司应当及时披露涉案金额超过 1 000 万元，并且占公司最近一期经审计净资产绝对值 10%以上的重大诉讼、仲裁事项”，可能部分上市公司也以此规定作为是否需要披露行政处罚的标准。证监会及上海证券交易所应尽快出台对重大环境行政处罚的明确标准，督促上市公司依法披露重大环境行政处罚信息，杜绝相关公司推卸责任的情况。此外，我们在评估过程中还发现，少量公司在 2018 年发布临时报告对 2017 年的环境行政处罚信息进行了补充披露，如西部黄金等，这说明上市公司的环境信息披露意识正在不断加强。

4.2.2　处罚结果分析

表 4.5 分别统计了重大环境行政处罚信息披露合格的上市公司、有信息披露但得分不足 4 分的上市公司、有信息披露的全部上市公司（包括 4 分以上及 4 分以下）和无信息披露的上市公司的处罚结果情况。图 4.4 和图 4.5 分别统计了信息披露合格的上市公司、有信息披露但得分不足 4 分的上市公司和无信息披露的上市公司的平均处罚次数和平均罚款总额。平均而言，受罚较多、处罚较重的上市公司更可能有相关的处罚信息披露，但未必合格。相较于未披露重大环境行政处罚信息的上市公司，有信息披露的上市公司的平均受处罚次数和被罚款总额都更高。有信息披露的 21 家上市公司 2017 年平均受罚次数为 3.24 次，平均罚款总额为 103.96 万元；而无信息披露的公司 2017 年平均受罚次数为 2.19 次，平均罚款总额为 55.82 万元。有信息披露但不合格的上市公司的平均受处罚次数和被罚款总额都显著高于合格的上市公司。

此外，2017 年受罚最多、罚款额最高的几家上市公司环境行政处罚披露情况也都很差。全年受到重大环境行政处罚 10 次以上的 5 家公司中，仅有中国铝业 1 家披露了相关信息，且并没有合格，得分仅为 1.5 分；其余 4 家均无环境行政处罚信息披露。全年被罚总额超过 500 万元的上市公司共 10 家，全部没有环境行政处罚信息披露。

表 4.5　不同公司处罚结果统计

	平均处罚次数	平均罚款总额/万元
合格公司	1.64	38.55
有信息披露但不合格公司	6.43	234.78
有信息披露的全部公司	3.24	103.96
无信息披露的公司	2.19	55.82

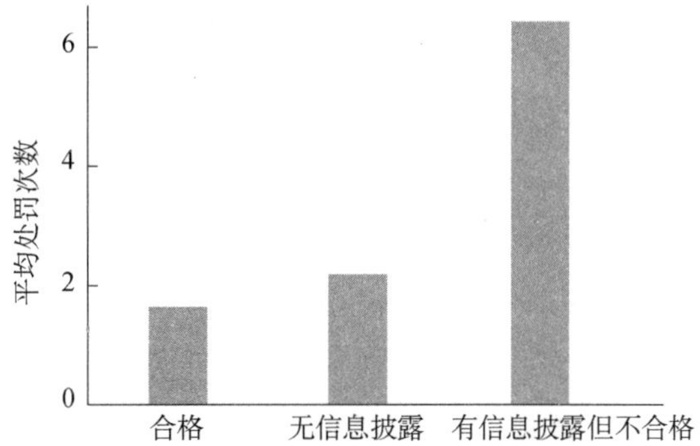

图 4.4　平均处罚次数统计

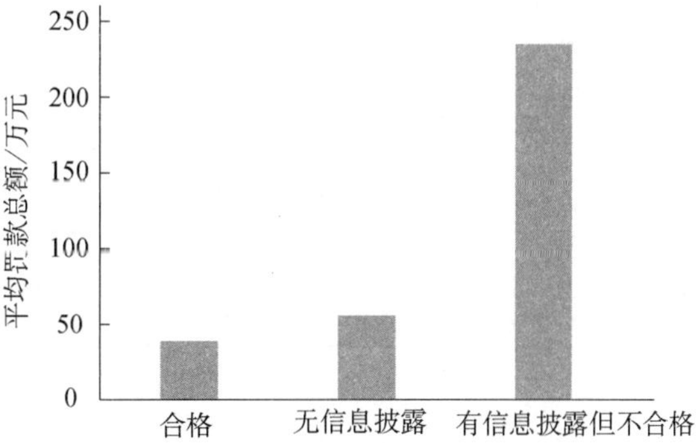

图 4.5　平均罚款总额统计

4.2.3　分类分析

1. 行业分析

如表 4.6 所示，本次评估的 501 家上市公司共分布于 15 个不同的行业门类［依据证监会《上市公司行业分类指引》（2012 年修订）进行分类］，其中有 67.66%的公司都属于制造业。披露了重大环境行政处罚信息的公司仅分布于制造业和采矿业两个行业，这可能与行业特点有关。相较于其他行业，重污染行业受到的政府监管与社会关注更多，因此更可能披露其环境信息；而绝大部分重污染行业都属于制造业与采矿业，所以制造业和采矿业的信息披露情况相对更好。从披露公司占比来看，制造业的披露公司数占该行业公司总数的 5.60%，采矿业的披露公司占比为 5.88%；制造业的合格公司数占该行业公司总数的 3.83%，采矿业的合格公司占比为 2.94%。两个行业的披露公司占比没有非常明显的差距，制造业的合格公司占比相对更高，但由于采矿业仅有2家公司披露，数据具有很大的偶然性，因此并不能说明两个行业的重大环境行政处罚信息披露水平有明显差距。图4.6为上市公司重大环境行政处罚信息披露评估结果分行业统计。

表4.6　不同行业门类重大环境行政处罚信息披露情况

行业	合格公司数量/家	有信息披露但不合格公司数量/家	无信息披露公司数量/家	公司总数/家
交通运输、仓储和邮政业	0	0	12	12
信息传输、软件和信息技术服务业	0	0	2	2
农、林、牧、渔业	0	0	9	9
制造业	13	6	320	339
卫生和社会工作	0	0	1	1
建筑业	0	0	23	23
房地产业	0	0	12	12
批发和零售业	0	0	14	14
文化、体育和娱乐业	0	0	5	5
水利、环境和公共设施管理业	0	0	4	4
电力、热力、燃气及水生产和供应业	0	0	38	38
科学研究和技术服务业	0	0	2	2
综合	0	0	4	4
采矿业	1	1	32	34
金融业	0	0	2	2
总计	14	7	480	501

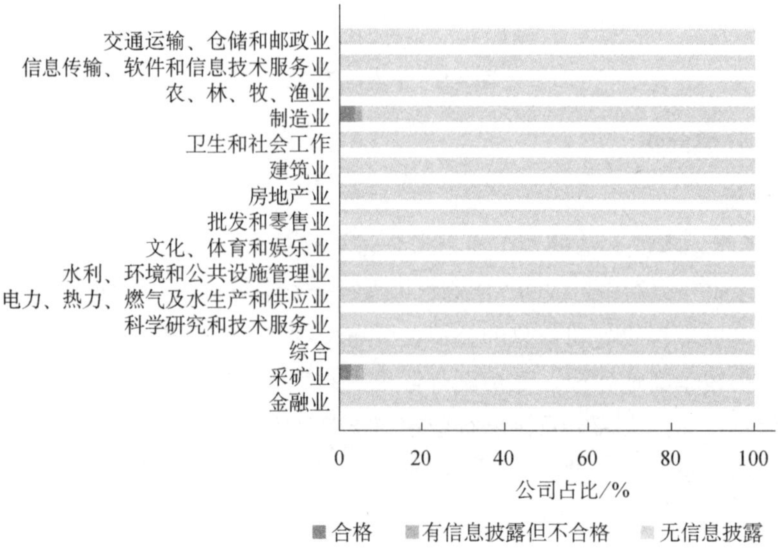

图4.6　不同行业门类重大环境行政处罚信息披露情况

由于本报告所评估的上市公司绝大部分属于制造业门类，因此对制造业的公司做进一步分析。属于制造业门类的 339 家公司共分布于 29 个行业大类，各制造业行业大类的上市公司数量和重大环境行政处罚披露情况如表 4.7 和图 4.7 所示。这 29 个行业大类中，化学原料和化学制品制造业的公司数量最多，共 58 家；其次为医药制造业、电气机械和器材制造业、计算机、通信和其他电子设备制造业，公司数量分别为 25 家、24 家和 21 家。有 10 个行业大类的公司数在 5 家以下，其中印刷和记录媒介复制业，皮革、毛皮、羽毛及其制品和制鞋业，纺织服装、服饰业三个行业大类仅有 1 家上市公司。

表 4.7　制造业行业大类重大环境行政处罚信息披露情况

行业大类	合格公司数量/家	有信息披露但不合格公司数量/家	无信息披露公司数量/家	公司总数/家
专用设备制造业	1	0	19	20
仪器仪表制造业	0	0	4	4
其他制造业	0	0	3	3
农副食品加工业	1	0	13	14
化学原料和化学制品制造业	4	4	50	58
化学纤维制造业	0	0	7	7
医药制造业	0	0	25	25
印刷和记录媒介复制业	0	0	1	1
家具制造业	0	0	3	3
废弃资源综合利用业	0	0	3	3
文教、工美、体育和娱乐用品制造业	0	0	2	2
有色金属冶炼和压延加工业	0	1	15	16
木材加工和木、竹、藤、棕、草制品业	0	0	2	2
橡胶和塑料制品业	0	0	9	9
汽车制造业	1	0	14	15
电气机械和器材制造业	0	0	24	24
皮革、毛皮、羽毛及其制品和制鞋业	0	0	1	1
石油加工、炼焦和核燃料加工业	1	0	6	7
纺织业	0	0	7	7
纺织服装、服饰业	0	0	1	1
计算机、通信和其他电子设备制造业	2	0	19	21
通用设备制造业	0	0	16	16
造纸和纸制品业	1	0	7	8
酒、饮料和精制茶制造业	1	0	3	4
金属制品业	0	0	10	10
铁路、船舶、航空航天和其他运输设备制造业	0	0	11	11
非金属矿物制品业	0	1	17	18
食品制造业	1	0	10	11
黑色金属冶炼和压延加工业	0	0	18	18

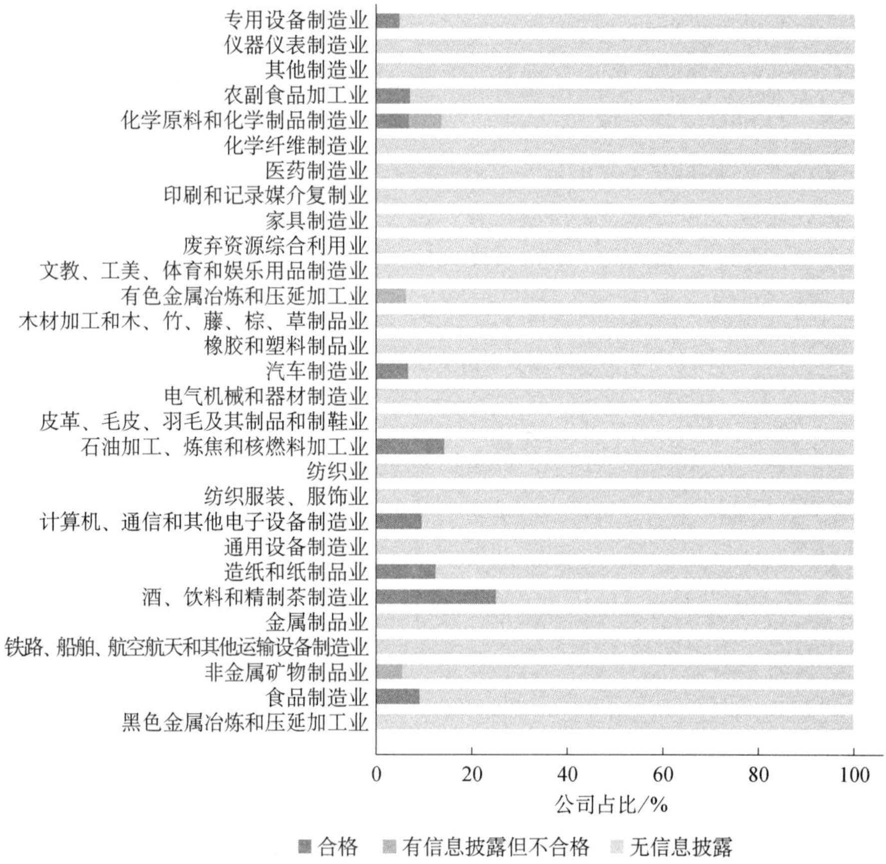

图 4.7　制造业行业大类重大环境行政处罚信息披露情况

就披露公司占比来看，酒、饮料和精制茶制造业披露公司占比最高，达 25%；石油加工、炼焦和核燃料加工业，化学原料和化学制品制造业，造纸和纸制品业三个行业大类的披露公司占比也超过了 10%。披露合格的公司共分布于 9 个行业大类，分别为专用设备制造业，农副食品加工业，化学原料和化学制品制造业，汽车制造业，石油加工、炼焦和核燃料加工业，计算机、通信和其他电子设备制造业，造纸和纸制品业，酒、饮料和精制茶制造业，食品制造业。其中酒、饮料和精制茶制造业的合格公司占比最高，达 25%；其次为石油加工、炼焦和核燃料加工业，合格公司占比为 14.29%。化学原料和化学制品制造业的合格公司数量最多，共 4 家；但由于该行业大类的公司总数较多，其合格公司占比仅为 6.90%。有披露但不合格的公司仅分布于化学原料和化学制品制造业、有色金属冶炼和压延加工业、非金属矿物制品业三个行业大类。

2. 地区分析

表 4.8、图 4.8 为上市公司的地区分布情况。这 501 家公司分布于 31 个省（直辖市、自治区），其中广东省公司数量最多，共有 51 家，其次为江苏省、浙江省、上海市、北京市、山东省。有信息披露的 21 家公司分布于上海市、云南省、北京市、四川省、山东省、山西省、广东省、江苏省、江西省、河南省、湖南省 11 个省份，合格的 14 家上市公司分

别位于上海市、云南省、四川省、山东省、山西省、广东省、江苏省、江西省、湖南省 9 个省市。满分的三家上市公司分别位于江苏省、广东省和山东省。上海市、云南省、山西省、广东省、江苏省、江西省几个省市只有合格公司和无信息披露的公司分布，没有有披露但不合格的公司；河南省和北京市只有有披露但不合格的公司和无信息披露的公司分布，没有合格的公司。从有信息披露的公司占比来看，湖南省的披露公司占比最高，达到 25%；其次为江西省，披露公司占比为 16.67%；云南省和山西省的披露公司占比也都达到了 10%以上。

表 4.8　不同省份重大环境行政处罚信息披露情况

省份	合格公司数量/家	有信息披露但不合格公司数量/家	无信息披露公司数量/家	公司总数/家	披露公司占比/%
上海市	2	0	38	40	5.00
云南省	1	0	6	7	14.29
内蒙古自治区	0	0	7	7	0.00
北京市	0	1	38	39	2.56
吉林省	0	0	6	6	0.00
四川省	1	1	22	24	8.33
天津市	0	0	7	7	0.00
宁夏回族自治区	0	0	1	1	0.00
安徽省	0	0	13	13	0.00
山东省	1	2	36	39	7.69
山西省	2	0	13	15	13.33
广东省	2	0	49	51	3.92
广西壮族自治区	0	0	3	3	0.00
新疆维吾尔自治区	0	0	20	20	0.00
江苏省	3	0	43	46	6.52
江西省	1	0	5	6	16.67
河北省	0	0	13	13	0.00
河南省	0	1	16	17	5.88
浙江省	0	0	45	45	0.00
海南省	0	0	4	4	0.00
湖北省	0	0	18	18	0.00
湖南省	1	2	9	12	25.00
甘肃省	0	0	8	8	0.00
福建省	0	0	14	14	0.00
西藏自治区	0	0	2	2	0.00
贵州省	0	0	5	5	0.00

续表

省份	合格公司数量/家	有信息披露但不合格公司数量/家	无信息披露公司数量/家	公司总数/家	披露公司占比/%
辽宁省	0	0	14	14	0.00
重庆市	0	0	10	10	0.00
陕西省	0	0	4	4	0.00
青海省	0	0	4	4	0.00
黑龙江省	0	0	7	7	0.00
总计	14	7	480	501	4.19

图 4.8 不同省份重大环境行政处罚信息披露情况

分东、中、西部来看，2017 年受到重大环境行政处罚的 501 家公司中有 312 家都分布在东部，占公司总数的 62.28%；中部公司数为 104 家，占总数的 20.76%；西部地区公司数最少，仅有 85 家，占比仅有 16.97%。就重大环境行政处罚披露情况而言，中部的有披露公司占比最高，达 6.73%；中部地区的合格公司占比也最高，为 3.85%。东部地区和西部地区的有信息披露公司占比相同，都为 3.53%；但东部地区的合格公司占比略高于西部，东部的合格公司占比 2.56%，西部合格公司占比 2.35%。总体来说，中部的上市公司重大环境行政处罚信息披露情况最好；东部和西部的上市公司重大环境行政处罚信息披露水平差别不大，东部略好于西部。具体统计信息如表 4.9 和图 4.9 所示。

表 4.9　不同地区重大环境行政处罚信息披露情况

地区	合格公司数量/家	有信息披露但不合格公司数量/家	无信息披露公司数量/家	公司总数/家	有信息披露公司占比/%
东部	8	3	301	312	3.53
中部	4	3	97	104	6.73
西部	2	1	82	85	3.53
合计	14	7	480	501	4.19

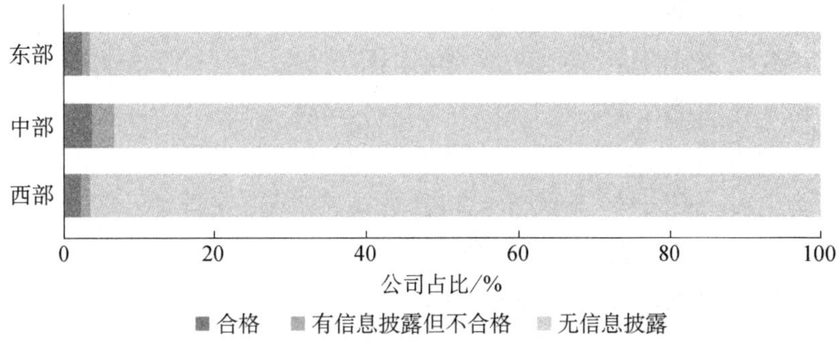

图 4.9　不同地区重大环境行政处罚信息披露情况

3. 不同证券交易所分析

总体来讲，不同证券交易所的上市公司重大环境行政处罚信息披露情况差别不大。在 2017 年受到重大环境行政处罚的 501 家公司中，有 252 家在深交所上市，其中有 10 家披露了重大环境行政处罚信息；249 家在上交所上市，其中有 11 家披露了重大环境行政处罚信息。两家证券交易所的合格公司数量相同，都为 7 家。具体统计信息如表 4.10 和图 4.10 所示。

对有重大环境行政处罚信息披露的 21 家公司，上交所的 11 家公司中最高分为 5 分，最低分为 1.5 分，均分 3.5 分；深交所的 10 家公司中最高分为 5 分，最低分为 2.5 分，均分 4.1 分。虽然深交所的披露公司占比略低于上交所，但就这 21 家公司来看，深交所公司所披露的行政处罚信息质量略高于上交所。此外，上海石化、兰花科创和阳煤化工三家未

表 4.10　不同证券交易所重大环境行政处罚信息披露情况

证券交易所	合格公司数量/家	有信息披露但不合格公司数量/家	无信息披露公司数量/家	公司总数/家	有信息披露公司占比/%
上交所	7	4	238	249	4.42
深交所	7	3	242	252	3.97
总计	14	7	480	501	4.19

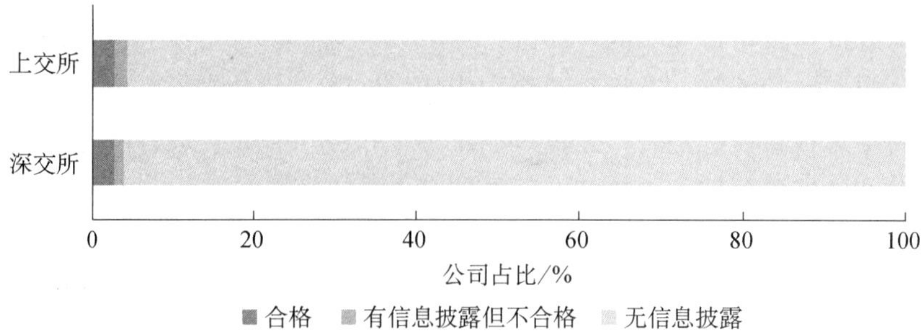

图 4.10　不同证券交易所重大环境行政处罚信息披露情况

在报告中披露具体处罚信息的公司均为上交所上市公司。由于有信息披露的上市公司数量较少，以上统计数据并不能代表上交所与深交所的信息披露质量水平差异，两家证券交易所的重大环境行政处罚信息披露水平整体相近。

4. 不同上市板块分析

对不同上市板块公司的重大环境行政处罚披露情况进行比较（表 4.11、图 4.11）。2017 年受到重大环境行政处罚的 501 家上市公司中，有 334 家在主板上市，135 家在中小企业板上市，32 家在创业板上市。总体来看，中小企业板的上市公司重大环境行政处罚披露情况最好，其次为主板上市公司，创业板上市公司披露情况最差。中小企业板的上市公司中有 5 家公司重大环境行政处罚信息披露合格，占中小企业板公司总数的 3.70%；主板上市公司中合格公司数有 9 家，占比 2.69%；而创业板上市公司中没有一家公司有披露重大环境行政处罚信息。中小企业板上市公司中有信息披露公司占比也是最高的，为 5.93%。

表 4.11　不同上市板块重大环境行政处罚信息披露情况

上市板块	合格公司数量/家	有信息披露但不合格公司数量/家	无信息披露公司数量/家	公司总数/家	有信息披露公司占比/%
主板	9	4	321	334	3.89
中小企业板	5	3	127	135	5.93
创业板	0	0	32	32	0.00
合计	14	7	480	501	4.19

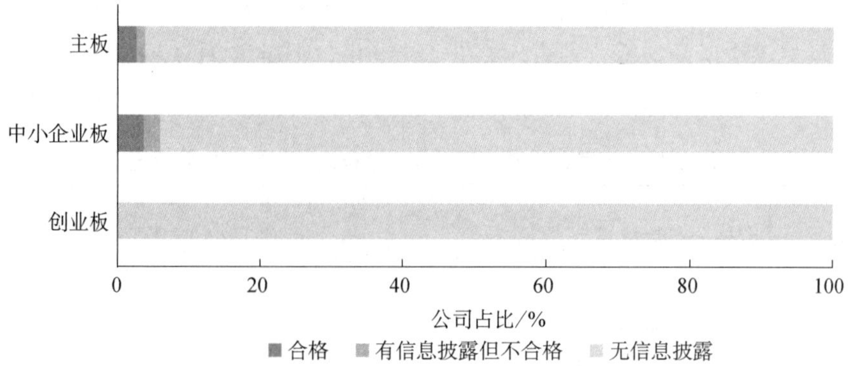

图 4.11　不同上市板块重大环境行政处罚信息披露情况

由于仅深交所有创业板和中小企业板，对深交所的不同板块上市公司的重大环境行政处罚信息披露情况做进一步比较（表 4.12、图 4.12）。在 252 家深交所上市公司中，主板上市公司 85 家，中小企业板上市公司 135 家，创业板上市公司 32 家。创业板公司全部未披露重大环境行政处罚信息。主板公司中有 2 家重大环境行政处罚信息披露合格，占比 2.35%。中小企业板公司中有信息披露的公司共 8 家，占比 5.93%；其中有 5 家重大环境行政处罚信息披露合格，占比 3.70%。总体来说，在深交所上市公司中，中小企业板的上市公司重大环境行政处罚披露情况最好，其次为主板上市公司，创业板上市公司披露情况最差。

表 4.12　深交所不同上市板块重大环境行政处罚信息披露情况

上市板块	合格公司数量/家	有信息披露但不合格公司数量/家	无信息披露公司数量/家	公司总数/家	有信息披露公司占比/%
主板	2	0	83	85	2.35
中小企业板	5	3	127	135	5.93
创业板	0	0	32	32	0.00
合计	7	3	242	252	3.97

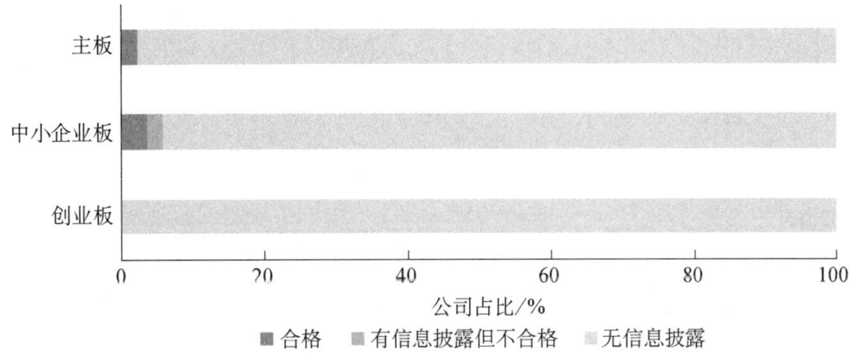

图 4.12　深交所不同上市板块重大环境行政处罚信息披露情况

5. 公司性质分析

2017 年受到重大环境行政处罚的 501 家上市公司中，有 5 家为央企，252 家为普通国企，244 家为私企，具体如表 4.13、图 4.13 所示。5 家央企全部未披露重大环境行政处罚信息；普通国企中有信息披露的公司为 9 家，占比 3.57%，其中 5 家为合格公司；私企中有信息披露的公司占比最高，为 4.92%，共有 12 家公司披露了重大环境行政处罚信息，其中 9 家为合格公司。就披露公司占比及合格公司占比而言，私企的重大环境行政处罚信息披露水平最高，其次是普通国企，央企的披露情况最差。此外，本次评估得到 5 分的 3 家公司全部为私企。

通常情况下，央企和普通国企由于自身性质、所受关注较高等原因，信息披露表现可能更好；根据环境规划院和南京大学发布的《上市公司环境信息公开评估报告（2016—2017）》，央企和普通国企 2016 年的常规性环境信息披露合规状况明显优于私企；根据第三章的评估结果，虽然央企 2017 年的常规性环境信息披露合规状况较差，但普通国企的信息披露状况略好于私企。央企和普通国企 2017 年的重大环境行政处罚信息披露水平都低于私企，可能是因为目前尚缺乏关于重大环境行政处罚信息披露的明确的法律规定。目前我国尚无关于一般环境行政处罚披露的强制规定，仅要求上市公司披露重大环境行政处罚，而对重大环境行政处罚的定义尚不明确，因此公司缺乏披露重大环境行政处罚信息的意识。这也说明央企与普通国企披露环境信息，更多的是出于“法律意识”而非“环保意识”。

央企与普通国企的重大环境行政处罚披露情况较差的另一个原因可能是央企与普通国企通常规模较大，资产较多，因此环境行政处罚的罚款于这些公司而言更无足轻重，处罚更不“重大”。截至 2017 年 12 月 31 日，本书评估的 5 家央企的平均资产为 44 518.23 亿元，普通国企的平均资产为 915.89 亿元，而私企的平均资产仅为 163.41 亿元；央企的平均资产为普通国企的近 50 倍，为私企的近 300 倍。

表 4.13　不同性质公司重大环境行政处罚信息披露情况

公司性质	合格公司数量/家	有信息披露但不合格公司数量/家	无信息披露公司数量/家	公司总数/家	有信息披露公司占比/%
央企	0	0	5	5	0.00
普通国企	5	4	243	252	3.57
私企	9	3	232	244	4.92
总计	14	7	480	501	4.19

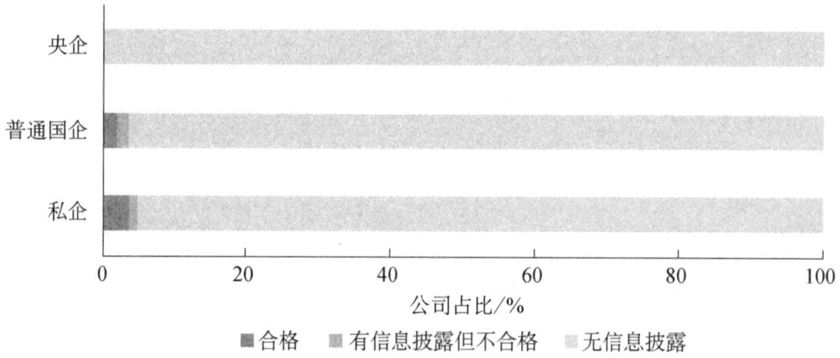

图 4.13　不同性质公司重大行政处罚信息披露情况

由于本报告评估的上市公司中央企数量较少，接下来将央企与普通国企合并进行分析（表 4.14、图 4.14）。总体来说，私企的重大环境行政处罚信息披露情况优于国企。257 家国企中，共有 9 家公司披露了重大环境行政处罚信息，占比为 3.50%，其中 5 家为合格公司，合格公司占比为 1.95%；私企中有信息披露公司占比 4.92%，合格公司占比为 3.69%。

表 4.14　国企、私企重大行政处罚信息披露情况

公司性质	合格公司数量/家	有信息披露但不合格公司数量/家	无信息披露公司数量/家	公司总数/家	有信息披露公司占比/%
国企	5	4	248	257	3.50
私企	9	3	232	244	4.92
总计	14	7	480	501	4.19

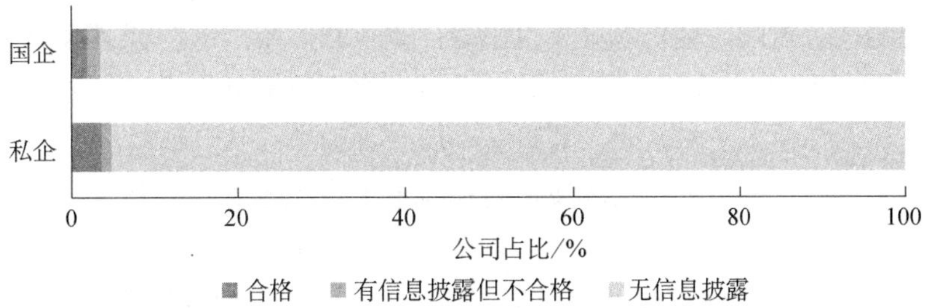

图 4.14　国企、私企重大环境行政处罚信息披露情况

6. 母公司是否为重点排污监控单位

2017 年受到重大环境行政处罚的 501 家上市公司中，共有 94 家公司的母公司为重点排污监控单位，407 家公司的母公司为非重点排污监控单位。总体来看，母公司为重点排污监控单位的上市公司重大环境行政处罚信息的披露情况优于母公司为非重点排污监控单位的上市公司。母公司为重点排污监控单位的上市公司中有信息披露的公司占比远高于母公司为非重点排污监控单位的上市公司。母公司为重点排污监控单位的上市公司中共有 9 家披露了重大环境行政处罚信息，占比 9.57%；而在 407 家母公司为非重点排污监控单位的上市公司中仅有 12 家披露了重大环境行政处罚信息，占比为 2.95%。母公司为重点排污单位与非重点排污单位的上市公司中合格公司占比差距相对小一些。母公司为重点排污单位的上市公司中有 5 家公司为合格公司，占比 5.32%；母公司为非重点排污单位的上市公司中有 9 家为合格公司，占比 2.21%。具体统计数据如表 4.15 和图 4.15 所示。

表 4.15　母公司是否为重点排污监控单位的重大环境行政处罚信息披露情况比较

	合格公司数量/家	有信息披露但不合格公司数量/家	无信息披露公司数量/家	公司总数/家	有信息披露公司占比/%
母公司为重点排污监控单位	5	4	85	94	9.57
母公司为非重点排污监控单位	9	3	395	407	2.95
总计	14	7	480	501	4.19

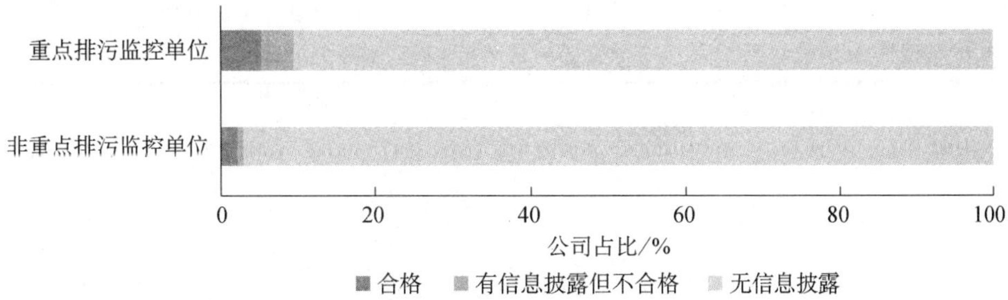

图 4.15　母公司是否为重点排污监控单位的重大环境行政处罚信息披露情况比较

母公司为重点排污监控单位的上市公司的重大环境行政处罚信息的披露情况优于母公司为非重点排污监控单位的上市公司，可能由于环保部门对重点排污监控单位的监管更加

严格，社会对这些公司的环境表现关注也更多；重点排污监控单位自身由于受到的监管压力和社会舆论压力更大，其环保意识相较于非重点排污监控单位可能也更高；而上市公司的信息披露工作主要由母公司负责，若母公司所受到的外部信息披露压力较大、环保意识及信息披露意识更高，上市公司的环境信息披露水平也会更高。对上市公司受处罚次数和罚款总额的统计发现，母公司为重点监控单位的上市公司环境表现也优于母公司为非重点监控单位的上市公司。母公司为重点排污监控单位的上市公司 2017 年受到的重大环境行政处罚平均次数为 1.83 次，平均罚款总额 57.39 万元；母公司为非重点排污单位的上市公司 2017 年受到的重大环境行政处罚平均次数为 2.33 次，平均罚款总额 57.95 万元。全年被罚次数超过 10 次的 5 家上市公司的母公司均为非重点排污监控单位，罚款总额超过 500 万元的 10 家上市公司中也仅有 1 家母公司为重点排污监控单位。这从另一个角度说明了母公司为重点排污监控单位的上市公司的环保意识更强、相关环保工作做得更好。

4.2.4 公司 2017 年经营状况统计

1. 公司市值统计

表 4.16 和图 4.16 分别统计了合格公司、有信息披露但不合格公司和无信息披露公司 2017 年 12 月 31 日的市值情况。合格公司的平均市值最低，仅有 126.11 亿元；有信息披露但不合格公司的平均市值 244.44 亿元，约为合格公司平均市值的两倍；无信息披露公司的平均市值最高，达 324.86 亿元。上市公司的市值与其环境信息披露水平不匹配，许多收入较高、市值较大的公司反而没有很好地履行环境信息披露的责任，这可能由于公司规模越大、市值越高，环保罚款对该公司越不重要，因而公司缺乏披露相关处罚信息的意识。总体而言，合格公司的总市值仅占 501 家公司的 1.11%。不合格公司（包括有信息披露但不合格公司和无信息披露公司）的市值占比高达 98.89%，其中无信息披露公司的市值占比也达到了 97.82%。

表 4.16 公司市值统计

	平均市值/亿元	总市值/亿元	总市值占比/%
合格公司	126.11	1 765.56	1.11
有信息披露但不合格公司	244.44	1 711.05	1.07
无信息披露公司	324.86	155 930.70	97.82

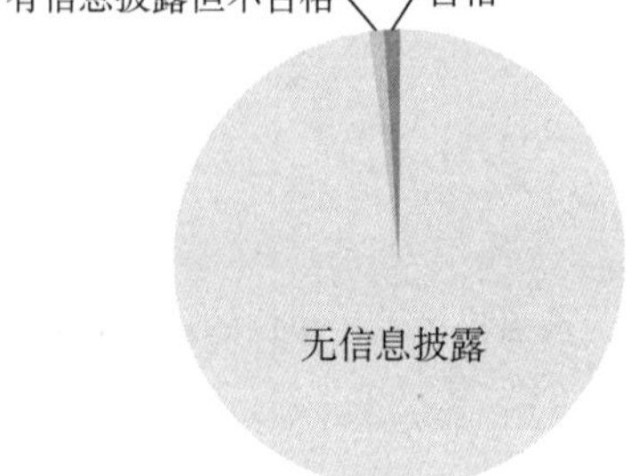

图 4.16 公司总市值统计

2. 总资产统计

合格公司、有信息披露但不合格公司和无信息披露公司的总资产差距比市值差距更大。截至 2017 年 12 月 31 日，合格公司的平均资产仅有 109.51 亿元；有信息披露但不合格公司的平均资产 404.94 亿元，接近合格公司的 4 倍；无信息披露公司的平均资产高达 1 018.54 亿元，接近合格公司平均资产的 10 倍。合格公司的总资产仅占总数的 0.31%，不合格公司（包括有信息披露但不合格公司和无信息披露公司）的总资产占比高达 99.69%，其中无信息披露公司的市值占比达到了 99.11%（表 4.17、图 4.17）。

表 4.17　公司总资产统计

	平均资产/亿元	总资产/亿元	总资产占比/%
合格公司	109.51	1 533.16	0.31
有信息披露但不合格公司	404.94	2 834.58	0.57
无信息披露公司	1 018.54	488 900.00	99.11

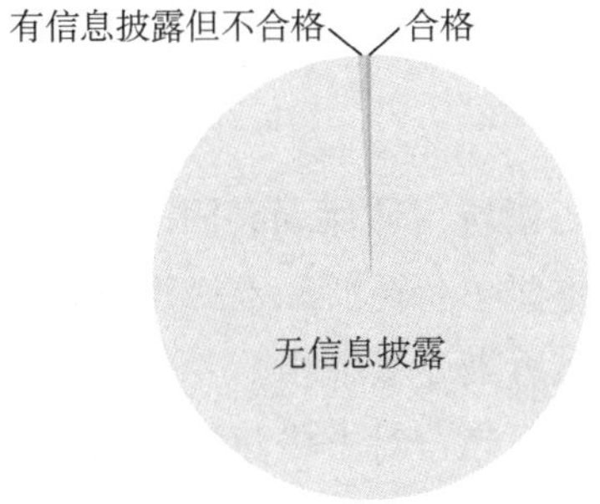

图 4.17　公司总资产统计

总体来说，公司规模越大、现金流越多，环境信息披露水平越低。这可能由于环境行政处罚手段通常为罚款，公司规模越大，环保部门所处的罚款对公司而言越不重要，公司越不会有披露相关信息的意识。

3. 股票、债券发行情况统计

最后，本报告对上市公司的股票、债券的发行状况进行统计，以评估上市公司未披露重大环境行政处罚信息这一违规行为是否对其经济活动带来影响，相关的股票、债券数据来自 Wind 金融数据库，由 Wind 整理上市公司年报信息获得。未披露任何重大环境行政处罚信息的上市公司 2017 年全年共发行股票 4 323 783 万股，平均每个公司发行 9 008 万股；而重大环境行政处罚信息披露合格的 14 家上市公司 2017 年年度股票增发量仅有 3 469 万股，平均每个公司发行 248 万股，不足无信息披露公司平均股票增发量的 1/20。无信息披露的上市公司 2017 年股票增发总额达 27 992 490 万元。

债券发行方面，由于公司发行的债券未必全部被认购，本报告选用上市公司年度财务报表中 2017 年发行债券的总现金收入来表征公司的债券发行状况。合格公司 2017 年发行的债券总收入为 99 400 万元，平均发行债券收入 7 100 万元；有信息披露但不合格公司 2017 年发行债券总收入为 350 000 万元，平均债券发行收入 5 亿元，是合格公司的 7 倍多；无信息披露公司的年发行债券总收入30 223 560万元，平均债券发行收入6.30亿元，是合格公司的近9倍。

表4.18 股票、债券发行情况统计

	年股票增发量/百万股	年股票增发总额/百万元	年发行债券收入/百万元
合格公司	34.69	263.96	994.00
有信息披露但不合格公司	0.00	0.00	3 500.00
无信息披露公司	43 237.83	279 924.90	302 235.60

4.3 典型案例分析

4.3.1 上峰水泥案例

案例一：因环保信息披露问题涉嫌信息披露违法违规，遭证监会立案调查

【基本案情】

2017年4月11日，浙江省诸暨市环保局会同诸暨市公安局对甘肃上峰水泥股份有限公司（以下简称上峰水泥）的重要子公司浙江上峰建材有限公司（以下简称上峰建材）进行联合检查，发现上峰建材涉嫌污染环境犯罪，诸暨市环保局于2017年4月12日将该案移交诸暨市公安局，诸暨市公安局当日对上峰建材副总经理俞云灿等四人立案侦查，并采取刑事强制措施。上峰建材的董事长兼总经理俞小峰知悉上述事件后，未及时向上峰水泥董事会报告，上峰水泥董事长兼总经理俞锋、副总经理兼董事会秘书瞿辉在知悉上述事件后，亦未履行信息披露义务，导致上峰水泥未以临时报告的方式公告该事件。

2018年5月10日，上峰水泥收到中国证监会的《调查通知书》，《调查通知书》称公司因环保信息披露问题涉嫌信息披露违法违规，根据规定，证监会决定对公司进行立案调查。2018年5月30日晚间，上峰水泥发布收到中国证监会甘肃证监局《行政处罚事先告知书》和《行政处罚决定书》的公告。《公告》显示，甘肃证监局认为上峰水泥违反了《证券法》第六十三条、第六十七条第一款的规定，构成《证券法》第一百九十三条第一款所述上市公司未按照规定披露信息的情形。

上峰水泥被责令改正，给予警告，并被处以40万元罚款。同时，甘肃证监局认为俞锋作为上峰水泥董事长兼总经理，瞿辉作为上峰水泥副总经理兼董事会秘书，为直接负责的主管人员。俞小峰作为上峰水泥董事、上峰建材董事长兼总经理为其他直接责任人员。俞锋、瞿辉分别被给予警告，并处以10万元罚款。俞小峰被给予警告，并处8万元罚款。

【法律分析】

（1）环境信息披露的标准—有违法违规的可能性

2018年4月23日，甘肃上峰水泥股份有限公司曾就媒体发布“浙江通报环境违法典型案例上峰水泥或涉嫌信披隐瞒”为题的报道，发布了相关澄清说明公告，提出“公司认为不存在应披露未披露的情形。因上述环保检查事宜后，上峰建材认真配合检查，且检查中公司经监测的环保排放数据符合规定要求，公司正常生产经营等未受影响；对于相关涉事人员公安部门当时已采取了拘留措施，相关涉事人员不涉及公司董事、监事、高管；截至目前公司和上峰建材未就该事宜受到行政或刑事处罚，也没有造成环境污染等重大影响的情形，暂未触及信息披露规定的标准。因此公司不存在应披露而未披露的信息披露隐瞒的情形。”然而，根据《上市公司信息披露办法》的规定，公司涉嫌违法违规被有权机关调查，或者受到刑事处罚、重大行政处罚；公司董事、监事、高级管理人员涉嫌违法违纪被有权机关调查或者采取强制措施时属于重大事件，需要进行信息披露。因而，只要上市公司存有涉嫌违法违规被有权机关调查的情形，就应予以披露，而不是以是否已经受到刑事处罚、重大行政处罚为披露标准。

（2）披露时间—及时性原则

上峰水泥受到证监会行政处罚的原因在于未及时披露环境信息，而及时与否的判断并不归于该公司对披露时间的自主判定。诸暨市环保局于 2017 年 4 月 12 日移交刑事立案，截至 2018 年 5 月 10 日，上峰水泥仍未作出关于此事件的临时报告，且未在半年度报告和年度报告中予以披露，已经明显违反及时披露义务。

（3）披露对象—上市公司母公司及控股子公司

上市公司环境信息披露的对象既包括上市公司的母公司，亦包括控股子公司、参股公司。根据《上海证券交易所股票上市规则》《深圳证券交易所股票上市规则》的规定，控股子公司、参股公司发生的重大事件，视同为本公司发生的重大事件。因此，虽然本案的执法地在浙江诸暨市上峰建材，但上峰水泥作为上市公司的母公司应履行信息披露义务，甘肃证监局可基于地域管辖对上峰水泥和上峰建材予以一并处罚。

（4）处罚主体—双罚制

上峰水泥公司一案中，不仅公司受到了行政处罚，作为高级管理人员的董事长（总经理）、董事会秘书均因在披露中未尽勤勉尽责义务，而同时受到了行政处罚。因此，上市公司的董事、监事及高级管理人员需时刻关注公司的环境信息披露状况，避免本人被同时追责。

【结论】

对此相关案例的分析，一方面有利于披露主体和公众理解上市公司环境信息披露的监管流程和依据。另一方面，也能够让其他披露主体吸取经验，激励其不断着重关注披露环境信息，并且主动及时公开重大环境处罚信息，虽然法律对及时性的界定并无明文的规定，但上市公司至少需在以下情形之一中发布：上市公司发布半年报告和年度报告中；基于社会公众的要求，为满足社会公共利益，如应急性环境事件处置或回应资本市场监管者的质疑。

【条文索引】

（1）《上市公司信息披露办法》

第三十八条　上市公司董事、监事、高级管理人员应当勤勉尽责，关注信息披露文件的编制情况，保证定期报告、临时报告在规定期限内披露，配合上市公司及其他信息披露义务人履行信息披露义务。

第四十五条　董事会秘书负责组织和协调公司信息披露事务，汇集上市公司应予披露的信息并报告董事会，持续关注媒体对公司的报道并主动求证报道的真实情况。董事会秘书有权参加股东大会、董事会会议、监事会会议和高级管理人员相关会议，有权了解公司的财务和经营情况，查阅涉及信息披露事宜的所有文件。

（2）《上海证券交易所股票上市规则》

7.7　上市公司控股子公司发生的本规则第九章、第十章和第十一章所述重大事项，视同上市公司发生的重大事项，适用前述各章的规定。

上市公司参股公司发生本规则第九章和第十一章所述重大事项，或者与上市公司的关联人进行第 10.1.1 条提及的各类交易，可能对上市公司股票及其衍生品种交易价格产生较大影响的，上市公司应当参照上述各章的规定，履行信息披露义务。

11.12.5　上市公司出现下列使公司面临重大风险的情形之一时，应当及时向本所报告并披露：

（一）发生重大亏损或者遭受重大损失；

（二）发生重大债务或者重大债权到期未获清偿；

（三）可能依法承担重大违约责任或者大额赔偿责任；

（四）计提大额资产减值准备；

（五）公司决定解散或者被有权机关依法责令关闭；

（六）公司预计出现股东权益为负值；

（七）主要债务人出现资不抵债或者进入破产程序，公司对相应债权未提取足额坏账准备；

（八）主要资产被查封、扣押、冻结或者被抵押、质押；

（九）主要或者全部业务陷入停顿；

（十）公司因涉嫌违法违规被有权机关调查，或者受到重大行政、刑事处罚；

（十一）公司法定代表人或者经理无法履行职责，董事、监事、高级管理人员因涉嫌违法违纪被有权机关调查或采取强制措施，或者受到重大行政、刑事处罚；

（十二）本所或者公司认定的其他重大风险情况。

上述事项涉及具体金额的，比照适用第 9.2 条的规定。

（3）《深圳证券交易所股票上市规则》

7.8　上市公司控股子公司发生的本规则第九章、第十章和第十一章所述重大事件，视同上市公司发生的重大事件，适用前述各章的规定。上市公司参股公司发生本规则第九章、第十一章所述重大事件，或者与上市公司的关联人发生第十章所述的有关交易，可能对上市公司股票及其衍生品种交易价格产生较大影响的，公司应当参照前述各章的规定，履行信息披露义务。

11.11.3　上市公司出现下列使公司面临重大风险情形之一的，应当及时向本所报告并披露：

（一）发生重大亏损或者遭受重大损失；

（二）发生重大债务、未清偿到期重大债务或者重大债权到期未获清偿；

（三）可能依法承担的重大违约责任或者大额赔偿责任；

（四）计提大额资产减值准备；

（五）公司决定解散或者被依法强制解散；

（六）公司预计出现资不抵债（一般指净资产为负值）；

（七）主要债务人出现资不抵债或者进入破产程序，公司对相应债权未提取足额坏账准备；

（八）主要资产被查封、扣押、冻结或者被抵押、质押；

（九）主要或者全部业务陷入停顿；

（十）公司因涉嫌违法违规被有权机关调查或者受到重大行政、刑事处罚；

（十一）公司董事、监事、高级管理人员因涉嫌违法违规被有权机关调查或者采取强制措施而无法履行职责，或者因身体、工作安排等其他原因无法正常履行职责达到或者预计达到三个月以上；

（十二）本所或者公司认定的其他重大风险情况。

上述事项涉及具体金额的，应当比照适用本规则 9.2 条的规定。

4.3.2　*ST 三维案例

案例二：环境行政处罚对上市公司再融资及重大资产重组的影响

【基本案情】

2018 年 4 月 17 日，中央电视台财经频道《经济半小时》栏目以《污染大户身边的“黑保护”》为题，报道山西三维集团股份有限公司（*ST 三维）违法排污，在这篇调查报道中，*ST 三维不仅倾倒工业废渣，还将未经处理的工业废水随意直排汾河，且央视记者因暗访遭扣，引起社会广泛关注。随后两天内，生态环境部、山西证监局、山西省环保厅、山西国资委、中国上市公司协会、深交所同时发声对*ST 三维进行联合惩治。针对*ST 三维未及时披露严重环境污染行为的违法线索，山西证监局人员及时赶赴现场核实情况，并于 2018 年 4 月 19 日对山西三维涉嫌信披违法事项立案调查。生态环境部也在官方网站通报表示，一方面将联合山西省人民政府进行挂牌督办，要求临汾市人民政府依法依规严查企业违法排污行为、政府及监管部门履职情况等问题，并及时向社会公开；另一方面，生态环境部已第一时间将*ST 三维环境违法信息通报证监会，并依据上市公司环境违法联合惩戒合作备忘录对其进行联合查处。截至 2018 年 4 月 19 日，*ST 三维已经连续两天跌停。经查，2014—2017 年，山西三维因严重环境污染行为受到当地环保部门七次行政处罚，*ST 三维在日常生产经营中还存在多次排污超标的情形。但是，*ST 三维在 2014—2017 年半年度报告和年度报告中未如实披露上述信息。针对*ST 三维的上述行为，山西证监局于 2018 年 5 月 24 日对*ST 三维公司及包括时任、现任董事长、总经理在内的相关责任人员共计 28 人的违法行为进行行政处罚事先告知，听取当事人陈述申辩意见后依法处罚。

*ST三维公司2015年亏损5.05亿元、2016年亏损6.75亿元，由于连续两年业绩亏损，该公司于2017年3月29日被实施退市风险警示，而*ST三维在营业总收入减少40.55%的情况下实现扭亏与当地政府的支持密不可分。根据相关公告显示，2017年12月*ST三维收到临汾市财政局各项政府补助资金共计4.66亿元，该笔款项直接计入当期损益。2018年4月12日，*ST三维发布2018年一季度业绩预告，预计公司2018年1—3月亏损2 000万～2 600万元，上年同期为亏损1.39亿元。而实现减亏的主要原因是2017年12月*ST三维将有机分厂、丁二分厂和配套职能部门相关的主要资产、负债出售给母公司*ST三维华邦集团有限公司。

【法律分析】

国家环境保护总局在2003年6月发布了《关于对申请上市的企业和申请再融资的上市企业进行环境保护核查的通知》（环发［2003］101号），对于申请上市的企业及申请再融资的上市企业予以环保核查。虽然环保核查已不作为企业上市或者再融资的一项必要流程，但从后续公布的相关法律、政策文件中可以看到，资本市场对企业环境行政处罚信息的披露愈发重视，且不仅限于上市或再融资阶段。2017年3月，证监会提高IPO审核门槛，公司在最近36个月内存在违反环保法律、行政法规或规章，受到行政处罚且情节严重或者受到刑事处罚的，不得公开发行股票。例如，2016年9月，道恩股份在近四年内第三次冲击IPO之时，证监会网站披露道恩高材的最新招股说明书及反馈意见。据反馈意见，监管层重点关注了其控股股东旗下企业环保问题等，而这些早在道恩高材2012年5月首次提交IPO申报稿时已为业界所关注。同时，对上市公司公开发行股票、可转换公司债券以及非公开发行股票的审核中，均增加了“严重损害投资者合法权益和社会公共利益的其他情形”的否定事项，因此，上市公司在审核期中，被发现存有重大环境违法事项的，应是构成对社会公共利益的损害，或致再融资及重大资产重组受阻。例如，在常州外国语学校污染事件中，涉及诺普信、江山股份两家上市公司。诺普信和江山股份根据监管要求，分别多次发布公告对相关信息予以披露，并且，诺普信、江山股份均已终止与涉事公司常隆化工相关的重组交易。浙江龙盛（600352）的再融资申请近日收到证监会《反馈意见》，要求其对公司高管是否存在减持情况及公司因环保问题所涉诉讼对公司经营及此次定增的影响进行说明。虽然，目前我国未对再融资环保核查出台统一性的文件，但各地生态环境管理部门陆续发布地方环保核查意见，例如，《关于进一步规范上市公司再融资环保核查工作的通知》（湘环函［2013］356号）。

【结论】

上市公司在拟申请再融资（公开发行股份、定向增发及可转债）、资产重组或拟采取其他形式从资本市场融资时，应在审核期内及时披露环境信息，涉及重大环境行政处罚或影响生产经营的行政命令时，应至少以临时报告的形式予以披露。具体而言，上市公司需仔细梳理审核期内有无重大环境违法事项的发生，并以社会公共利益为指向，需核查募集资金投向现实的和潜在的环境影响；募集资金投向有利于改善环境质量；募集资金投向不属于国家明令淘汰的落后生产能力、工艺和产品，有利于促进产业结构调整等。否则，上市公司在资本市场的融资计划经有权部门审查时，会因信息披露不准确、不完整，将不予以通过。

【条文索引】

（1）《上市公司证券发行管理办法》

上市公司发行证券，必须真实、准确、完整、及时、公平地披露或者提供信息，不得有虚假记载、误导性陈述或者重大遗漏。

第九条　上市公司最近三十六个月内财务会计文件无虚假记载，且不存在下列重大违法行为：

（二）违反工商、税收、土地、环保、海关法律、行政法规或规章，受到行政处罚且情节严重，或者受到刑事处罚；

第十一条　上市公司存在下列情形之一的，不得公开发行证券：

（一）本次发行申请文件有虚假记载、误导性陈述或重大遗漏；

（六）严重损害投资者的合法权益和社会公共利益的其他情形。

第三十九条　上市公司存在下列情形之一的，不得非公开发行股票：

（一）本次发行申请文件有虚假记载、误导性陈述或重大遗漏；

（七）严重损害投资者合法权益和社会公共利益的其他情形。

（2）《公司债券发行与交易管理办法》

第十七条　存在下列情形之一的，不得公开发行公司债券：

（一）最近三十六个月内公司财务会计文件存在虚假记载，或公司存在其他重大违法行为；

（四）严重损害投资者合法权益和社会公共利益的其他情形。

第四十五条　公开发行公司债券的发行人应当及时披露债券存续期内发生可能影响其偿债能力或债券价格的重大事项。重大事项包括：

（一）发行人经营方针、经营范围或生产经营外部条件等发生重大变化；

（九）发行人涉及重大诉讼、仲裁事项或受到重大行政处罚。

（3）《公开发行证券的公司信息披露内容与格式准则第 2 号——年度报告的内容与格式（2017 年修订）》

第三十七条　公司及其董事、监事、高级管理人员、控股股东、实际控制人、收购人在报告期内如存在被有权机关调查，被司法机关或纪检部门采取强制措施，被移送司法机关或追究刑事责任，被中国证监会立案调查或行政处罚、被市场禁入、被认定为不适当人选，被环保、安监、税务等其他行政管理部门给予重大行政处罚，以及被证券交易所公开谴责的情形，应当说明原因及结论。

（4）《公开发行证券的公司信息披露内容与格式准则第 3 号——半年度报告的内容与格式（2017 年修订）》

第三十五条　公司及其董事、监事、高级管理人员、控股股东、实际控制人、收购人在报告期内如存在被有权机关调查，被司法机关或纪检部门采取强制措施，被移送司法机关或追究刑事责任，被中国证监会立案调查或行政处罚、被市场禁入、被认定为不适当人选，被环保、安监、税务等其他行政管理部门给予重大行政处罚，以及被证券交易所公开谴责的情形，应当说明原因及结论。

（5）《上市公司重大资产重组管理办法（2016修订）》

第十一条　上市公司实施重大资产重组，应当就本次交易符合下列要求作出充分说明，并予以披露：

（一）符合国家产业政策和有关环境保护、土地管理、反垄断等法律和行政法规的规定。

4.3.3　辉丰股份案例

案例三：环境行政处罚信息被隐瞒，上市公司涉嫌虚假陈述，面临投资者诉讼

【基本案情】

生态环境部组成督察组于2018年3月中下旬对江苏辉丰生物农业股份有限公司（股票简称：辉丰股份，股票代码：002496）严重环境污染及当地中央环保督察整改不力问题开展了专项督察。经督察发现，辉丰股份环境违法问题严重，主要问题有非法处置危险废物、违规转移和贮存危险废物、长期偷排高浓度有毒有害废水以及治污设施不正常运行。

此外，辉丰股份为应对督察组现场检查还临时编造危险废物管理台账，并提供虚假报表。通报显示，辉丰股份的环境污染问题由来已久。自2013年以来，盐城市及大丰区党委、政府及其环保部门共收到上级转办或群众直接举报涉及辉丰公司环境污染问题的信访130余件，但均未引起足够重视，查处工作流于形式。而此次督察发现，辉丰股份长期偷排高浓度有毒有害废水，经当地公安机关侦讯，仅2015年公司利用暴雨时机偷排高浓度废水达10余次。2018年3月21日，督察组现场检查时，公司仍擅自开启清下水排口并间断性外排废水，废水化学需氧量超过200 mg/L，超标1.61倍。

2018年4月21日，深交所就生态环境部通报辉丰股份严重环境污染问题发出关注函，要求公司回应通报污染问题的实际情况，以及对公司生产经营的具体影响；是否能按照延期披露的日期披露2017年年报及2018年一季报；公司前期的定期及临时报告中是否真实、准确、完整地披露了企业生产经营涉及的环保排污信息及相关环保问题。

并且，深交所要求辉丰股份是否及时、准确、完整地对近年因涉嫌环保违法违规问题被有权机关立案调查或者受到重大行政、刑事处罚情况履行了相应临时信息披露义务。

辉丰股份2018年5月10日午间发出公告，公司于5月9日收到盐城市大丰区环境保护局的《实施停产整治的通知》，要求公司除环保车间外，其他生产车间实施停产整治，消除环境安全隐患。生产车间复产必须验收合格，未经同意，不得擅自恢复生产。

与此同时，深交所中小管理部在关注函的末尾郑重提醒辉丰股份及全体董监高，严格遵守《证券法》《公司法》等法律、法规及深交所《股票上市规则》和《中小企业板上市公司规范运作指引》等规定，诚实守信，规范运作，认真和及时地履行信息披露义务。根据业内人士分析，此次辉丰股份被责令停产属于会对股价形成影响的重大事件，应当在环保部门通知之日起两个交易日完整披露该信息，以利于投资者作出投资判断。而公司未及时、准确并完整披露该信息，违反了相关规定，涉嫌构成虚假陈述。如果证监部门认定辉丰股份构成虚假陈述，那么受其隐瞒停产信息误导的投资者可以依法发起索赔诉讼。

【法律分析】

（1）上市公司常规环境信息的披露

根据《公开发行证券的公司信息披露内容与格式准则第 2 号——年度报告的内容与格式（2017 年修订）》《公开发行证券的公司信息披露内容与格式准则第 3 号——半年度报告的内容与格式（2017 年修订）》中决定属于环境保护部门公布的重点排污单位的公司或其重要子公司，应当根据法律、法规及部门规章规定的涉及排污信息、防治污染设施的建设和运行情况、建设项目环境影响评价及其他环境保护行政许可情况、突发环境事件应急预案以及环境自行监测方案等予以披露。辉丰股份在环保督察中被发现有非法处置危险废物、违规转移和贮存危险废物、长期偷排高浓度有毒有害废水以及治污设施不正常运行等情形，因而深交所要求其对已经发布的上市公司定期报告的真实性、准确性和完整性进行说明。

（2）上市公司受到生态环境部门责令停产的行政命令，是否构成需披露的重大事件？

根据相关规定，公司生产经营环境发生重要变化属于应立即向证券交易场所和证监会报告的重大事件，辉丰股份收到生态环境行政部门下达的《实施停产整治的通知》，属于行政命令而非行政处罚，但考虑到停产后恢复时间待定，对公司的投资者利益将产生重大影响，因此即使是非重大行政处罚，也应予以披露，且应作为重大事件及时披露。

【结论】

根据《公开发行证券的公司信息披露内容与格式准则第 2 号——年度报告的内容与格式（2017 年修订）》《公开发行证券的公司信息披露内容与格式准则第 3 号——半年度报告的内容与格式（2017 年修订）》的规定，上市公司在披露常规环境信息和重大环境行政处罚信息的过程中，需及时对包括可能影响生产经营的重大行政命令事项予以披露。同时，关于因环境信息披露违法，上市公司需对投资人承担民事赔偿责任的范围以虚假陈述揭露日为起算点。《最高人民法院关于审理证券市场因虚假陈述引发的民事赔偿案件的若干规定》（法释［2003］2 号）第三十条亦规定，虚假陈述行为人在证券交易市场承担民事赔偿责任的范围，以投资人因虚假陈述而实际发生的损失为限。投资人实际损失包括：（一）投资差额损失；（二）投资差额损失部分的佣金和印花税。前款所涉资金利息，自买入至卖出证券日或者基准日，按银行同期活期存款利率计算。

【条文索引】

（1）《股票发行与交易管理暂行条例》

第六十条　发生可能对上市公司股票的市场价格产生较大影响而投资人尚未得知的重大事件时，上市公司应当立即将有关该重大事件的报告提交证券交易场所和证监会，并向社会公布，说明事件的实质。但是，上市公司有充分理由认为向社会公布该重大事件会损害上市公司的利益，且不公布也不会导致股票市场价格重大变动的，经证券交易场所同意，可以不予公布。

前款所称重大事件包括下列情况：

（一）公司订立重要合同，该合同可能对公司的资产、负债、权益和经营成果中的一项或者多项产生显著影响；

（二）公司的经营政策或者经营项目发生重大变化；

（三）公司发生重大的投资行为或者购置金额较大的长期资产的行为；

（四）公司发生重大债务；

（五）公司未能归还到期重大债务的违约情况；

（六）公司发生重大经营性或者非经营性亏损；

（七）公司资产遭受重大损失；

（八）公司生产经营环境发生重要变化；

（九）新颁布的法律、法规、政策、规章等，可能对公司的经营有显著影响；

（十）董事长、百分之三十以上的董事或者总经理发生变动；

（十一）持有公司百分之五以上的发行在外的普通股的股东，其持有该种股票的增减变化每达到该种股票发行在外总额的百分之二以上的事实；

（十二）涉及公司的重大诉讼事项；

（十三）公司进入清算、破产状态。

第五章

上市公司环境信息披露综合评估

5.1 整体结果

为进一步了解上市公司环境信息披露综合水平，本报告在重大环境行政处罚信息披露评估和环境信息披露合规性评估的基础上从行政处罚信息披露和定期报告环境信息披露两方面对上市公司中的重点排污监控单位进行环境信息披露水平综合评估。共评估 377 家上市公司，其中仅有 94 家 2017 年有受到环保部门重大行政处罚。上市公司环境信息披露综合评估满分为 100 分，均分为 74.8 分，具体得分见附录 3。图 5.1 为综合得分的分布散点图，图 5.2 为综合得分的箱形统计图。从散点图可以看出，公司得分主要分布在 40～60 分及 80～100 分，尤其是 80～100 分的公司数较多，且满分公司很多，上市公司环境信息披露综合水平总体较好。40 分以下的公司较少，但仍有部分公司得了 0 分。上市公司的综合得分中位数为 85 分，上四分位数为满分 100 分，下四分位数为 55 分。

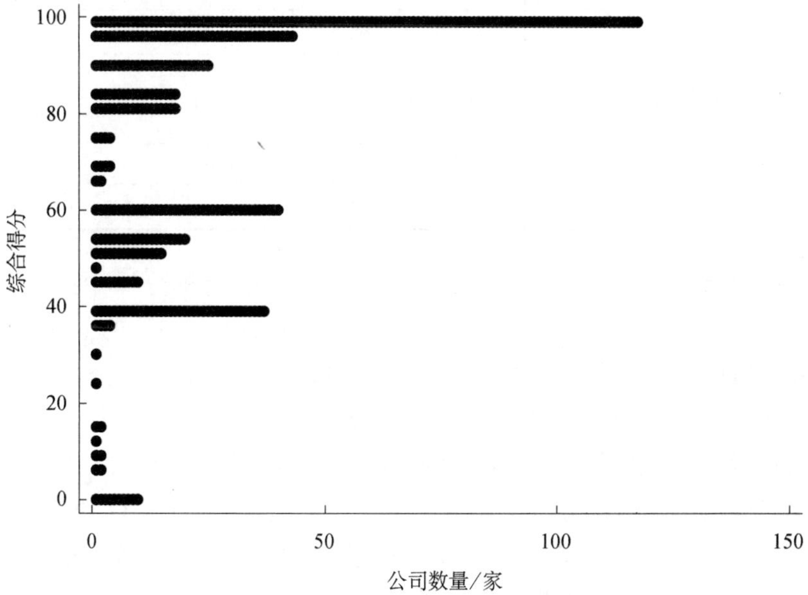

图 5.1　综合得分分布散点图

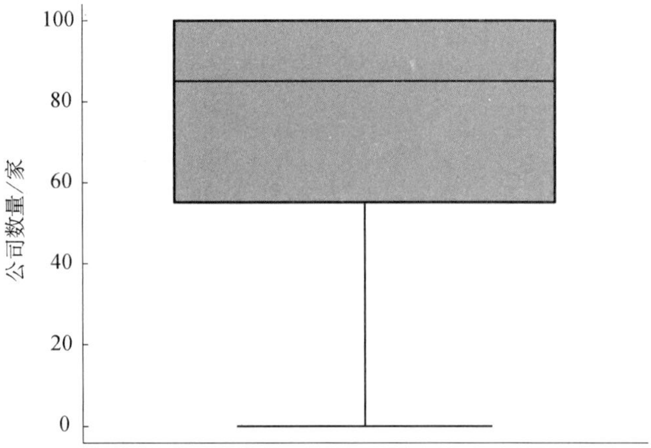

图 5.2　综合得分箱形图

对上市公司环境信息披露综合得分做进一步的统计，具体如表 5.1 所示。综合得分为 100 分的上市公司共 117 家，占总数的 31.03%；得分在 80 分及 80 分以上的公司共 121 家，占比达 58.62%。30 分以下公司仅有 18 家，占比不足 5%；但仍有 10 家公司综合得分为 0，即未披露任何环境信息。若上市公司的综合得分在 60 分以上，则说明该公司定期报告环境信息和重大环境行政处罚信息披露得分都不为 0，即该公司定期报告环境信息和重大环境行政处罚信息都有披露，或有定期报告环境信息披露、未受到重大行政处罚。本次评估得到 60 分以上（不包含 60 分）的上市公司共 231 家，占公司总数的 61.27%。

表 5.1　综合得分分布统计

综合得分	公司数量/家	公司占比/%
0	10	2.65
5～30（不含）	8	2.12
30～60（不含）	88	23.34
60～80（不含）	50	13.26
80～100（不含）	104	27.59
100	117	31.03
合计	377	100.00

总体来说，上市公司环境信息披露综合情况较好。由上文的分析可以发现，上市公司定期报告环境信息披露水平整体较高，且 3/4 以上属于重点监控单位的上市公司 2017 年并未受到环保部门的重大行政处罚，即行政处罚信息披露得分默认为满分。但在受到重大行政处罚的这部分上市公司中，有重大行政处罚信息披露的公司不足 10%。对受到重大行政处罚和未受到重大行政处罚的公司分别做统计，未受到处罚的公司综合得分均分为 84.1 分，而受到处罚的公司综合得分均分仅有 46.9 分。由此可以推断，若这 377 家上市公司全部受到了重大行政处罚，其环境信息披露综合得分会大幅下降。由于大部分公司未受到重大行政处罚、无须披露相关信息，本报告所得到的上市公司环境信息披露综合得分是较公司实

际信息披露情况偏高的。

5.2　分类分析

5.2.1　行业分析

根据中国证监会的行业分类标准，377 家公司分别分布在 9 个行业门类，其中 96%的公司均属于制造业门类。从平均得分来看，2017 年电力、热力、燃气及水生产和供应业均分最高，达 93.3 分；其次为交通运输、仓储和邮政业，均分为 90 分。采矿业、科学研究和技术服务业的均分最低，均为 40 分；但这两个行业的公司数都仅有 1 家，分值可能存在很大的偶然性（表 5.2、图 5.3）。

表 5.2　不同行业综合得分均分对比

行业	公司数量/家	平均分
交通运输、仓储和邮政业	2	90.00
信息传输、软件和信息技术服务业	2	70.00
农、林、牧、渔业	2	70.00
制造业	361	75.01
建筑业	2	65.00
水利、环境和公共设施管理业	3	61.67
电力、热力、燃气及水生产和供应业	3	93.33
科学研究和技术服务业	1	40.00
采矿业	1	40.00
总计	377	74.84

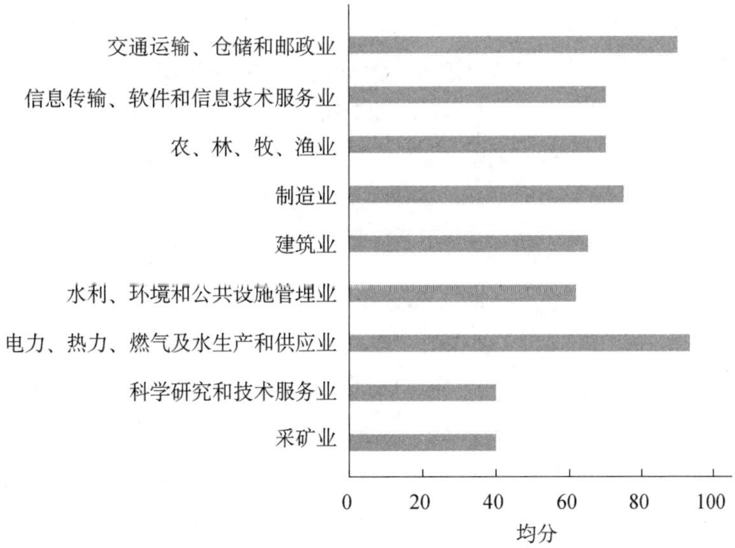

图 5.3　不同行业综合得分均分对比

从不同行业门类的公司得分分布来看（表 5.3、图 5.4），10 家 0 分公司均为制造业公司；由于本次评估的公司中 96%都属于制造业公司，该分布并不能说明制造业的上市公司环境信息披露综合水平低。满分公司分别分布在制造业，信息传输、软件和信息技术服务业，农、林、牧、渔业，电力、热力、燃气及水生产和供应业。

表 5.3 不同行业门类综合得分分布

单位：家

行业	0 分	0～60 分	60～100 分	100 分
交通运输、仓储和邮政业	0	0	2	0
信息传输、软件和信息技术服务业	0	1	0	1
农、林、牧、渔业	0	1	0	1
制造业	10	130	108	113
建筑业	0	1	1	0
水利、环境和公共设施管理业	0	1	2	0
电力、热力、燃气及水生产和供应业	0	0	1	2
科学研究和技术服务业	0	1	0	0
采矿业	0	1	0	0
总计	10	136	114	117

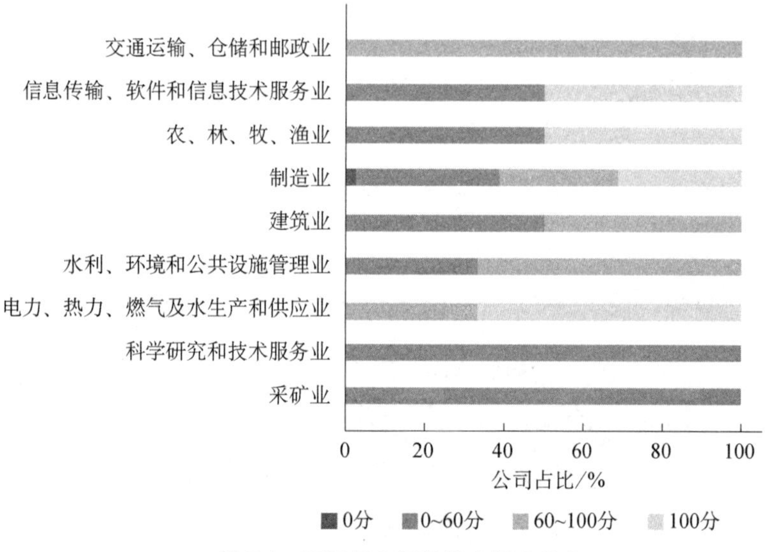

图 5.4 不同行业门类综合得分分布

由于本报告所评估的上市公司绝大部分属于制造业门类，因此对制造业的公司做进一步分析。属于制造业门类的 361 家公司共分布于 27 个行业大类，各制造业行业大类的上市公司数量和重大环境行政处罚披露均分如表 5.4 和图 5.5 所示。这 27 个行业大类中，化学原料和化学制品制造业的公司数量最多，共 70 家；其次为医药制造业，计算机、通信和其他电子设备制造业及汽车制造业，公司数量分别为 39 家、36 家和 24 家；其他行业大类的公司数量都在 20 家以下。有 9 个行业大类的公司数在 5 家及 5 家以下，5 个行业大类的公司数在 3 家以下；其中仪器仪表制造业，木材加工和木、竹、藤、棕、草制品业，纺织服装、服饰业 3 个行业大类仅有 1 家上市公司。

从均分来看，铁路、船舶、航空航天和其他运输设备制造业的均分最高，为满分；其次为仪器仪表制造业和皮革、毛皮、羽毛及其制品和制鞋业，均分都为 95 分。纺织服装、服饰业的均分最低，仅有 40 分；其次为其他制造业和通用设备制造业，均分为 55 分和 57.31 分；其他行业大类的均分都在 60 分以上。大部分行业大类的均分在 60～80 分；其中有 4 个行业大类的均分在 60～62 分，勉强达到“及格线”。

表 5.4　制造业行业大类综合得分均分对比

行业大类	公司数量/家	平均分
专用设备制造业	13	73.85
仪器仪表制造业	1	95.00
其他制造业	2	55.00
农副食品加工业	5	73.00
化学原料和化学制品制造业	70	78.97
化学纤维制造业	10	61.00
医药制造业	39	83.46
印刷和记录媒介复制业	3	61.67
家具制造业	3	61.67
有色金属冶炼和压延加工业	18	79.44
木材加工和木、竹、藤、棕、草制品业	1	60.00
橡胶和塑料制品业	8	78.75
汽车制造业	24	66.88
电气机械和器材制造业	12	72.50
皮革、毛皮、羽毛及其制品和制鞋业	2	95.00
石油加工、炼焦和核燃料加工业	7	78.14
纺织业	9	78.89
纺织服装、服饰业	1	40.00
计算机、通信和其他电子设备制造业	36	79.33
通用设备制造业	13	57.31
造纸和纸制品业	16	66.25
酒、饮料和精制茶制造业	17	84.76
金属制品业	11	69.55
铁路、船舶、航空航天和其他运输设备制造业	3	100.00
非金属矿物制品业	11	66.55
食品制造业	7	63.57
黑色金属冶炼和压延加工业	19	71.58
合计	361	75.01

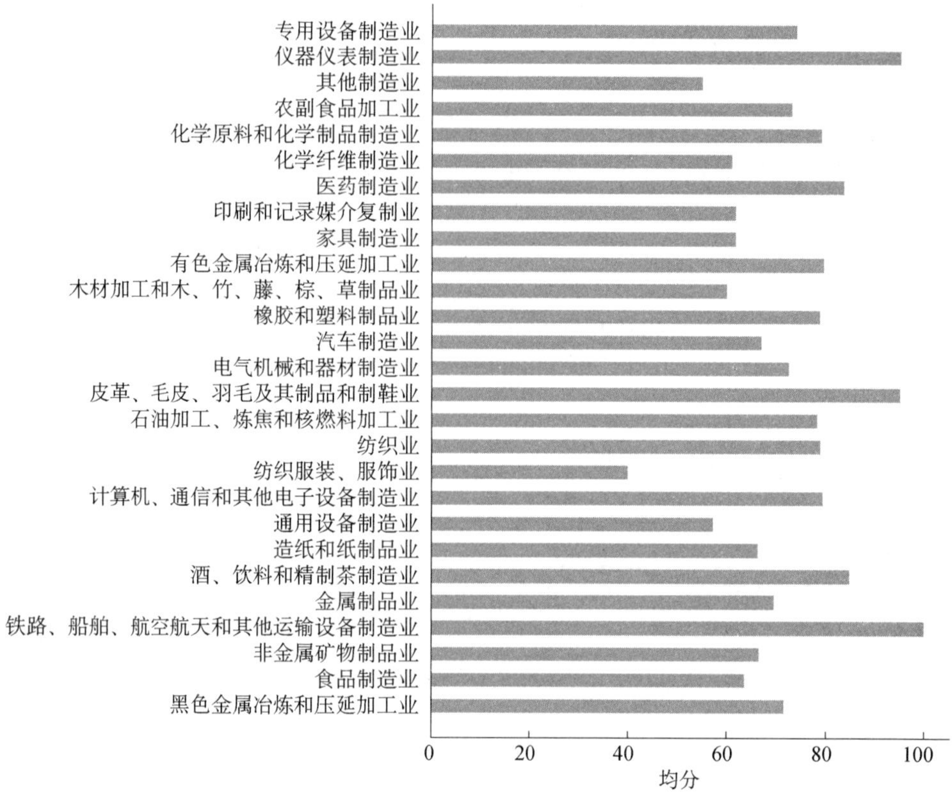

图 5.5　制造业行业大类综合得分均分对比

从不同行业大类的公司得分分布来看（表 5.5、图 5.6），仅有 8 个行业大类无满分公司，分别为仪器仪表制造业，其他制造业，化学纤维制造业，印刷和记录媒介复制业，家具制造业，木材加工和木、竹、藤、棕、草制品业，皮革、毛皮、羽毛及其制品和制鞋业，纺

表 5.5　制造业行业大类综合得分分布　　单位：家

行业大类	0 分	0～60 分	60～100 分	100 分
专用设备制造业	1	2	9	1
仪器仪表制造业	0	0	1	0
其他制造业	0	2	0	0
农副食品加工业	0	2	2	1
化学原料和化学制品制造业	0	26	18	26
化学纤维制造业	1	6	3	0
医药制造业	1	8	10	20
印刷和记录媒介复制业	0	2	1	0
家具制造业	0	2	1	0
有色金属冶炼和压延加工业	0	6	2	10
木材加工和木、竹、藤、棕、草制品业	0	1	0	0
橡胶和塑料制品业	1	1	3	3
汽车制造业	1	11	5	7

续表

行业大类	0 分	0～60 分	60～100 分	100 分
电气机械和器材制造业	0	6	2	4
皮革、毛皮、羽毛及其制品和制鞋业	0	0	2	0
石油加工、炼焦和核燃料加工业	0	2	4	1
纺织业	0	2	5	2
纺织服装、服饰业	0	1	0	0
计算机、通信和其他电子设备制造业	1	10	12	13
通用设备制造业	2	6	3	2
造纸和纸制品业	0	9	3	4
酒、饮料和精制茶制造业	0	4	6	7
金属制品业	1	4	4	2
铁路、船舶、航空航天和其他运输设备制造业	0	0	0	3
非金属矿物制品业	0	6	2	3
食品制造业	0	4	2	1
黑色金属冶炼和压延加工业	1	7	8	3

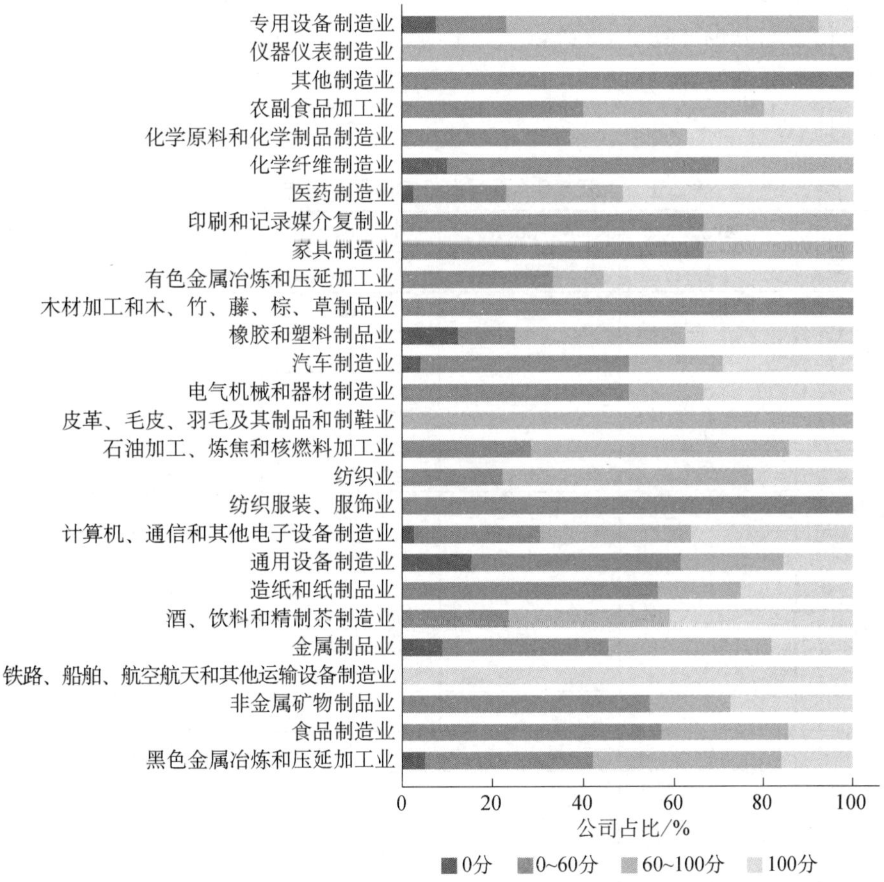

图 5.6　制造业行业大类综合得分分布

织服装、服饰业。共9个行业大类有0分公司，分别为专用设备制造业，化学纤维制造业，医药制造业，橡胶和塑料制品业，汽车制造业，计算机、通信和其他电子设备制造业，通用设备制造业，金属制品业，黑色金属冶炼和压延加工业。其中化学纤维制造业是唯一一个既有0分公司、又没有满分公司的行业大类，其均分在所有行业大类中排倒数第五位；但由于该行业大类的10家公司中有3家综合得分为95分，得分没超过60分的6家公司中也有3家得分为60分，因此该行业大类的均分依然达到了61分。

从分数段分布比例来看，铁路、船舶、航空航天和其他运输设备制造业的满分公司占比最高，达到100%；其次为有色金属冶炼和压延加工业、医药制造业，满分公司占比分别为60%和50%。仪器仪表制造业，皮革、毛皮、羽毛及其制品和制鞋业2个行业大类所有公司得分都在60～100分；其他制造业，木材加工和木、竹、藤、棕、草制品业，纺织服装、服饰业3个行业大类的所有公司得分都没超过60分；但这5个行业大类的公司数都少于3家。

5.2.2 地区分析

本书所评估的377家上市公司分别分布于31个省和直辖市，各省份的得分情况如表5.6、图5.7和图5.8所示。从均分来看，广西、山西两个省份均分最高，都在90分以上，尤其是广西的平均得分达到了97.5分。内蒙古、宁夏、安徽、广东、江苏、江西、湖北、福建8个省份的均分也达到了80分以上。上海、新疆、甘肃、西藏、陕西这5个省份的平均得分较低，均分都在60分以下。西藏的平均得分最低，仅有40分；但西藏仅有1家上市公司被评估。

表5.6 不同省份综合得分分布

单位：家

省份	0分	0～60分	60～100分	100分	均分/分
上海市	1	8	5	1	54.47
云南省	0	2	0	2	66.25
内蒙古自治区	0	1	1	1	85.00
北京市	0	3	3	2	75.63
吉林省	0	3	1	1	62.00
四川省	0	6	6	4	78.19
天津市	1	2	2	1	65.00
宁夏回族自治区	0	1	2	2	85.00
安徽省	0	4	7	7	83.61
山东省	3	20	15	12	69.18
山西省	0	1	1	6	94.50
广东省	0	9	8	12	80.72
广西壮族自治区	0	0	1	1	97.50
新疆维吾尔自治区	1	2	1	1	55.00
江苏省	0	8	9	11	84.82
江西省	0	2	1	3	82.50

续表

省份	0 分	0～60 分	60～100 分	100 分	均分/分
河北省	0	5	3	2	72.00
河南省	0	2	4	0	71.67
浙江省	0	26	19	21	74.85
海南省	0	2	0	1	61.67
湖北省	0	5	2	7	81.79
湖南省	1	2	4	2	66.67
甘肃省	1	1	2	0	53.75
福建省	0	3	7	6	86.88
西藏自治区	0	1	0	0	40.00
贵州省	0	6	0	3	69.44
辽宁省	2	4	6	5	72.94
重庆市	0	2	1	2	75.00
陕西省	0	3	1	0	53.75
青海市	0	1	0	1	77.50
黑龙江省	0	1	2	0	73.33
合计	10	136	114	117	74.80

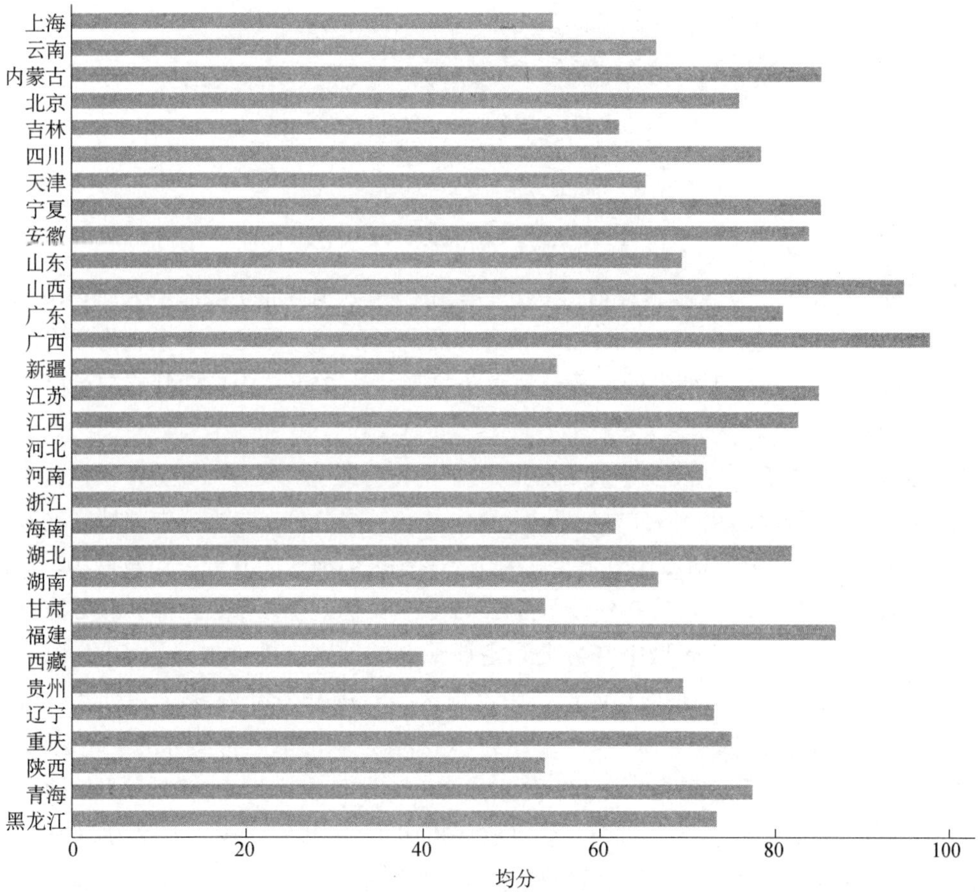

图 5.7　不同省份综合得分均分

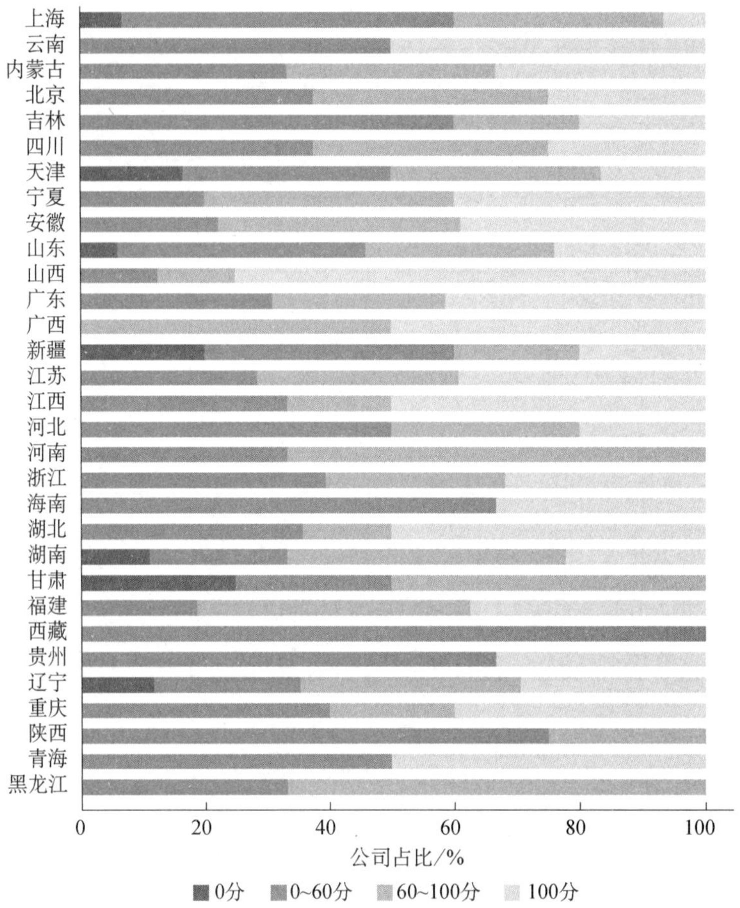

图 5.8　不同省份综合得分分布

从得分分布来看，10 家综合评估得 0 分的上市公司分别分布于上海、天津、山东、新疆、湖南、甘肃、辽宁 7 个省份；河南、甘肃、西藏、陕西、黑龙江 5 个省份没有满分公司。从图 5.8 可以看出，山西省的满分公司占比最高，达 75%；而广西壮族自治区所有公司得分都在 60 分以上。

分地区来看（表 5.7、图 5.9），中部地区的平均得分最高，达 79.88 分；其次为东部，均分为 74.44 分；西部地区的均分最低，仅有 69.84 分。得分分布方面，中部地区的 0 分公司最少，仅有 1 家，0 分公司占比也最小，为 1.35%；东部地区的 0 分公司数最多，但由于东部地区的公司总数也最多，其 0 分公司占比（2.82%）仍低于西部；西部共有 2 家 0 分公司，占比为 3.64%，是三个区域中 0 分公司占比最高的地区。中部地区的 60 分以上公司占比和满分公司占比也高于东部和西部。中部地区共有满分公司 28 家，占比为 37.84%；60 分以上（含 100 分）公司共 52 家，占比为 70.27%。东部地区得满分的上市公司共 74 家，占比为 29.84%；60 分以上（含 100 分）公司 151 家，占比为 60.89%。西部地区满分公司共 15 家，占比为 27.27%；60 分以上（含 100 分）公司共 28 家，占比为 50.91%。总体说来，中部地区的上市公司环境信息披露综合水平最高，其次为东部，西部的信息披露水平最低。

表 5.7　不同地区综合得分　　单位：家

地区	0 分	0～60 分	60～100 分	100 分	均分/分
东部	7	90	77	74	74.44
中部	1	21	24	28	79.88
西部	2	25	13	15	69.84
合计	10	136	114	117	74.80

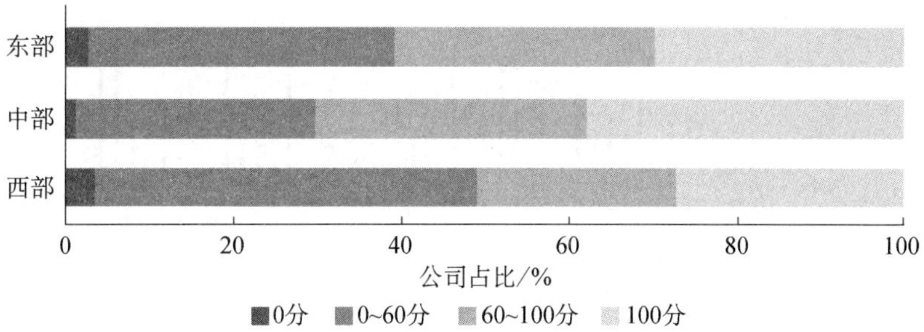

图 5.9　不同地区综合得分分布

5.2.3　不同证券交易所分析

本次评估的公司中有 152 家在上海证券交易所上市，225 家在深圳证券交易所上市。总体来说，深交所上市的上市公司环境信息披露水平略高于上交所。就均分而言，深交所公司均分为 79.23 分，上交所公司均分为 68.34 分。从公司得分分布来看，上交所的满分公司仅有 19 家，占上交所的公司总数的 12.5%；深交所的满分公司有 98 家，占总数的 43.56%。深交所的 60 分以上（包括满分）公司也更多，共 147 家，占比为 65.33%；上交所的 60 分以上（包括满分）公司共 84 家，占比为 55.26%。但上交所的 0 分公司比深交所更少。上交所的 0 分公司仅有 2 家，占比为 1.32%；深交所的 0 分公司有 8 家，占比为 3.56%（表 5.8）。

图 5.10、图 5.11 对比了两个证券交易所的上市公司的综合得分具体分布情况，从图中可以看出，上交所的上市公司的得分分布更为平均，而深交所的得分分布更为集中，大部分公司的综合得分都在 80 分以上。

表 5.8　不同证券交易所综合得分　　单位：家

交易所	0 分	0～60 分	60～100 分	100 分	均分/分
上交所	2	66	65	19	68.34
深交所	8	70	49	98	79.23
合计	10	136	114	117	74.80

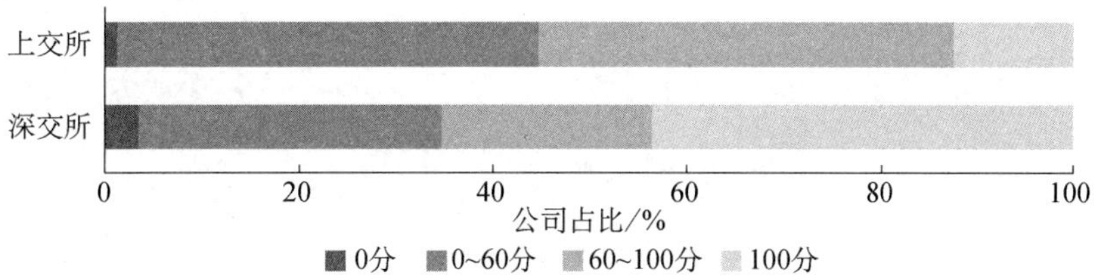

图 5.10　不同证券交易所综合得分分布（分数段）

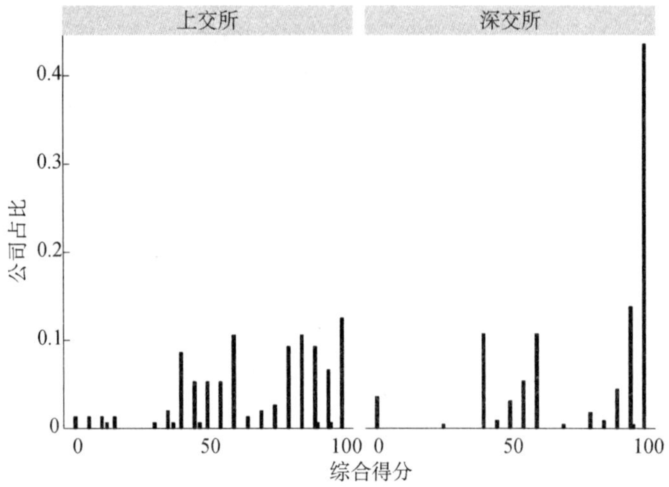

图 5.11　不同证券交易所综合得分分布

5.2.4　不同上市板块分析

本报告所评估的 377 家上市公司中，有 210 家为主板上市公司，综合得分均分为 70.59 分；124 家公司在中小企业板上市，均分 76.73 分；创业板上市公司仅 43 家，均分 90.12 分。从得分分布来看，创业板的满分公司占比最高，达到 65.12%；同时创业板没有 0 分公司。主板上市公司中满分公司占比最低，仅有 19.05%。中小企业板满分公司占比为 39.52%，是主板的 2 倍多；但中小企业板中 0 分公司占比同样较高，达 5.65%，是主板（1.43%）的近 4 倍。总体来说，创业板上市公司的环境信息披露综合水平最高，其次为中小企业板，主板上市公司的环境信息披露综合水平最低（表 5.9、图 5.12）。

表 5.9　不同上市板块综合得分　　单位：家

板块	0 分	0～60 分	60～100 分	100 分	均分/分
主板	3	90	77	40	70.59
中小企业板	7	40	28	49	76.73
创业板	0	6	9	28	90.12
合计	10	136	114	117	74.80

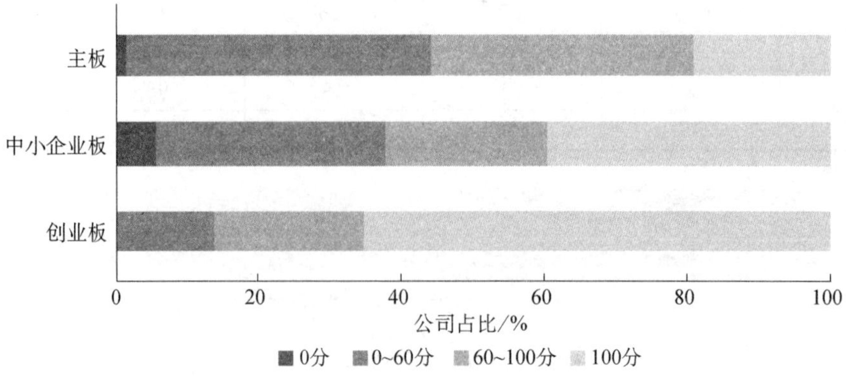

图 5.12　不同上市板块综合得分分布

进一步对深交所不同上市板块公司的环境信息披露综合得分进行分析比较（表 5.10、图 5.13）。本报告评估的 377 家上市公司中，共有 225 家在深交所上市，其中主板上市公司 58 家，中小企业板上市公司 124 家，创业板上市公司 43 家。主板上市公司综合得分均分 76.48 分，中小企业板上市公司均分 76.73 分，创业板上市公司均分 90.12 分。仅就深交所而言，环境信息披露综合水平最高的依然是创业板。主板和中小企业板公司环境信息披露综合水平较为相近。中小企业板公司的均分略高于主板公司，满分公司及 60 分以上公司占比也更高；但主板上市公司中的 0 分公司占比显著小于中小企业板。全体上市公司中主板公司环境信息披露综合水平低主要由于上交所环境信息披露综合水平较低。

表 5.10　深交所不同上市板块综合得分　　单位：家

板块	0 分	0～60 分	60～100 分	100 分	均分/分
主板	1	24	12	21	76.48
中小企业板	7	40	28	49	76.73
创业板	0	6	9	28	90.12
合计	8	70	49	98	74.80

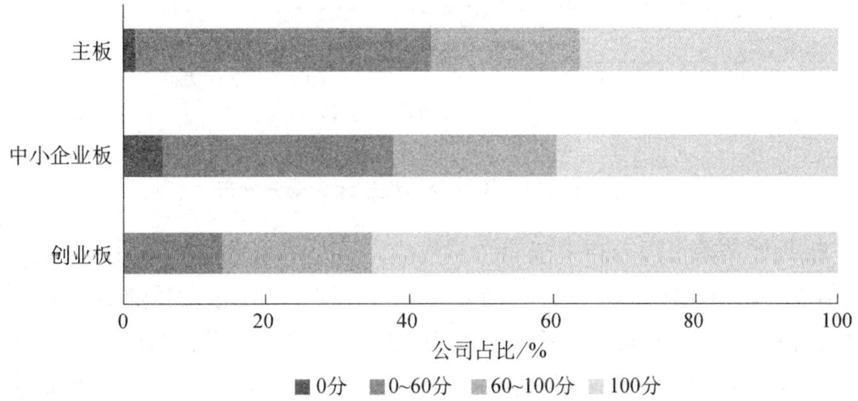

图 5.13　深交所不同上市板块综合得分分布

5.2.5　公司性质分析

本次评估的 377 家上市公司中共有 4 家为央企，127 家为普通国企，其余 246 家为私企。就均分而言，私企的平均得分最高，达 76.22 分；其次为央企，均分为 73.75 分；普通国企的均分最低，仅有 72.19 分。得分分布方面，央企无 0 分公司，但由于央企的数量仅有 4 家，这并不能说明央企的信息披露水平整体更高。私企的 0 分公司共 7 家，占比为 2.85%。普通国企中有 3 家 0 分公司，占比为 2.36%，比私企的 0 分公司占比略小。私企中的 60 分以上公司占比和满分公司占比略高于普通国企和央企。私企中共有满分公司 84 家，占比为 34.15%；60 分以上（含 100 分）公司共 158 家，占比为 64.23%。央企中得满分的上市公司 1 家，60 分以上（含 100 分）的上市公司共 2 家，分别占央企总数的 25%、50%。普通国企中满分公司共 32 家，占比为 25.20%；60 分以上（含 100 分）公司共71家，占比为55.91%。总体来说，私企的信息披露优于普通国企和央企，但三者之间的差距不大（表5.11、图5.14）。

表5.11　不同公司性质综合得分　　单位：家

公司性质	0分	0～60分	60～100分	100分	均分/分
央企	0	2	1	1	73.75
普通国企	3	53	39	32	72.19
私企	7	81	74	84	76.22
合计	10	136	114	117	74.80

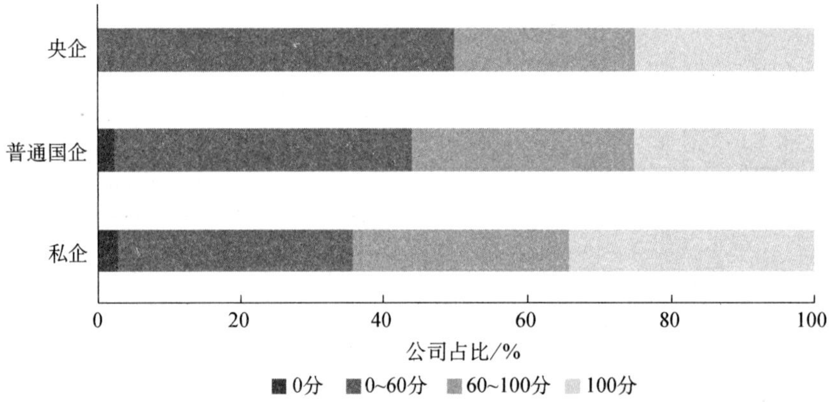

图5.14　不同公司性质综合得分分布

由于本报告评估的上市公司中央企数量较少，接下来将央企与普通国企合并进行分析（表5.12、图5.15、图5.16）。本次评估的公司中共有国企131家，私企246家。总体来说，私企的环境信息披露水平略高于国企。就均分而言，私企的均分为76.22分，国企的均分为72.24分。从公司得分分布来看，国企中满分公司仅有33家，占上交所的公司总数的25.19%；私企中满分公司有84家，占公司总数的34.15%。私企中60分以上公司（包括满分）比例也更高，共158家，占比为64.23%；国企中60分以上（包括满分）的公司共73家，占比为55.73%。但国企中的0分公司比私企中略少。国企中0分公司仅有3家，占比为2.29%；私企中0分公司有7家，占比为2.85%。图5.16对比了两类上市公司的综合得分具体分布情况，从图中可以看出，国企的上市公司综合得分分布更为平均；而私企的得分分布相对更为集中，得分为40分、60分、95分或100分的公司很多。

表5.12　国企、私企综合得分　　单位：家

公司性质	0分	0～60分	60～100分	100分	均分/分
国企	3	55	40	33	72.24
私企	7	81	74	84	76.22
合计	10	136	114	117	74.80

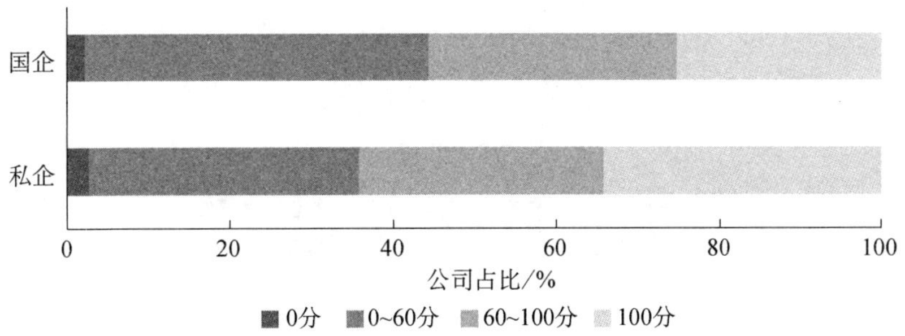

图 5.15　国企、私企综合得分分布（分数段）

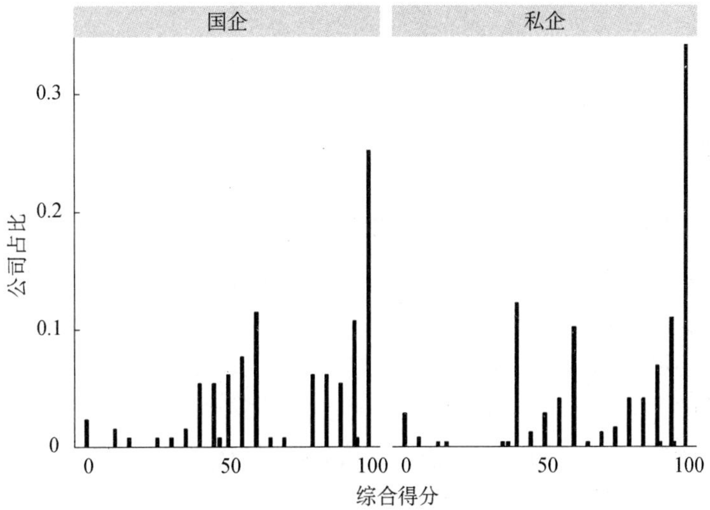

图 5.16　国企、私企综合得分分布

第六章 结论及政策建议

6.1 结论

1. 上市公司定期报告环境信息披露水平显著提高

相较于 2016 年，2017 年上市公司定期报告环境信息披露水平有了显著的提高。2016 年上市公司环境信息披露水平整体较差，有半数以上的上市公司年报中无环境信息披露或者只有极少量的环境信息披露，信息披露合格（9 项环境信息中披露了 8 项及以上）的上市公司仅占总数的 1/4。2017 年上市公司环境信息披露水平有了极大的提高，披露满分的公司占比高达 40.85%；虽然仍有部分公司无信息披露或信息披露极少，但这类公司占比已大幅减少。这说明随着时间的推进、政策的普及和监管力度的不断加强，上市公司环境信息披露情况有了极大的改善。

2. 上市公司定期报告环境信息披露内容较为含糊

在对上市公司定期报告环境信息披露状况跟踪评估的过程中我们发现，大部分公司在披露防治污染设施的建设和运行情况、建设项目环境影响评价及其他环境保护行政许可情况、突发环境事件应急预案及自行监测四项环境信息时，都披露的较为含糊。尤其是后三项，许多公司仅在年报中简单提及有获得建设项目环境影响评价许可、有编制突发环境事件应急预案及环境自行监测方案，并无具体信息披露。这样的信息披露是无效的，既不能反映上市公司的实际环境表现，也无助于公众尤其是投资者实行监督权。

除了上述四项指标外，上市公司须披露的其他环境指标也存在不明确的情况。例如排放方式，《准则》中并没有明确说明是指连续排放、间断排放，或是有组织排放、无组织排放；或是排放口分布情况，《准则》中也并没有说明是指排放口的绝对地理位置还是相对位置、应精确到什么程度，而在实际披露时，很多公司只简单说明“厂区内”，这同样是无效的信息披露。

3. 上市公司重大环境行政处罚披露严重不足

根据本报告的评估结果，上市公司重大环境行政处罚信息披露严重不足，有相关信息披露的公司不足受到重大环保行政处罚的公司总数的 5%，合格公司数仅占 2.79%；公司的规模和其环境行政处罚信息披露水平也严重不匹配，合格公司的总资产仅占总数的 0.31%。没有披露重大环境行政处罚信息也并未影响上市公司的日常经营活动，未披露公司的股票增发数量和债券发行量都远高于环境行政处罚信息披露合格的公司。

通过对上市公司的采访我们发现，上市公司环境信息披露严重不足的最主要原因是上市公司对环境行政处罚的重视不足。许多上市公司以罚款数额占公司总资产的比例作为判断行政处罚是否重大的依据，由于上市公司的资产数额庞大，环境行政处罚的罚款对公司而言仅是九牛一毛，完全不会影响公司的正常运营，因而公司也并不重视环境行政处罚。

目前我国环境行政处罚信息主要依靠环保部门进行披露，上市公司的环境行政处罚信息主动披露意识不足；而对投资者而言，通过环保部门的披露获取公司环境行政处罚信息显然是极其不便且低效的。相关部门应尽快出台上市公司环境行政处罚信息强制披露规定，以规范公司信息披露行为，维护投资者权益。

4. 重大环境行政处罚定义不明为信息披露带来了阻力

目前，我国尚无对“重大行政处罚”的统一、明确的法律解释。虽然部分地方性法规中对“重大行政处罚”进行了定义，但不同法规对“重大行政处罚”的定义不尽相同，缺乏统一标准。由于经济活动特点、违法后果等不同，不同部门适用的“重大行政处罚”标准应该有所区别。现有的地方重大行政处罚备案法规中，仅有《山西省重大行政处罚决定备案办法》和《攀枝花市环境保护重大行政处罚备案制度》对“重大环境行政处罚”做了针对性的规定。

重大行政处罚的界定不明对上市公司强制性环境行政处罚信息披露带来了很大的阻力。一方面，公司不清楚在什么样的情况下需要进行信息披露；另一方面，在受到环保部门处罚后，公司也可以以“不知道是否属于重大行政处罚”作为不披露的借口。在对公司的采访中我们发现，未披露重大环境行政处罚信息的公司通常在面对质疑时都会回应“这不属于重大行政处罚”。缺乏明确的法律依据也为环保部门及证券监管部门的监管带来了不便。

6.2 政策建议

基于上述分析，本书对政府部门和上市公司分别提出以下建议。

6.2.1 对政府部门建议

1. 完善上市公司定期报告环境信息披露指标

尽管 2017 年上市公司定期报告环境信息披露水平有了显著的提高，但许多指标的披露都不够明确，尤其是防治污染设施的建设和运行情况、建设项目环境影响评价及其他环境保护行政许可情况、突发环境事件应急预案及自行监测，通常只有模糊的定性描述。因此，现有的对上市公司定期报告环境信息披露的规定需进一步完善，明确每一条指标的内容，尤其是那些较为含糊的指标。例如，可以规定上市公司在防治污染设施的建设和运行情况一项必须明确披露新建设施数量和设施稳定运行时间；建设项目环境影响评价及其他环境保护行政许可情况一项必须披露审批编号，或是提供环保部门审批公告的网页链接；突发环境事件应急预案及自行监测等信息若是篇幅太长不便于在年报或半年报中披露，可以要求披露相关的网页链接。此外，还应对披露的指标进行调整，减少含糊信息的披露要求，重点要求上市公司披露一些明确的、更能反映公司实际环境表现的信息，如排污费缴纳情况、全年所受的环保部门行政处罚情况等。

2. 重点关注重大环境行政处罚信息披露工作

从本报告的评估结果来看，我国的上市公司定期报告环境信息披露现已达到了较好的水平，但重大环境行政处罚信息披露仍然严重不足，环保部门和证券监管部门可以将接下来的上市公司环境信息披露工作重心由定期报告环境信息的定期披露转移到重大环境行政处罚的披露上来。相关部门应尽快出台并完善上市公司环境行政处罚信息披露规定，明确惩罚措施；同时加大上市公司重大环境行政处罚信息披露的监管力度，定期对被处罚公司的信息披露情况进行核查。此外，环保部门和证券监管部门还应加强联动，实现信息共享。由环保部门共享上市公司行政处罚信息，证券监管部门共享公司报告披露信息，从而更好地对上市公司环境信息披露工作进行监管。

3. 明确重大环境行政处罚定义

上市公司重大环境行政处罚信息披露严重不足的一个重要原因是并未意识到公司受到了重大行政处罚。为促进公司更好地披露环境信息，环保部门应尽快出台对“重大行政处罚”的明确定义，并做好对公司的通知工作，提高公司对环境行政处罚的重视程度；或是修改信息披露要求，要求上市公司披露全部行政处罚信息。除此之外，环保部门也可以考虑修改行政处罚量裁标准。对上市公司而言，即便被罚款数百万、上千万元，也并不会影响公司的正常运营。因此，环保部门在对上市公司进行处罚时可以更多地采用责令停产停业、对主要责任人实施行政拘留等手段，提高环境行政处罚对上市公司的影响程度和威慑力度。

6.2.2 对上市公司建议

1. 树立环境信息披露意识

目前，我国上市公司环境信息披露的主要推动力来自强制性法律规定。由于有明确的内容与格式要求，上市公司定期报告环境信息披露水平较高；而规定不够明确的重大环境行政处罚信息披露则严重不足。上市公司应明确环境信息披露对维护企业形象、保护投资者权益的重要性，认识到环境信息披露并非政府部门强加于上市公司的负担，而是公司向社会展示企业文化及社会责任意识的途径。上市公司应树立环境信息披露意识，主动做好环境信息披露工作，接受投资者、政府部门及社会公众的监督。

2. 规范环境信息披露行为

上市公司应依据相关法律规定，进一步规范自身环境信息披露行为。在真实、全面披露法规所规定的各项环境指标的基础上，上市公司还应重视所披露信息的完整性和有效性。目前，许多上市公司的环境信息披露都存在模糊定性描述较多、具体定量信息不足的问题，如在披露污染防治设施运行状况时仅简单概括“正常运行”，并没有提供设备的污染处理能力、实际处理效果等有效信息。上市公司环境信息披露的途径也应进一步规范。以重大环境行政处罚信息披露为例，上市公司在受到重大行政处罚后应披露临时报告，并在年报中再次披露临时报告索引，实际上有些公司虽然有披露重大环境行政处罚信息，但仅在定期报告中有披露或仅有临时报告披露而定期报告中无临时报告索引。此外，上市公司还需注意信息披露的时效性。

附 录

附录 1　评估范围

附表 1.1　本报告评估的上市公司名单

序号	代码	公司简称	上市公司名称	母公司行业	定期报告评估	环境处罚披露评估
1	000009.SZ	中国宝安	中国宝安集团股份有限公司	综合		√
2	000027.SZ	深圳能源	深圳能源集团股份有限公司	电力、热力、燃气及水生产和供应业		√
3	000037.SZ	深南电 A	深圳南山热电股份有限公司	电力、热力、燃气及水生产和供应业	√	
4	000039.SZ	中集集团	中国国际海运集装箱（集团）股份有限公司	制造业		√
5	000059.SZ	华锦股份	北方华锦化学工业股份有限公司	制造业	√	
6	000069.SZ	华侨城 A	深圳华侨城股份有限公司	水利、环境和公共设施管理业		√
7	000157.SZ	中联重科	中联重科股份有限公司	制造业		√
8	000338.SZ	潍柴动力	潍柴动力股份有限公司	制造业	√	√
9	000401.SZ	冀东水泥	唐山冀东水泥股份有限公司	制造业		√
10	000407.SZ	胜利股份	山东胜利股份有限公司	电力、热力、燃气及水生产和供应业		√
11	000410.SZ	*ST 沈机	沈阳机床股份有限公司	制造业	√	
12	000420.SZ	吉林化纤	吉林化纤股份有限公司	制造业	√	√
13	000422.SZ	湖北宜化	湖北宜化化工股份有限公司	制造业	√	√
14	000423.SZ	东阿阿胶	东阿阿胶股份有限公司	制造业	√	√
15	000425.SZ	徐工机械	徐工集团工程机械股份有限公司	制造业		√
16	000488.SZ	晨鸣纸业	山东晨鸣纸业集团股份有限公司	制造业	√	√
17	000498.SZ	山东路桥	山东省路桥集团有限公司	建筑业		√
18	000511.SZ	*ST 烯碳	银基烯碳新材料股份有限公司	制造业		√
19	000525.SZ	红太阳	南京红太阳股份有限公司	制造业	√	√
20	000533.SZ	万家乐	广东万家乐股份有限公司	制造业		√
21	000539.SZ	粤电力 A	广东电力发展股份有限公司	电力、热力、燃气及水生产和供应业		√

续表

序号	代码	公司简称	上市公司名称	母公司行业	定期报告评估	环境处罚披露评估
22	000543.SZ	皖能电力	安徽省皖能股份有限公司	电力、热力、燃气及水生产和供应业		√
23	000550.SZ	江铃汽车	江铃汽车股份有限公司	制造业	√	
24	000553.SZ	沙隆达 A	湖北沙隆达股份有限公司	制造业	√	√
25	000559.SZ	万向钱潮	万向钱潮股份有限公司	制造业	√	
26	000561.SZ	烽火电子	陕西烽火电子股份有限公司	制造业	√	
27	000565.SZ	渝三峡 A	重庆三峡油漆股份有限公司	制造业	√	
28	000566.SZ	海南海药	海南海药股份有限公司	制造业		√
29	000572.SZ	海马汽车	一汽海马汽车有限公司	制造业	√	
30	000589.SZ	黔轮胎 A	贵州轮胎股份有限公司	制造业	√	√
31	000596.SZ	古井贡酒	安徽古井贡酒股份有限公司	制造业	√	
32	000597.SZ	东北制药	东北制药集团股份有限公司	制造业	√	
33	000598.SZ	兴蓉环境	成都市兴蓉环境股份有限公司	电力、热力、燃气及水生产和供应业		√
34	000599.SZ	青岛双星	双星集团有限责任公司	制造业		√
35	000600.SZ	建投能源	河北建投能源投资股份有限公司	电力、热力、燃气及水生产和供应业		√
36	000603.SZ	盛达矿业	盛达矿业股份有限公司	采矿业		√
37	000625.SZ	长安汽车	重庆长安汽车股份有限公司	制造业		√
38	000626.SZ	远大控股	远大中国控股有限公司	批发和零售业		√
39	000629.SZ	*ST 钒钛	攀钢集团钒钛资源股份有限公司	采矿业		√
40	000630.SZ	铜陵有色	铜陵有色金属集团股份有限公司	制造业		√
41	000635.SZ	英力特	宁夏英力特化工股份有限公司	制造业	√	
42	000636.SZ	风华高科	广东风华高新科技股份有限公司	制造业	√	
43	000651.SZ	格力电器	珠海格力电器股份有限公司	制造业		√
44	000666.SZ	经纬纺机	经纬纺织机械股份有限公司	制造业		√
45	000669.SZ	金鸿能源	中油金鸿能源投资股份有限公司	电力、热力、燃气及水生产和供应业		√
46	000672.SZ	上峰水泥	上峰水泥集团有限公司	制造业		√
47	000677.SZ	恒天海龙	恒天海龙股份有限公司	制造业	√	√
48	000680.SZ	山推股份	山推工程机械股份有限公司	制造业		√
49	000683.SZ	远兴能源	内蒙古远兴能源股份有限公司	制造业		√
50	000688.SZ	建新矿业	建新矿业股份有限责任公司	采矿业		√
51	000692.SZ	惠天热电	沈阳惠天热电股份有限公司简介	电力、热力、燃气及水生产和供应业		√

续表

序号	代码	公司简称	上市公司名称	母公司行业	定期报告评估	环境处罚披露评估
52	000698.SZ	沈阳化工	沈阳化工股份有限公司	制造业	√	√
53	000701.SZ	厦门信达	厦门信达股份有限公司	批发和零售业		√
54	000707.SZ	双环科技	湖北双环科技股份有限公司	制造业	√	
55	000708.SZ	大冶特钢	大冶特殊钢股份有限公司	制造业	√	
56	000709.SZ	河钢股份	河钢股份有限公司	制造业		√
57	000710.SZ	*ST 天仪	成都天兴仪表股份有限公司	科学研究和技术服务业	√	
58	000723.SZ	美锦能源	山西美锦能源股份有限公司	制造业		√
59	000725.SZ	京东方 A	京东方科技集团股份有限公司	制造业	√	
60	000726.SZ	鲁泰 A	鲁泰纺织股份有限公司	制造业	√	
61	000729.SZ	燕京啤酒	北京燕京啤酒股份有限公司	制造业	√	√
62	000751.SZ	锌业股份	葫芦岛锌业股份有限公司	制造业	√	
63	000755.SZ	*ST 三维	山西三维集团股份有限公司	制造业	√	√
64	000756.SZ	新华制药	山东新华制药股份有限公司	制造业	√	
65	000758.SZ	中色股份	中国有色金属建设股份有限公司	采矿业		√
66	000767.SZ	漳泽电力	山西漳泽电力股份有限公司	电力、热力、燃气及水生产和供应业		√
67	000778.SZ	新兴铸管	新兴铸管股份有限公司	制造业	√	√
68	000782.SZ	美达股份	广东新会美达锦纶股份有限公司	制造业	√	
69	000791.SZ	甘肃电投	甘肃电投能源发展股份有限公司	电力、热力、燃气及水生产和供应业		√
70	000792.SZ	盐湖股份	青海盐湖工业股份有限公司	制造业		√
71	000799.SZ	酒鬼酒	酒鬼酒股份有限公司	制造业	√	
72	000800.SZ	一汽轿车	一汽轿车股份有限公司	制造业	√	
73	000802.SZ	北京文化	北京京西文化旅游股份有限公司	文化、体育和娱乐业		√
74	000807.SZ	云铝股份	云南铝业股份有限公司	制造业	√	√
75	000815.SZ	美利云	中冶美利云产业投资股份有限公司	制造业	√	
76	000816.SZ	智慧农业	江苏农华智慧农业科技股份有限公司	制造业	√	√
77	000818.SZ	方大化工	方大锦化化工科技股份有限公司	制造业	√	√
78	000825.SZ	太钢不锈	山西太钢不锈钢股份有限公司	制造业	√	√
79	000826.SZ	启迪桑德	启迪桑德环境资源股份有限公司	水利、环境和公共设施管理业		√

续表

序号	代码	公司简称	上市公司名称	母公司行业	定期报告评估	环境处罚披露评估
80	000833.SZ	贵糖股份	广西贵糖（集团）股份有限公司	制造业	√	
81	000837.SZ	秦川机床	秦川机床工具集团股份公司	制造业		√
82	000848.SZ	承德露露	河北承德露露股份有限公司	制造业	√	
83	000858.SZ	五粮液	五粮液集团有限公司	制造业	√	
84	000868.SZ	安凯客车	安徽安凯汽车股份有限公司	制造业	√	
85	000875.SZ	吉电股份	吉林电力股份有限公司	电力、热力、燃气及水生产和供应业		√
86	000876.SZ	新希望	新希望六和股份有限公司	制造业		√
87	000877.SZ	天山股份	新疆天山水泥股份有限公司	制造业		√
88	000883.SZ	湖北能源	湖北能源集团股份有限公司	电力、热力、燃气及水生产和供应业		√
89	000898.SZ	鞍钢股份	鞍钢股份有限公司	制造业	√	
90	000902.SZ	新洋丰	湖北新洋丰肥业股份有限公司	制造业	√	
91	000905.SZ	厦门港务	厦门港务控股集团有限公司	交通运输、仓储和邮政业		√
92	000908.SZ	景峰医药	湖南景峰医药股份有限公司	制造业		√
93	000910.SZ	大亚圣象	大亚圣象家居股份有限公司	制造业		√
94	000912.SZ	泸天化	四川泸天化股份有限公司	制造业	√	√
95	000913.SZ	钱江摩托	浙江钱江摩托股份有限公司	制造业	√	
96	000921.SZ	海信科龙	海信科龙电器股份有限公司	制造业		√
97	000923.SZ	河北宣工	河北宣化工程机械股份有限公司	制造业	√	
98	000926.SZ	福星股份	湖北福星科技股份有限公司	房地产业		√
99	000930.SZ	中粮生化	中粮生物化学（安徽）股份有限公司	制造业	√	
100	000932.SZ	*ST 华菱	湖南华菱钢铁股份有限公司	制造业		√
101	000933.SZ	神火股份	河南神火集团有限公司	制造业		√
102	000937.SZ	冀中能源	冀中能源集团有限责任公司	采矿业		√
103	000939.SZ	凯迪生态	凯迪生态环境科技股份有限公司	电力、热力、燃气及水生产和供应业		√
104	000949.SZ	新乡化纤	新乡化纤股份有限公司	制造业	√	
105	000952.SZ	广济药业	湖北广济药业股份有限公司	制造业	√	
106	000953.SZ	*ST 河化	广西河池化工股份有限公司	制造业	√	
107	000955.SZ	欣龙控股	欣龙控股（集团）股份有限公司	制造业		√
108	000957.SZ	中通客车	中通客车控股股份有限公司	制造业	√	√
109	000958.SZ	东方能源	国家电投集团石家庄东方能源股份有限公司	电力、热力、燃气及水生产和供应业		√

续表

序号	代码	公司简称	上市公司名称	母公司行业	定期报告评估	环境处罚披露评估
110	000959.SZ	首钢股份	北京首钢股份有限公司	制造业		√
111	000961.SZ	中南建设	江苏中南建设集团股份有限公司	建筑业		√
112	000962.SZ	东方钽业	宁夏东方钽业股份有限公司	制造业	√	
113	000963.SZ	华东医药	华东医药股份有限公司	批发和零售业		√
114	000969.SZ	安泰科技	安泰科技股份有限公司	制造业		√
115	000970.SZ	中科三环	北京中科三环高技术股份有限公司	制造业	√	
116	000972.SZ	*ST 中基	中基健康产业股份有限公司	制造业		√
117	000979.SZ	中弘股份	中弘控股股份有限公司	房地产业		√
118	000982.SZ	*ST 中绒	宁夏中银绒业股份有限公司	制造业	√	
119	000983.SZ	西山煤电	山西西山煤电股份有限公司	采矿业		√
120	000988.SZ	华工科技	华工科技产业股份有限公司	制造业		√
121	000989.SZ	九芝堂	九芝堂股份有限公司	制造业	√	
122	000990.SZ	诚志股份	诚志股份有限公司	制造业		√
123	001696.SZ	宗申动力	重庆宗申动力机械股份有限公司	制造业		√
124	001979.SZ	招商蛇口	招商局蛇口工业区控股股份有限公司	房地产业		√
125	002001.SZ	新和成	浙江新和成股份有限公司	制造业		√
126	002002.SZ	鸿达兴业	鸿达兴业股份有限公司	制造业		√
127	002004.SZ	华邦健康	华邦生命健康股份有限公司	制造业		√
128	002005.SZ	德豪润达	广东德豪润达电气股份有限公司	制造业		√
129	002007.SZ	华兰生物	华兰生物工程股份有限公司	制造业		√
130	002010.SZ	传化智联	传化智联股份有限公司	制造业		√
131	002012.SZ	凯恩股份	浙江凯恩特种材料股份有限公司	制造业	√	
132	002013.SZ	中航机电	中航工业机电系统股份有限公司	制造业		√
133	002019.SZ	亿帆医药	亿帆医药股份有限公司	制造业		√
134	002025.SZ	航天电器	贵州航天电器股份有限公司	制造业	√	√
135	002032.SZ	苏泊尔	浙江苏泊尔股份有限公司	制造业	√	
136	002034.SZ	美欣达	浙江美欣达纺织印染科技有限公司	制造业	√	
137	002040.SZ	南京港	南京港股份有限公司	交通运输、仓储和邮政业		√
138	002042.SZ	华孚色纺	华孚色纺股份有限公司	制造业		√
139	002043.SZ	兔宝宝	德华兔宝宝装饰新材股份有限公司	制造业	√	√

续表

序号	代码	公司简称	上市公司名称	母公司行业	定期报告评估	环境处罚披露评估
140	002053.SZ	云南能投	云南能投威士科技股份有限公司	制造业		√
141	002056.SZ	横店东磁	横店集团东磁股份有限公司	制造业	√	
142	002061.SZ	江山化工	浙江江山化工股份有限公司	制造业	√	√
143	002067.SZ	景兴纸业	浙江景兴纸业股份有限公司	制造业	√	
144	002068.SZ	黑猫股份	江西黑猫炭黑股份有限公司	制造业		√
145	002070.SZ	*ST 众和	福建众和股份有限公司	制造业		√
146	002072.SZ	凯瑞德	山东德棉集团有限公司	信息传输、软件和信息技术服务业	√	
147	002073.SZ	软控股份	软控股份有限公司	制造业		√
148	002074.SZ	国轩高科	国轩高科股份有限公司	制造业		√
149	002075.SZ	沙钢股份	江苏沙钢股份有限公司	制造业	√	√
150	002078.SZ	太阳纸业	山东太阳纸业股份有限公司	制造业	√	√
151	002082.SZ	栋梁新材	浙江栋梁新材股份有限公司	制造业	√	
152	002086.SZ	东方海洋	山东东方海洋科技股份有限公司	农、林、牧、渔业	√	
153	002087.SZ	新野纺织	河南新野纺织股份有限公司	制造业		√
154	002092.SZ	中泰化学	新疆中泰化学股份有限公司	制造业		√
155	002098.SZ	浔兴股份	福建浔兴拉链科技股份有限公司	制造业	√	√
156	002099.SZ	海翔药业	浙江海翔药业股份有限公司	制造业	√	
157	002101.SZ	广东鸿图	广东鸿图科技股份有限公司	制造业	√	
158	002105.SZ	信隆健康	深圳信隆健康产业发展股份有限公司	制造业	√	
159	002106.SZ	莱宝高科	深圳莱宝高科技股份有限公司	制造业	√	
160	002110.SZ	三钢闽光	福建三钢闽光股份有限公司	制造业	√	
161	002111.SZ	威海广泰	威海广泰空港设备股份有限公司	制造业	√	
162	002112.SZ	三变科技	三变科技股份有限公司	制造业	√	
163	002114.SZ	罗平锌电	云南罗平锌电股份有限公司	制造业	√	
164	002118.SZ	紫鑫药业	吉林紫鑫药业股份有限公司	制造业		√
165	002119.SZ	康强电子	宁波康强电子股份有限公司	制造业		√
166	002120.SZ	韵达股份	韵达控股股份有限公司	交通运输、仓储和邮政业		√
167	002122.SZ	天马股份	天马轴承集团股份有限公司	制造业		√
168	002124.SZ	天邦股份	宁波天邦股份有限公司	制造业		√
169	002125.SZ	湘潭电化	湘潭电化科技股份有限公司	制造业	√	√
170	002126.SZ	银轮股份	浙江银轮机械股份有限公司	制造业	√	

续表

序号	代码	公司简称	上市公司名称	母公司行业	定期报告评估	环境处罚披露评估
171	002129.SZ	中环股份	天津中环半导体股份有限公司	制造业	√	
172	002131.SZ	利欧股份	利欧集团股份有限公司	信息传输、软件和信息技术服务业	√	
173	002134.SZ	*ST 普林	天津普林电路股份有限公司	制造业	√	
174	002135.SZ	东南网架	浙江东南网架股份有限公司	建筑业	√	
175	002136.SZ	安纳达	安徽安纳达钛业股份有限公司	制造业	√	
176	002138.SZ	顺络电子	深圳顺络电子股份有限公司	制造业	√	
177	002144.SZ	宏达高科	宏达高科控股股份有限公司	制造业	√	
178	002146.SZ	荣盛发展	荣盛房地产发展股份有限公司	房地产业		√
179	002152.SZ	广电运通	广州广电运通金融电子股份有限公司	制造业		√
180	002155.SZ	湖南黄金	湖南黄金股份有限公司	采矿业		√
181	002156.SZ	通富微电	南通富士通微电子股份有限公司	制造业	√	
182	002157.SZ	正邦科技	江西正邦科技股份有限公司	制造业		√
183	002158.SZ	汉钟精机	上海汉钟精机股份有限公司	制造业	√	
184	002163.SZ	中航三鑫	中航三鑫股份有限公司	建筑业		√
185	002170.SZ	芭田股份	深圳市芭田生态工程股份有限公司	制造业		√
186	002171.SZ	楚江新材	安徽楚江科技新材料股份有限公司	制造业	√	
187	002173.SZ	创新医疗	创新医疗管理股份有限公司	卫生和社会工作		√
188	002182.SZ	云海金属	南京云海特种金属股份有限公司	制造业		√
189	002185.SZ	华天科技	天水华天科技股份有限公司	制造业	√	√
190	002191.SZ	劲嘉股份	深圳劲嘉集团股份有限公司	制造业	√	√
191	002197.SZ	证通电子	深圳市证通电子股份有限公司	制造业		√
192	002202.SZ	金风科技	新疆金风科技股份有限公司	制造业	√	√
193	002203.SZ	海亮股份	浙江海亮股份有限公司	制造业		√
194	002205.SZ	国统股份	新疆国统管道股份有限公司	制造业		√
195	002206.SZ	海利得	浙江海利得新材料股份有限公司	制造业	√	
196	002217.SZ	合力泰	合力泰科技股份有限公司	制造业	√	
197	002237.SZ	恒邦股份	山东恒邦冶炼股份有限公司	制造业	√	√
198	002246.SZ	北化股份	四川北方硝化棉股份有限公司	制造业	√	
199	002247.SZ	帝龙文化	浙江帝龙文化发展股份有限公司	制造业	√	√
200	002249.SZ	大洋电机	中山大洋电机股份有限公司	制造业		√
201	002252.SZ	上海莱士	上海莱士血液制品股份有限公司	制造业	√	

续表

序号	代码	公司简称	上市公司名称	母公司行业	定期报告评估	环境处罚披露评估
202	002254.SZ	泰和新材	烟台泰和新材料股份有限公司	制造业	√	√
203	002258.SZ	利尔化学	利尔化学股份有限公司	制造业	√	
204	002259.SZ	升达林业	四川升达林业产业股份有限公司	电力、热力、燃气及水生产和供应业		√
205	002260.SZ	德奥通航	德奥通用航空股份有限公司	制造业		√
206	002262.SZ	恩华药业	江苏恩华药业股份有限公司	制造业	√	
207	002273.SZ	水晶光电	浙江水晶光电科技股份有限公司	制造业	√	
208	002274.SZ	华昌化工	江苏华昌化工股份有限公司	制造业		√
209	002284.SZ	亚太股份	浙江亚太机电股份有限公司	制造业	√	
210	002286.SZ	保龄宝	保龄宝生物股份有限公司	制造业	√	
211	002287.SZ	奇正藏药	西藏奇正藏药股份有限公司	制造业	√	
212	002302.SZ	西部建设	中建西部建设股份有限公司	制造业		√
213	002304.SZ	洋河股份	江苏洋河酒厂股份有限公司	制造业	√	
214	002307.SZ	北新路桥	新疆北新路桥建设股份有限公司	建筑业		√
215	002309.SZ	中利集团	江苏中利集团股份有限公司	制造业		√
216	002311.SZ	海大集团	广东海大集团股份有限公司	制造业		√
217	002318.SZ	久立特材	浙江久立特材科技股份有限公司	制造业	√	
218	002325.SZ	洪涛股份	深圳市洪涛装饰股份有限公司	建筑业		√
219	002326.SZ	永太科技	浙江永太科技股份有限公司	制造业	√	√
220	002330.SZ	得利斯	山东得利斯食品股份有限公司	制造业		√
221	002332.SZ	仙琚制药	浙江仙琚制药股份有限公司	制造业	√	
222	002333.SZ	罗普斯金	苏州罗普斯金铝业股份有限公司	制造业	√	
223	002338.SZ	奥普光电	长春奥普光电技术股份有限公司	制造业	√	
224	002340.SZ	格林美	格林美股份有限公司	制造业		√
225	002349.SZ	精华制药	精华制药集团股份有限公司	制造业		√
226	002352.SZ	顺丰控股	顺丰控股（集团）股份有限公司	交通运输、仓储和邮政业		√
227	002365.SZ	永安药业	潜江永安药业股份有限公司	制造业	√	
228	002381.SZ	双箭股份	浙江双箭橡胶股份有限公司	制造业		√
229	002382.SZ	蓝帆医疗	蓝帆医疗股份有限公司	制造业	√	√
230	002385.SZ	大北农	北京大北农科技集团股份有限公司	制造业		√
231	002386.SZ	天原集团	宜宾天原集团股份有限公司	制造业		√
232	002390.SZ	信邦制药	贵州信邦制药股份有限公司	制造业	√	

续表

序号	代码	公司简称	上市公司名称	母公司行业	定期报告评估	环境处罚披露评估
233	002391.SZ	长青股份	江苏长青农化股份有限公司	制造业	√	
234	002392.SZ	北京利尔	北京利尔高温材料股份有限公司	制造业		√
235	002393.SZ	力生制药	天津力生制药股份有限公司	制造业	√	√
236	002395.SZ	双象股份	无锡双象超纤材料股份有限公司	制造业		√
237	002399.SZ	海普瑞	深圳市海普瑞药业股份有限公司	制造业	√	
238	002406.SZ	远东传动	许昌远东传动轴股份有限公司	制造业		√
239	002408.SZ	齐翔腾达	淄博齐翔腾达化工股份有限公司	制造业	√	
240	002412.SZ	汉森制药	湖南汉森制药股份有限公司	制造业	√	
241	002415.SZ	海康威视	杭州海康威视数字技术股份有限公司	制造业		√
242	002418.SZ	康盛股份	浙江康盛股份有限公司	制造业	√	√
243	002422.SZ	科伦药业	四川科伦药业股份有限公司	制造业	√	√
244	002424.SZ	贵州百灵	贵州百灵企业集团制药股份有限公司	制造业	√	
245	002428.SZ	云南锗业	云南临沧鑫圆锗业股份有限公司	制造业	√	
246	002430.SZ	杭氧股份	杭州杭氧股份有限公司	制造业	√	
247	002442.SZ	龙星化工	龙星化工股份有限公司	制造业	√	√
248	002443.SZ	金洲管道	浙江金洲管道科技股份有限公司	制造业	√	
249	002445.SZ	中南文化	中南红文化集团股份有限公司	文化、体育和娱乐业		√
250	002452.SZ	长高集团	湖南长高高压开关集团股份公司	制造业		√
251	002453.SZ	天马精化	苏州天马精细化学品股份有限公司	制造业		√
252	002457.SZ	青龙管业	宁夏青龙管业股份有限公司	制造业		√
253	002458.SZ	益生股份	山东益生种畜禽股份有限公司	农、林、牧、渔业		√
254	002460.SZ	赣锋锂业	江西赣锋锂业股份有限公司	制造业	√	√
255	002463.SZ	沪电股份	沪士电子股份有限公司	制造业	√	
256	002468.SZ	申通快递	申通快递股份有限公司	交通运输、仓储和邮政业		√
257	002470.SZ	金正大	金正大生态工程集团股份有限公司	制造业	√	√
258	002471.SZ	中超控股	江苏中超控股股份有限公司	制造业		√
259	002475.SZ	立讯精密	立讯精密工业股份有限公司	制造业		√
260	002476.SZ	宝莫股份	山东宝莫生物化工股份有限公司	制造业	√	
261	002477.SZ	雏鹰农牧	雏鹰农牧集团股份有限公司	农、林、牧、渔业		√

续表

序号	代码	公司简称	上市公司名称	母公司行业	定期报告评估	环境处罚披露评估
262	002479.SZ	富春环保	浙江富春江环保热电股份有限公司	电力、热力、燃气及水生产和供应业	√	
263	002481.SZ	双塔食品	烟台双塔食品股份有限公司	制造业	√	√
264	002483.SZ	润邦股份	江苏润邦重工股份有限公司	制造业		√
265	002484.SZ	江海股份	南通江海电容器股份有限公司	制造业		√
266	002486.SZ	嘉麟杰	上海嘉麟杰纺织品股份有限公司	制造业	√	
267	002487.SZ	大金重工	辽宁大金重工股份有限公司	制造业	√	√
268	002488.SZ	金固股份	浙江金固股份有限公司	制造业	√	
269	002489.SZ	浙江永强	浙江永强集团股份有限公司	制造业	√	√
270	002490.SZ	*ST 墨龙	山东墨龙石油机械股份有限公司	制造业	√	√
271	002494.SZ	华斯股份	华斯农业开发股份有限公司	制造业	√	
272	002496.SZ	辉丰股份	江苏辉丰农化股份有限公司	制造业		√
273	002507.SZ	涪陵榨菜	重庆市涪陵榨菜集团股份有限公司	制造业		√
274	002513.SZ	蓝丰生化	江苏蓝丰生物化工股份有限公司	制造业	√	√
275	002514.SZ	宝馨科技	苏州宝馨科技实业股份有限公司	制造业		√
276	002519.SZ	银河电子	江苏银河电子股份有限公司	制造业		√
277	002523.SZ	天桥起重	株洲天桥起重机有限责任公司	制造业	√	√
278	002526.SZ	山东矿机	山东矿机集团有限公司	制造业		√
279	002532.SZ	新界泵业	新界泵业集团股份有限公司	制造业	√	
280	002538.SZ	司尔特	安徽省司尔特肥业股份有限公司	制造业		√
281	002539.SZ	云图控股	成都云图控股股份有限公司	制造业		√
282	002545.SZ	东方铁塔	青岛东方铁塔股份有限公司	制造业		√
283	002548.SZ	金新农	深圳市金新农科技股份有限公司	制造业		√
284	002557.SZ	洽洽食品	洽洽食品股份有限公司	制造业	√	
285	002562.SZ	兄弟科技	兄弟科技股份有限公司	制造业	√	√
286	002564.SZ	天沃科技	苏州天沃科技股份有限公司	制造业		√
287	002567.SZ	唐人神	唐人神集团股份有限公司	制造业		√
288	002579.SZ	中京电子	惠州中京电子科技股份有限公司	制造业	√	
289	002580.SZ	圣阳股份	山东圣阳电源股份有限公司	制造业	√	
290	002581.SZ	未名医药	山东未名生物医药股份有限公司	制造业		√
291	002584.SZ	西陇科学	西陇科学股份有限公司	制造业	√	
292	002588.SZ	史丹利	史丹利农业集团股份有限公司	制造业		√
293	002589.SZ	瑞康医药	瑞康医药股份有限公司	批发和零售业		√

续表

序号	代码	公司简称	上市公司名称	母公司行业	定期报告评估	环境处罚披露评估
294	002594.SZ	比亚迪	比亚迪股份有限公司	制造业		√
295	002597.SZ	金禾实业	安徽金禾实业股份有限公司	制造业	√	
296	002599.SZ	盛通股份	北京盛通印刷股份有限公司	制造业	√	
297	002600.SZ	江粉磁材	广东江粉磁材股份有限公司	制造业		√
298	002601.SZ	龙蟒佰利	龙蟒佰利联集团股份有限公司	制造业	√	√
299	002603.SZ	以岭药业	石家庄以岭药业股份有限公司	制造业	√	
300	002604.SZ	龙力生物	山东龙力生物科技股份有限公司	制造业	√	
301	002605.SZ	姚记扑克	上海姚记扑克股份有限公司	制造业		√
302	002608.SZ	江苏国信	江苏国信股份有限公司	电力、热力、燃气及水生产和供应业		√
303	002610.SZ	爱康科技	江苏爱康科技股份有限公司	制造业		√
304	002613.SZ	北玻股份	洛阳北方玻璃技术股份有限公司	制造业		√
305	002615.SZ	哈尔斯	浙江哈尔斯真空器皿股份有限公司	制造业	√	
306	002618.SZ	丹邦科技	深圳丹邦科技股份有限公司	制造业		√
307	002619.SZ	巨龙管业	浙江巨龙管业股份有限公司	信息传输、软件和信息技术服务业		√
308	002626.SZ	金达威	厦门金达威集团股份有限公司	制造业	√	√
309	002628.SZ	成都路桥	成都市路桥工程股份有限公司	建筑业		√
310	002636.SZ	金安国纪	金安国纪科技股份有限公司	制造业		√
311	002643.SZ	万润股份	中节能万润股份有限公司	制造业	√	
312	002646.SZ	青青稞酒	青海互助青稞酒股份有限公司	制造业	√	
313	002648.SZ	卫星石化	浙江卫星石化股份有限公司	制造业	√	√
314	002660.SZ	茂硕电源	茂硕电源科技股份有限公司	制造业		√
315	002662.SZ	京威股份	北京威卡威汽车零部件股份有限公司	制造业	√	
316	002664.SZ	信质电机	信质电机股份有限公司	制造业	√	√
317	002666.SZ	德联集团	广东德联集团股份有限公司	制造业		√
318	002672.SZ	东江环保	东江环保股份有限公司	制造业		√
319	002674.SZ	兴业科技	兴业皮革科技股份有限公司	制造业	√	
320	002688.SZ	金河生物	金河生物科技股份有限公司	制造业	√	
321	002689.SZ	远大智能	沈阳远大智能工业集团股份有限公司	制造业	√	
322	002693.SZ	双成药业	海南双成药业股份有限公司	制造业	√	
323	002701.SZ	奥瑞金	奥瑞金包装股份有限公司	制造业	√	√

续表

序号	代码	公司简称	上市公司名称	母公司行业	定期报告评估	环境处罚披露评估
324	002702.SZ	海欣食品	海欣食品股份有限公司	制造业		√
325	002705.SZ	新宝股份	广东新宝电器股份有限公司	制造业	√	
326	002714.SZ	牧原股份	牧原食品股份有限公司	农、林、牧、渔业		√
327	002715.SZ	登云股份	怀集登云汽配股份有限公司	制造业	√	
328	002716.SZ	金贵银业	郴州市金贵银业股份有限公司	制造业	√	
329	002719.SZ	麦趣尔	麦趣尔集团股份有限公司	制造业	√	
330	002723.SZ	金莱特	广东金莱特电器股份有限公司	制造业		√
331	002725.SZ	跃岭股份	浙江跃岭股份有限公司	制造业	√	
332	002726.SZ	龙大肉食	山东龙大肉食品股份有限公司	制造业	√	
333	002729.SZ	好利来	好利来（中国）电子科技股份有限公司	制造业		√
334	002734.SZ	利民股份	利民化工股份有限公司	制造业	√	√
335	002741.SZ	光华科技	广东光华科技股份有限公司	制造业	√	
336	002742.SZ	三圣股份	重庆三圣实业股份有限公司	制造业	√	
337	002745.SZ	木林森	木林森股份有限公司	制造业		√
338	002752.SZ	昇兴股份	昇兴集团股份有限公司	制造业		√
339	002753.SZ	永东股份	山西永东化工股份有限公司	制造业	√	
340	002756.SZ	永兴特钢	永兴特种不锈钢股份有限公司	制造业	√	
341	002760.SZ	凤形股份	安徽省凤形耐磨材料股份有限公司	制造业		√
342	002772.SZ	众兴菌业	天水众兴菌业科技股份有限公司	农、林、牧、渔业		√
343	002786.SZ	银宝山新	深圳市银宝山新科技股份有限公司	制造业		√
344	002805.SZ	丰元股份	山东丰元化学股份有限公司	制造业	√	
345	002810.SZ	山东赫达	山东赫达股份有限公司	制造业	√	
346	002831.SZ	裕同科技	深圳市裕同包装科技股份有限公司	制造业		√
347	002842.SZ	翔鹭钨业	广东翔鹭钨业股份有限公司	制造业	√	
348	002863.SZ	今飞凯达	浙江今飞凯达轮毂股份有限公司	制造业	√	
349	002868.SZ	绿康生化	绿康生化股份有限公司	制造业	√	
350	300012.SZ	华测检测	华测检测技术股份有限公司	科学研究和技术服务业		√
351	300018.SZ	中元股份	中元建设集团股份有限公司	制造业		√
352	300026.SZ	红日药业	天津红日药业股份有限公司	制造业		√
353	300032.SZ	金龙机电	金龙机电股份有限公司	制造业		√

续表

序号	代码	公司简称	上市公司名称	母公司行业	定期报告评估	环境处罚披露评估
354	300037.SZ	新宙邦	深圳新宙邦科技股份有限公司	制造业	√	
355	300040.SZ	九洲电气	哈尔滨九洲电气股份有限公司	制造业		√
356	300041.SZ	回天新材	湖北回天新材料股份有限公司	制造业	√	
357	300046.SZ	台基股份	湖北台基半导体股份有限公司	制造业	√	
358	300054.SZ	鼎龙股份	湖北鼎龙控股股份有限公司	制造业	√	
359	300068.SZ	南都电源	浙江南都电源动力股份有限公司	制造业	√	
360	300070.SZ	碧水源	北京碧水源科技股份有限公司	水利、环境和公共设施管理业		√
361	300082.SZ	奥克股份	辽宁奥克化学股份有限公司	制造业	√	
362	300083.SZ	劲胜精密	东莞劲胜精密组件股份有限公司	制造业	√	
363	300088.SZ	长信科技	芜湖长信科技股份有限公司	制造业	√	
364	300090.SZ	盛运环保	安徽盛运环保（集团）股份有限公司	制造业		√
365	300094.SZ	国联水产	湛江国联水产开发股份有限公司	农、林、牧、渔业	√	
366	300102.SZ	乾照光电	厦门乾照光电股份有限公司	制造业	√	
367	300110.SZ	华仁药业	华仁药业股份有限公司	制造业	√	
368	300115.SZ	长盈精密	深圳市长盈精密技术股份有限公司	制造业	√	
369	300121.SZ	阳谷华泰	山东阳谷华泰化工股份有限公司	制造业	√	
370	300126.SZ	锐奇股份	锐奇控股股份有限公司	制造业		√
371	300132.SZ	青松股份	福建青松股份有限公司	制造业	√	
372	300134.SZ	大富科技	深圳市大富科技股份有限公司	制造业	√	
373	300136.SZ	信维通信	深圳市信维通信股份有限公司	制造业		√
374	300144.SZ	宋城演艺	宋城演艺发展股份有限公司	文化、体育和娱乐业		√
375	300157.SZ	恒泰艾普	恒泰艾普石油天然气技术服务股份有限公司	采矿业		√
376	300158.SZ	振东制药	山西振东制药股份有限公司	制造业	√	
377	300171.SZ	东富龙	上海东富龙科技股份有限公司	制造业	√	
378	300172.SZ	中电环保	中电环保股份有限公司	水利、环境和公共设施管理业		√
379	300174.SZ	元力股份	福建元力活性炭股份有限公司	制造业		√
380	300176.SZ	鸿特精密	广东鸿特精密技术股份有限公司	制造业	√	
381	300180.SZ	华峰超纤	上海华峰超纤材料股份有限公司	制造业	√	
382	300203.SZ	聚光科技	聚光科技（杭州）股份有限公司	制造业		√

续表

序号	代码	公司简称	上市公司名称	母公司行业	定期报告评估	环境处罚披露评估
383	300218.SZ	安利股份	安徽安利材料科技股份有限公司	制造业	√	
384	300224.SZ	正海磁材	烟台正海磁性材料股份有限公司	制造业	√	
385	300225.SZ	金力泰	上海金力泰化工股份有限公司	制造业	√	
386	300230.SZ	永利股份	上海永利带业股份有限公司	制造业		√
387	300239.SZ	东宝生物	包头东宝生物技术股份有限公司	制造业	√	
388	300243.SZ	瑞丰高材	山东瑞丰高分子材料股份有限公司	制造业		√
389	300254.SZ	仟源医药	山西仟源医药集团股份有限公司	制造业	√	
390	300256.SZ	星星科技	浙江星星科技股份有限公司	制造业	√	√
391	300257.SZ	开山股份	浙江开山压缩机股份有限公司	制造业	√	
392	300261.SZ	雅本化学	雅本化学股份有限公司	制造业	√	
393	300323.SZ	华灿光电	华灿光电股份有限公司	制造业	√	
394	300328.SZ	宜安科技	东莞宜安科技股份有限公司	制造业		√
395	300329.SZ	海伦钢琴	海伦钢琴股份有限公司	制造业		√
396	300335.SZ	迪森股份	广州迪森热能技术股份有限公司	电力、热力、燃气及水生产和供应业		√
397	300340.SZ	科恒股份	江门市科恒实业股份有限公司	制造业		√
398	300349.SZ	金卡智能	金卡智能集团股份有限公司	制造业		√
399	300362.SZ	大翔环境	成都大翔环保股份有限公司	制造业	√	
400	300363.SZ	博腾股份	重庆博腾制药科技股份有限公司	制造业	√	
401	300370.SZ	安控科技	北京安控科技股份有限公司	制造业		√
402	300375.SZ	鹏翎股份	天津鹏翎胶管股份有限公司	制造业	√	
403	300381.SZ	溢多利	广东溢多利生物科技股份有限公司	制造业		√
404	300391.SZ	康跃科技	康跃科技股份有限公司	制造业		√
405	300405.SZ	科隆精化	辽宁科隆精细化工股份有限公司	制造业	√	
406	300408.SZ	三环集团	潮州三环（集团）股份有限公司	制造业	√	
407	300432.SZ	富临精工	绵阳富临精工机械股份有限公司	制造业		√
408	300446.SZ	乐凯新材	保定乐凯新材料股份有限公司	制造业	√	
409	300452.SZ	山河药辅	安徽山河药用辅料股份有限公司	制造业	√	
410	300476.SZ	胜宏科技	胜宏科技（惠州）股份有限公司	制造业	√	
411	300477.SZ	合纵科技	北京合纵科技股份有限公司	制造业		√
412	300498.SZ	温氏股份	广东温氏食品集团股份有限公司	农、林、牧、渔业		√
413	300535.SZ	达威股份	四川达威科技股份有限公司	制造业		√

续表

序号	代码	公司简称	上市公司名称	母公司行业	定期报告评估	环境处罚披露评估
414	300547.SZ	川环科技	四川川环科技股份有限公司	制造业	√	
415	300554.SZ	三超新材	南京三超新材料股份有限公司	制造业	√	
416	300558.SZ	贝达药业	贝达药业股份有限公司	制造业	√	
417	300563.SZ	神宇股份	神宇通信科技股份公司	制造业		√
418	300569.SZ	天能重工	青岛天能重工股份有限公司	制造业	√	
419	300575.SZ	中旗股份	江苏中旗作物保护股份有限公司	制造业		√
420	300583.SZ	赛托生物	山东赛托生物科技股份有限公司	制造业	√	
421	300591.SZ	万里马	广东万里马实业股份有限公司	制造业		√
422	300641.SZ	正丹股份	江苏正丹化学工业股份有限公司	制造业	√	
423	300657.SZ	弘信电子	厦门弘信电子科技股份有限公司	制造业	√	
424	600006.SH	东风汽车	东风汽车集团股份有限公司	制造业		√
425	600010.SH	包钢股份	包钢钢联股份有限公司	制造业		√
426	600011.SH	华能国际	中国华能集团公司	电力、热力、燃气及水生产和供应业		√
427	600019.SH	宝钢股份	宝山钢铁股份有限公司	制造业	√	√
428	600021.SH	上海电力	上海电力股份有限公司	电力、热力、燃气及水生产和供应业		√
429	600022.SH	山东钢铁	山东钢铁集团有限公司	制造业		√
430	600027.SH	华电国际	华电国际电力股份有限公司	电力、热力、燃气及水生产和供应业		√
431	600028.SH	中国石化	中国石油化工集团公司	采矿业		√
432	600031.SH	三一重工	三一重工股份有限公司	制造业		√
433	600039.SH	四川路桥	四川路桥建设集团股份有限公司	建筑业		√
434	600048.SH	保利地产	保利房地产（集团）股份有限公司	房地产业		√
435	600050.SH	中国联通	中国联合网络通信集团有限公司	信息传输、软件和信息技术服务业		√
436	600060.SH	海信电器	青岛海信电器股份有限公司	制造业	√	
437	600062.SH	华润双鹤	华润双鹤药业股份有限公司	制造业	√	
438	600063.SH	皖维高新	安徽皖维高新材料股份有限公司	制造业	√	√
439	600066.SH	宇通客车	郑州宇通客车股份有限公司	制造业	√	
440	600068.SH	葛洲坝	中国葛洲坝集团股份有限公司	建筑业		√
441	600069.SH	银鸽投资	河南银鸽实业投资股份有限公司	制造业		√
442	600072.SH	中船科技	中船科技股份有限公司简介	建筑业		√
443	600073.SH	上海梅林	上海梅林正广和股份有限公司	制造业		√

续表

序号	代码	公司简称	上市公司名称	母公司行业	定期报告评估	环境处罚披露评估
444	600075.SH	新疆天业	新疆天业股份有限公司	制造业		√
445	600078.SH	澄星股份	江苏澄星磷化工股份有限公司	制造业		√
446	600079.SH	人福医药	人福医药集团股份公司	制造业		√
447	600081.SH	东风科技	东风电子科技股份有限公司	制造业		√
448	600085.SH	同仁堂	北京同仁堂股份有限公司	制造业		√
449	600089.SH	特变电工	特变电工股份有限公司	制造业		√
450	600096.SH	云天化	云南云天化股份有限公司	制造业		√
451	600101.SH	明星电力	四川明星电力股份有限公司	电力、热力、燃气及水生产和供应业		√
452	600103.SH	青山纸业	福建省青山纸业股份有限公司	制造业	√	
453	600111.SH	北方稀土	中国北方稀土（集团）高科技股份有限公司	制造业		√
454	600115.SH	东方航空	中国东方航空有限公司	交通运输、仓储和邮政业		√
455	600116.SH	三峡水利	重庆三峡水利电力（集团）股份有限公司	电力、热力、燃气及水生产和供应业		√
456	600117.SH	西宁特钢	西宁特殊钢股份有限公司	制造业	√	√
457	600121.SH	*ST 郑煤	郑州煤电股份有限公司	采矿业		√
458	600123.SH	兰花科创	山西兰花科技创业股份有限公司	采矿业		√
459	600126.SH	杭钢股份	杭州钢铁股份有限公司	制造业		√
460	600133.SH	东湖高新	武汉东湖高新集团股份有限公司	建筑业		√
461	600137.SH	浪莎股份	浪莎控股股份有限公司	制造业		√
462	600141.SH	兴发集团	湖北兴发化工集团股份有限公司	制造业		√
463	600143.SH	金发科技	金发科技股份有限公司	制造业		√
464	600150.SH	中国船舶	中国船舶工业股份有限公司	制造业		√
465	600157.SH	永泰能源	永泰能源股份有限公司	采矿业		√
466	600165.SH	新日恒力	宁夏新日恒力钢丝绳股份有限公司	制造业	√	
467	600167.SH	联美控股	联美控股股份有限公司	电力、热力、燃气及水生产和供应业		√
468	600169.SH	太原重工	太原重工股份有限公司	制造业		√
469	600170.SH	上海建工	上海建工股份有限公司	建筑业		√
470	600177.SH	雅戈尔	雅戈尔集团股份有限公司	房地产业		√
471	600182.SH	S 佳通	佳通轮胎股份有限公司	制造业		√
472	600184.SH	光电股份	北方光电股份有限公司	制造业		√

续表

序号	代码	公司简称	上市公司名称	母公司行业	定期报告评估	环境处罚披露评估
473	600188.SH	兖州煤业	兖州煤业股份有限公司	采矿业		√
474	600190.SH	锦州港	锦州港股份有限公司	交通运输、仓储和邮政业	√	
475	600192.SH	长城电工	兰州长城电工股份有限公司	制造业		√
476	600195.SH	中牧股份	中牧实业股份有限公司	制造业		√
477	600196.SH	复星医药	上海复星医药（集团）股份有限公司	制造业		√
478	600197.SH	伊力特	新疆伊力特实业股份有限公司	制造业	√	√
479	600200.SH	江苏吴中	江苏吴中实业股份有限公司	综合		√
480	600207.SH	安彩高科	河南安彩高科股份有限公司	电力、热力、燃气及水生产和供应业	√	
481	600216.SH	浙江医药	浙江医药股份有限公司	制造业		√
482	600220.SH	江苏阳光	江苏阳光股份有限公司	制造业	√	√
483	600226.SH	升华拜克	浙江升华拜克生物股份有限公司	制造业	√	
484	600231.SH	凌钢股份	凌源钢铁股份有限公司	制造业	√	
485	600232.SH	金鹰股份	浙江金鹰股份有限公司	制造业		√
486	600235.SH	民丰特纸	民丰特种纸股份有限公司	制造业	√	
487	600236.SH	桂冠电力	广西桂冠电力股份有限公司	电力、热力、燃气及水生产和供应业		√
488	600243.SH	青海华鼎	青海华鼎实业股份有限公司	制造业		√
489	600249.SH	两面针	柳州两面针股份有限公司	制造业		√
490	600251.SH	冠农股份	新疆冠农果茸集团股份有限公司	制造业		√
491	600256.SH	广汇能源	广汇能源股份有限公司	采矿业		√
492	600267.SH	海正药业	浙江海正药业股份有限公司	制造业	√	
493	600268.SH	国电南自	国电南京自动化股份有限公司	制造业		√
494	600273.SH	嘉化能源	浙江嘉化能源化工股份有限公司	制造业	√	
495	600277.SH	亿利洁能	亿利洁能股份有限公司	制造业		√
496	600281.SH	太化股份	太原化工股份有限公司	制造业		√
497	600282.SH	南钢股份	南京钢铁股份有限公司	制造业	√	√
498	600283.SH	钱江水利	钱江水利开发股份有限公司	电力、热力、燃气及水生产和供应业		√
499	600284.SH	浦东建设	上海浦东路桥建设股份有限公司	建筑业		√
500	600290.SH	华仪电气	华仪电气股份有限公司	制造业		√
501	600293.SH	三峡新材	湖北三峡新型建材股份有限公司	制造业	√	√
502	600295.SH	鄂尔多斯	内蒙古鄂尔多斯资源股份有限公司	制造业		√

续表

序号	代码	公司简称	上市公司名称	母公司行业	定期报告评估	环境处罚披露评估
503	600298.SH	安琪酵母	安琪酵母股份有限公司	制造业	√	√
504	600300.SH	维维股份	维维食品饮料股份有限公司	制造业	√	√
505	600302.SH	标准股份	西安标准工业股份有限公司	制造业	√	
506	600303.SH	曙光股份	辽宁曙光汽车集团股份有限公司	制造业	√	√
507	600307.SH	酒钢宏兴	甘肃酒钢集团宏兴钢铁股份有限公司	制造业	√	√
508	600308.SH	华泰股份	山东华泰纸业股份有限公司	制造业	√	
509	600309.SH	万华化学	万华化学集团股份有限公司	制造业	√	
510	600316.SH	洪都航空	江西洪都航空工业股份有限公司	制造业	√	
511	600317.SH	营口港	营口港务集团有限公司	交通运输、仓储和邮政业	√	
512	600319.SH	亚星化学	潍坊亚星化学股份有限公司	制造业	√	√
513	600320.SH	振华重工	上海振华重工（集团）股份有限公司	制造业		√
514	600329.SH	中新药业	天津中新药业集团股份有限公司	制造业		√
515	600330.SH	天通股份	天通控股股份有限公司	制造业	√	
516	600331.SH	宏达股份	四川宏达股份有限公司	制造业		√
517	600332.SH	白云山	广州白云山医药集团股份有限公司	制造业		√
518	600335.SH	国机汽车	国机汽车股份有限公司	批发和零售业		√
519	600336.SH	澳柯玛	澳柯玛股份有限公司	制造业		√
520	600346.SH	恒力股份	恒力石化股份有限公司	制造业		√
521	600348.SH	阳泉煤业	阳泉煤业（集团）股份有限公司	采矿业		√
522	600353.SH	旭光股份	成都旭光电子股份有限公司	制造业	√	
523	600356.SH	恒丰纸业	牡丹江恒丰纸业集团有限责任公司	制造业	√	
524	600359.SH	新农开发	新疆塔里木农业综合开发股份有限公司	农、林、牧、渔业		√
525	600360.SH	华微电子	吉林华微电子股份有限公司	制造业	√	
526	600362.SH	江西铜业	江西铜业股份有限公司	制造业		√
527	600366.SH	宁波韵升	宁波韵升股份有限公司	制造业		√
528	600367.SH	红星发展	贵州红星发展股份有限公司	制造业	√	√
529	600379.SH	宝光股份	陕西宝光真空电器股份有限公司	制造业	√	
530	600383.SH	金地集团	金地（集团）股份有限公司	房地产业		√
531	600386.SH	北巴传媒	北京巴士传媒股份有限公司	批发和零售业		√

续表

序号	代码	公司简称	上市公司名称	母公司行业	定期报告评估	环境处罚披露评估
532	600389.SH	江山股份	南通江山农药化工股份有限公司	制造业	√	
533	600392.SH	盛和资源	盛和资源控股股份有限公司	制造业		√
534	600395.SH	盘江股份	贵州盘江精煤股份有限公司	采矿业		√
535	600399.SH	抚顺特钢	抚顺特殊钢股份有限公司	制造业	√	
536	600403.SH	*ST 大有	河南大有能源股份有限公司	采矿业		√
537	600408.SH	安泰集团	山西安泰集团股份有限公司	制造业	√	
538	600418.SH	江淮汽车	安徽江淮汽车集团股份有限公司	制造业		√
539	600422.SH	昆药集团	昆药集团股份有限公司	制造业		√
540	600425.SH	*ST 青松	新疆青松建材化工（集团）股份有限公司	制造业		√
541	600426.SH	华鲁恒升	山东华鲁恒升化工股份有限公司	制造业	√	
542	600429.SH	三元股份	北京三元食品股份有限公司	制造业	√	
543	600432.SH	*ST 吉恩	吉林吉恩镍业股份有限公司	制造业	√	√
544	600433.SH	冠豪高新	广东冠豪高新技术股份有限公司	制造业	√	
545	600438.SH	通威股份	通威股份有限公司	制造业		√
546	600448.SH	华纺股份	华纺股份有限公司	制造业	√	
547	600452.SH	涪陵电力	重庆涪陵电力实业股份有限公司	电力、热力、燃气及水生产和供应业		√
548	600466.SH	蓝光发展	四川蓝光发展股份有限公司	房地产业		√
549	600469.SH	风神股份	风神轮胎股份有限公司	制造业		√
550	600470.SH	六国化工	安徽六国化工股份有限公司	制造业	√	√
551	600475.SH	华光股份	无锡华光锅炉股份有限公司	制造业		√
552	600477.SH	杭萧钢构	杭萧钢构股份有限公司	建筑业	√	
553	600478.SH	科力远	湖南科力远新能源股份有限公司	制造业		√
554	600482.SH	中国动力	中国船舶重工集团动力股份有限公司	制造业		√
555	600486.SH	扬农化工	江苏扬农化工股份有限公司	制造业	√	
556	600488.SH	天药股份	天津天药药业股份有限公司	制造业	√	√
557	600489.SH	中金黄金	中金黄金股份有限公司	采矿业		√
558	600491.SH	龙元建设	龙元建设集团股份有限公司	建筑业		√
559	600493.SH	凤竹纺织	福建凤竹纺织科技股份有限公司	制造业	√	
560	600495.SH	晋西车轴	晋西车轴股份有限公司	制造业		√
561	600497.SH	驰宏锌锗	云南驰宏锌锗股份有限公司	采矿业		√
562	600499.SH	科达洁能	广东科达洁能股份有限公司	制造业		√

续表

序号	代码	公司简称	上市公司名称	母公司行业	定期报告评估	环境处罚披露评估
563	600500.SH	中化国际	中化国际（控股）股份有限公司	制造业		√
564	600501.SH	航天晨光	航天晨光股份有限公司	制造业	√	
565	600507.SH	方大特钢	方大特钢科技股份有限公司	制造业	√	
566	600508.SH	上海能源	上海大屯能源股份有限公司	采矿业		√
567	600509.SH	天富能源	新疆天富能源股份有限公司	电力、热力、燃气及水生产和供应业		√
568	600513.SH	联环药业	江苏联环药业集团有限公司	制造业	√	
569	600515.SH	海航基础	海南海航基础设施投资集团股份有限公司	房地产业		√
570	600516.SH	方大炭素	方大炭素新材料科技股份有限公司	制造业	√	
571	600519.SH	贵州茅台	贵州茅台酒股份有限公司	制造业	√	
572	600521.SH	华海药业	浙江华海药业股份有限公司	制造业	√	
573	600522.SH	中天科技	江苏中天科技股份有限公司	制造业		√
574	600526.SH	菲达环保	浙江菲达环保科技股份有限公司	制造业		√
575	600528.SH	中铁工业	中铁高新工业股份有限公司	制造业		√
576	600529.SH	山东药玻	山东省药用玻璃股份有限公司	制造业	√	√
577	600531.SH	豫光金铅	河南豫光金铅股份有限公司	制造业		√
578	600540.SH	*ST 新赛	新疆赛里木现代农业股份有限公司	农、林、牧、渔业		√
579	600545.SH	新疆城建	新疆城建（集团）股份有限公司	制造业		√
580	600546.SH	山煤国际	山煤国际能源集团股份有限公司	批发和零售业		√
581	600547.SH	山东黄金	山东黄金矿业股份有限公司	采矿业		√
582	600548.SH	深高速	深圳高速公路股份有限公司	交通运输、仓储和邮政业		√
583	600549.SH	厦门钨业	厦门钨业股份有限公司	制造业	√	
584	600550.SH	保变电气	保定天威保变电气股份有限公司	制造业	√	
585	600551.SH	时代出版	时代出版传媒股份有限公司	文化、体育和娱乐业		√
586	600552.SH	凯盛科技	凯盛科技股份有限公司	制造业	√	
587	600558.SH	大西洋	四川大西洋焊接材料股份有限公司	制造业	√	
588	600567.SH	山鹰纸业	安徽山鹰纸业股份有限公司	制造业	√	√
589	600569.SH	安阳钢铁	安阳钢铁股份有限公司	制造业	√	√
590	600573.SH	惠泉啤酒	福建省燕京惠泉啤酒股份有限公司	制造业	√	

续表

序号	代码	公司简称	上市公司名称	母公司行业	定期报告评估	环境处罚披露评估
591	600578.SH	京能电力	北京京能电力股份有限公司	电力、热力、燃气及水生产和供应业		√
592	600581.SH	八一钢铁	新疆八一钢铁股份有限公司	制造业	√	
593	600582.SH	天地科技	天地科技股份有限公司	制造业		√
594	600584.SH	长电科技	江苏长电科技股份有限公司	制造业	√	
595	600585.SH	海螺水泥	安徽海螺水泥股份有限公司	制造业		√
596	600586.SH	金晶科技	山东金晶科技股份有限公司	制造业	√	√
597	600587.SH	新华医疗	山东新华医疗器械股份有限公司	制造业	√	
598	600594.SH	益佰制药	贵州益佰制药股份有限公司	制造业	√	√
599	600595.SH	中孚实业	河南中孚实业股份有限公司	制造业		√
600	600596.SH	新安股份	浙江新安化工集团股份有限公司	制造业		√
601	600597.SH	光明乳业	光明乳业股份有限公司	制造业		√
602	600606.SH	绿地控股	绿地控股集团股份有限公司	房地产业		√
603	600608.SH	*ST 沪科	上海宽频科技股份有限公司	制造业		√
604	600609.SH	金杯汽车	金杯汽车股份有限公司	制造业		√
605	600612.SH	老凤祥	老凤祥股份有限公司	制造业		√
606	600614.SH	鹏起科技	鹏起科技发展股份有限公司	制造业		√
607	600617.SH	国新能源	山西省国新能源股份有限公司	电力、热力、燃气及水生产和供应业		√
608	600618.SH	氯碱化工	上海氯碱化工股份有限公司	制造业	√	
609	600623.SH	华谊集团	上海华谊集团股份有限公司	制造业		√
610	600633.SH	浙数文化	浙报数字文化集团股份有限公司	文化、体育和娱乐业		√
611	600635.SH	大众公用	上海大众公用事业（集团）股份有限公司	电力、热力、燃气及水生产和供应业		√
612	600636.SH	*ST 爱富	上海三爱富新材料股份有限公司	制造业	√	√
613	600642.SH	申能股份	申能股份有限公司	电力、热力、燃气及水生产和供应业		√
614	600645.SH	中源协和	中源协和细胞基因工程股份有限公司	科学研究和技术服务业		√
615	600649.SH	城投控股	上海城投控股股份有限公司	房地产业		√
616	600653.SH	申华控股	上海申华控股股份有限公司	批发和零售业		√
617	600660.SH	福耀玻璃	福耀玻璃工业集团股份有限公司	制造业	√	
618	600668.SH	尖峰集团	浙江尖峰集团股份有限公司	制造业		√
619	600676.SH	交运股份	上海交运集团股份有限公司	交通运输、仓储和邮政业		√

续表

序号	代码	公司简称	上市公司名称	母公司行业	定期报告评估	环境处罚披露评估
620	600678.SH	四川金顶	四川金顶（集团）股份有限公司	制造业	√	√
621	600679.SH	上海凤凰	上海凤凰企业（集团）股份有限公司	制造业		√
622	600685.SH	中船防务	中船海洋与防务装备股份有限公司	制造业		√
623	600688.SH	上海石化	中国石化上海石油化工股份有限公司	制造业	√	√
624	600691.SH	阳煤化工	阳煤化工股份有限公司	制造业		√
625	600692.SH	亚通股份	上海亚通股份有限公司	交通运输、仓储和邮政业		√
626	600693.SH	东百集团	福建东百集团股份有限公司	批发和零售业		√
627	600702.SH	沱牌舍得	四川沱牌舍得酒业股份有限公司	制造业	√	√
628	600705.SH	中航资本	中航资本控股股份有限公司	金融业		√
629	600711.SH	盛屯矿业	盛屯矿业集团股份有限公司	采矿业		√
630	600717.SH	天津港	天津港股份有限公司	交通运输、仓储和邮政业		√
631	600719.SH	大连热电	大连热电股份有限公司	电力、热力、燃气及水生产和供应业		√
632	600725.SH	ST 云维	云南云维股份有限公司	制造业		√
633	600726.SH	华电能源	华电能源股份有限公司	电力、热力、燃气及水生产和供应业		√
634	600727.SH	鲁北化工	山东鲁北化工股份有限公司	制造业	√	
635	600737.SH	中粮糖业	中粮屯河糖业股份有限公司	制造业		√
636	600740.SH	山西焦化	山西焦化股份有限公司	制造业	√	
637	600741.SH	华域汽车	华域汽车系统股份有限公司	制造业		√
638	600746.SH	江苏索普	江苏索普化工股份有限公司	制造业	√	
639	600750.SH	江中药业	江中药业股份有限公司	制造业	√	
640	600755.SH	厦门国贸	厦门国贸集团股份有限公司	批发和零售业		√
641	600758.SH	红阳能源	辽宁红阳能源投资股份有限公司	采矿业		√
642	600761.SH	安徽合力	安徽合力股份有限公司	制造业	√	
643	600773.SH	西藏城投	西藏城市发展投资股份有限公司	房地产业		√
644	600779.SH	水井坊	四川水井坊股份有限公司	制造业	√	
645	600782.SH	新钢股份	新余钢铁集团有限公司	制造业	√	√
646	600783.SH	鲁信创投	鲁信创业投资集团股份有限公司	综合		√
647	600784.SH	鲁银投资	鲁银投资集团股份有限公司	综合		√

续表

序号	代码	公司简称	上市公司名称	母公司行业	定期报告评估	环境处罚披露评估
648	600789.SH	鲁抗医药	山东鲁抗医药股份有限公司	制造业	√	√
649	600792.SH	云煤能源	云南煤业能源股份有限公司	制造业		√
650	600793.SH	宜宾纸业	宜宾纸业股份有限公司	制造业	√	√
651	600795.SH	国电电力	国电电力发展股份有限公司	电力、热力、燃气及水生产和供应业		√
652	600796.SH	钱江生化	浙江钱江生物化学股份有限公司	制造业	√	
653	600801.SH	华新水泥	华新水泥股份有限公司	制造业		√
654	600808.SH	马钢股份	马鞍山钢铁股份有限公司	制造业	√	
655	600809.SH	山西汾酒	山西杏花村汾酒厂股份有限公司	制造业	√	
656	600810.SH	神马股份	神马实业股份有限公司	制造业	√	√
657	600811.SH	东方集团	东方集团股份有限公司	批发和零售业		√
658	600812.SH	华北制药	华北制药股份有限公司	制造业		√
659	600815.SH	*ST 厦工	厦门厦工机械股份有限公司	制造业	√	
660	600820.SH	隧道股份	上海隧道工程股份有限公司	建筑业		√
661	600841.SH	上柴股份	上海柴油机股份有限公司	制造业	√	
662	600844.SH	*ST 丹科	丹化化工科技股份有限公司	制造业		√
663	600847.SH	*ST 万里	重庆万里新能源股份有限公司	制造业	√	
664	600853.SH	龙建股份	龙建路桥股份有限公司	建筑业		√
665	600861.SH	北京城乡	北京城乡商业（集团）股份有限公司	批发和零售业		√
666	600863.SH	内蒙华电	内蒙古蒙电华能热电股份有限公司	电力、热力、燃气及水生产和供应业		√
667	600864.SH	哈投股份	哈尔滨哈投投资股份有限公司	电力、热力、燃气及水生产和供应业		√
668	600866.SH	星湖科技	广东肇庆星湖生物科技股份有限公司	制造业		√
669	600871.SH	石化油服	中石化石油工程技术服务股份有限公司	采矿业		√
670	600873.SH	梅花生物	梅花生物科技集团股份有限公司	制造业		√
671	600881.SH	亚泰集团	吉林亚泰（集团）股份有限公司	制造业		√
672	600883.SH	博闻科技	云南博闻科技实业股份有限公司	制造业	√	
673	600886.SH	国投电力	国投电力控股股份有限公司	电力、热力、燃气及水生产和供应业		√
674	600888.SH	新疆众和	新疆众和股份有限公司	制造业	√	
675	600889.SH	南京化纤	南京化纤股份有限公司	制造业		√

续表

序号	代码	公司简称	上市公司名称	母公司行业	定期报告评估	环境处罚披露评估
676	600939.SH	重庆建工	重庆建工集团股份有限公司	建筑业		√
677	600960.SH	渤海活塞	山东滨州渤海活塞股份有限公司	制造业	√	√
678	600961.SH	株冶集团	株洲冶炼集团股份有限公司	制造业	√	
679	600963.SH	岳阳林纸	岳阳林纸股份有限公司	制造业	√	√
680	600965.SH	福成股份	河北福成五丰食品股份有限公司	农、林、牧、渔业		√
681	600966.SH	博汇纸业	山东博汇纸业股份有限公司	制造业	√	√
682	600978.SH	宜华生活	宜华生活科技股份有限公司	制造业	√	√
683	600983.SH	惠而浦	惠而浦（中国）股份有限公司	制造业	√	
684	600987.SH	航民股份	浙江航民股份有限公司	制造业	√	√
685	600992.SH	贵绳股份	贵州钢绳股份有限公司	制造业	√	
686	600997.SH	开滦股份	开滦能源化工股份有限公司	制造业		√
687	601002.SH	晋亿实业	晋亿实业股份有限公司	制造业	√	
688	601003.SH	柳钢股份	柳州钢铁股份有限公司	制造业		√
689	601005.SH	*ST 重钢	重庆钢铁股份有限公司	制造业		√
690	601011.SH	宝泰隆	宝泰隆新材料股份有限公司	制造业	√	
691	601015.SH	陕西黑猫	陕西黑猫焦化股份有限公司	制造业	√	
692	601058.SH	赛轮金宇	赛轮金宇集团股份有限公司	制造业	√	
693	601069.SH	西部黄金	西部黄金股份有限公司	采矿业		√
694	601088.SH	中国神华	中国神华能源股份有限公司	采矿业		√
695	601106.SH	*ST 一重	中国第一重型机械股份公司	制造业	√	
696	601113.SH	华鼎股份	义乌华鼎锦纶股份有限公司	制造业	√	
697	601118.SH	海南橡胶	海南天然橡胶产业集团股份有限公司	农、林、牧、渔业		√
698	601168.SH	西部矿业	西部矿业股份有限公司	采矿业		√
699	601179.SH	中国西电	中国西电电气股份有限公司	制造业		√
700	601186.SH	中国铁建	中国铁建股份有限公司	建筑业		√
701	601208.SH	东材科技	四川东材科技集团股份有限公司	制造业		√
702	601212.SH	白银有色	白银有色集团股份有限公司	制造业		√
703	601216.SH	君正集团	内蒙古君正能源化工集团股份有限公司	制造业	√	√
704	601218.SH	吉鑫科技	江苏吉鑫风能科技股份有限公司	制造业		√
705	601222.SH	林洋能源	江苏林洋能源股份有限公司	制造业		√
706	601225.SH	陕西煤业	陕西煤业股份有限公司	采矿业		√
707	601231.SH	环旭电子	环旭电子股份有限公司	制造业	√	

续表

序号	代码	公司简称	上市公司名称	母公司行业	定期报告评估	环境处罚披露评估
708	601233.SH	桐昆股份	桐昆集团股份有限公司	制造业	√	
709	601258.SH	庞大集团	庞大汽贸集团股份有限公司	批发和零售业		√
710	601388.SH	怡球资源	怡球金属资源再生（中国）股份有限公司	制造业	√	
711	601390.SH	中国中铁	中国中铁股份有限公司	建筑业		√
712	601600.SH	中国铝业	中国铝业股份有限公司	制造业		√
713	601611.SH	中国核建	中国核工业建设股份有限公司	建筑业		√
714	601618.SH	中国中冶	中国冶金科工股份有限公司	建筑业		√
715	601633.SH	长城汽车	长城汽车股份有限公司	制造业	√	
716	601668.SH	中国建筑	中国建筑股份有限公司	建筑业		√
717	601669.SH	中国电建	中国电力建设股份有限公司	建筑业		√
718	601678.SH	滨化股份	滨化集团股份有限公司	制造业	√	
719	601699.SH	潞安环能	山西潞安环保能源开发股份有限公司	采矿业		√
720	601727.SH	上海电气	上海电气集团股份有限公司	制造业		√
721	601766.SH	中国中车	中国中车股份有限公司	制造业		√
722	601777.SH	力帆股份	力帆实业（集团）股份有限公司	制造业	√	
723	601800.SH	中国交建	中国交通建设股份有限公司	建筑业		√
724	601857.SH	中国石油	中国石油天然气股份有限公司	采矿业		√
725	601866.SH	中远海发	中远海运发展股份有限公司	交通运输、仓储和邮政业		√
726	601880.SH	大连港	大连港股份有限公司	交通运输、仓储和邮政业		√
727	601890.SH	亚星锚链	江苏亚星锚链股份有限公司	制造业		√
728	601898.SH	中煤能源	中国中煤能源股份有限公司	采矿业		√
729	601899.SH	紫金矿业	紫金矿业集团股份有限公司	采矿业		√
730	601933.SH	永辉超市	永辉超市股份有限公司	批发和零售业		√
731	601939.SH	建设银行	中国建设银行股份有限公司	金融业		√
732	601958.SH	金钼股份	金堆城钼业股份有限公司	采矿业		√
733	601969.SH	海南矿业	中国华能集团公司	采矿业	√	
734	601989.SH	中国重工	中国船舶重工股份有限公司	制造业		√
735	601991.SH	大唐发电	大唐国际发电股份有限公司	电力、热力、燃气及水生产和供应业		√
736	601992.SH	金隅股份	北京金隅股份有限公司	制造业		√
737	603008.SH	喜临门	喜临门家具股份有限公司	制造业		√

续表

序号	代码	公司简称	上市公司名称	母公司行业	定期报告评估	环境处罚披露评估
738	603009.SH	北特科技	上海北特科技股份有限公司	制造业		√
739	603020.SH	爱普股份	爱普香料集团股份有限公司	制造业	√	√
740	603027.SH	千禾味业	千禾味业食品股份有限公司	制造业	√	
741	603033.SH	三维股份	浙江三维橡胶制品股份有限公司	制造业	√	
742	603058.SH	永吉股份	贵州永吉印务股份有限公司	制造业	√	
743	603067.SH	振华股份	湖北振华化学股份有限公司	制造业	√	
744	603077.SH	和邦生物	四川和邦生物科技股份有限公司	制造业	√	√
745	603086.SH	先达股份	山东先达农化股份有限公司	制造业	√	
746	603113.SH	金能科技	金能科技股份有限公司	制造业	√	
747	603165.SH	荣晟环保	浙江荣晟环保纸业股份有限公司	制造业	√	
748	603188.SH	亚邦股份	江苏亚邦染料股份有限公司	制造业		√
749	603200.SH	上海洗霸	上海洗霸科技股份有限公司	水利、环境和公共设施管理业	√	
750	603208.SH	江山欧派	江山欧派门业股份有限公司	制造业	√	
751	603227.SH	雪峰科技	新疆雪峰科技（集团）股份有限公司	制造业		√
752	603228.SH	景旺电子	深圳市景旺电子股份有限公司	制造业	√	
753	603238.SH	诺邦股份	杭州诺邦无纺股份有限公司	制造业	√	
754	603298.SH	杭叉集团	杭叉集团股份有限公司	制造业	√	
755	603299.SH	井神股份	江苏井神盐化股份有限公司	制造业	√	
756	603328.SH	依顿电子	广东依顿电子科技股份有限公司	制造业	√	√
757	603337.SH	杰克股份	杰克缝纫机股份有限公司	制造业	√	
758	603338.SH	浙江鼎力	浙江鼎力机械股份有限公司	制造业	√	
759	603345.SH	安井食品	福建安井食品股份有限公司	制造业	√	
760	603369.SH	今世缘	江苏今世缘酒业股份有限公司	制造业	√	
761	603385.SH	惠达卫浴	惠达卫浴股份有限公司	制造业	√	
762	603399.SH	新华龙	锦州新华龙钼业股份有限公司	制造业	√	
763	603520.SH	司太立	浙江司太立制药股份有限公司	制造业	√	√
764	603568.SH	伟明环保	浙江伟明环保股份有限公司	水利、环境和公共设施管理业	√	
765	603589.SH	口子窖	安徽口子酒业股份有限公司	制造业	√	
766	603609.SH	禾丰牧业	辽宁禾丰牧业股份有限公司	制造业		√
767	603639.SH	海利尔	海利尔药业集团股份有限公司	制造业	√	
768	603686.SH	龙马环卫	福建龙马环卫装备股份有限公司	制造业	√	

续表

序号	代码	公司简称	上市公司名称	母公司行业	定期报告评估	环境处罚披露评估
769	603699.SH	纽威股份	苏州纽威阀门股份有限公司	制造业		√
770	603728.SH	鸣志电器	上海鸣志电器股份有限公司	制造业	√	
771	603766.SH	隆鑫通用	隆鑫通用动力股份有限公司	制造业		√
772	603797.SH	联泰环保	广东联泰环保股份有限公司	水利、环境和公共设施管理业	√	
773	603799.SH	华友钴业	浙江华友钴业股份有限公司	制造业	√	
774	603822.SH	嘉澳环保	浙江嘉澳环保科技股份有限公司	制造业	√	
775	603823.SH	百合花	百合花集团股份有限公司	制造业	√	√
776	603878.SH	武进不锈	江苏武进不锈股份有限公司	制造业	√	
777	603919.SH	金徽酒	金徽酒业股份有限公司	制造业	√	
778	603920.SH	世运电路	广东世运电路科技股份有限公司	制造业	√	
779	603926.SH	铁流股份	浙江铁流离合器股份有限公司	制造业	√	
780	603968.SH	醋化股份	南通醋酸化工股份有限公司	制造业	√	
781	603969.SH	银龙股份	天津银龙预应力材料股份有限公司	制造业	√	
782	603989.SH	艾华集团	湖南艾华集团股份有限公司	制造业		√
783	603993.SH	洛阳钼业	洛阳栾川钼业集团股份有限公司	采矿业		√
784	603998.SH	方盛制药	湖南方盛制药股份有限公司	制造业	√	

附录 2　2017 年受到环保部门重大行政处罚的上市公司统计

附表 2.1　2017 年受到重大环境行政处罚的上市公司名单

序号	代码	公司简称	公司全称	被罚次数	罚款总额/万元
1	000009.SZ	中国宝安	中国宝安集团股份有限公司	1	10
2	000027.SZ	深圳能源	深圳能源集团股份有限公司	5	62
3	000039.SZ	中集集团	中国国际海运集装箱（集团）股份有限公司	4	60.18
4	000069.SZ	华侨城 A	深圳华侨城股份有限公司	2	209
5	000157.SZ	中联重科	中联重科股份有限公司	1	4
6	000338.SZ	潍柴动力	潍柴动力股份有限公司	1	7
7	000401.SZ	冀东水泥	唐山冀东水泥股份有限公司	5	36
8	000407.SZ	胜利股份	山东胜利股份有限公司	1	4.4
9	000420.SZ	吉林化纤	吉林化纤股份有限公司	1	40
10	000422.SZ	湖北宜化	湖北宜化化工股份有限公司	6	140
11	000423.SZ	东阿阿胶	东阿阿胶股份有限公司	1	60
12	000425.SZ	徐工机械	徐工集团工程机械股份有限公司	1	4
13	000488.SZ	晨鸣纸业	山东晨鸣纸业集团股份有限公司	3	75.1
14	000498.SZ	山东路桥	山东省路桥集团有限公司	1	2
15	000511.SZ	*ST 烯碳	银基烯碳新材料股份有限公司	1	8
16	000525.SZ	红太阳	南京红太阳股份有限公司	2	25
17	000533.SZ	万家乐	广东万家乐股份有限公司	1	5
18	000539.SZ	粤电力 A	广东电力发展股份有限公司	3	21.44
19	000543.SZ	皖能电力	安徽省皖能股份有限公司	1	12
20	000553.SZ	沙隆达 A	湖北沙隆达股份有限公司	1	10
21	000566.SZ	海南海药	海南海药股份有限公司	2	35
22	000589.SZ	黔轮胎 A	贵州轮胎股份有限公司	1	10
23	000598.SZ	兴蓉环境	成都市兴蓉环境股份有限公司	1	257.39
24	000599.SZ	青岛双星	双星集团有限责任公司	2	60
25	000600.SZ	建投能源	河北建投能源投资股份有限公司	2	60
26	000603.SZ	盛达矿业	盛达矿业股份有限公司	1	2
27	000625.SZ	长安汽车	重庆长安汽车股份有限公司	1	15
28	000626.SZ	远大控股	远大中国控股有限公司	1	0

续表

序号	代码	公司简称	公司全称	被罚次数	罚款总额/万元
29	000629.SZ	*ST 钒钛	攀钢集团钒钛资源股份有限公司	2	20
30	000630.SZ	铜陵有色	铜陵有色金属集团股份有限公司	2	24
31	000651.SZ	格力电器	珠海格力电器股份有限公司	1	2
32	000666.SZ	经纬纺机	经纬纺织机械股份有限公司	2	14
33	000669.SZ	金鸿能源	中油金鸿能源投资股份有限公司	1	4
34	000672.SZ	上峰水泥	上峰水泥集团有限公司	1	3
35	000677.SZ	恒天海龙	恒天海龙股份有限公司	1	10
36	000680.SZ	山推股份	山推工程机械股份有限公司	1	10
37	000683.SZ	远兴能源	内蒙古远兴能源股份有限公司	3	78
38	000688.SZ	建新矿业	建新矿业股份有限责任公司	1	10
39	000692.SZ	惠天热电	沈阳惠天热电股份有限公司简介	6	785
40	000698.SZ	沈阳化工	沈阳化工股份有限公司	2	79.40
41	000701.SZ	厦门信达	厦门信达股份有限公司	1	4
42	000709.SZ	河钢股份	河钢股份有限公司	2	25
43	000723.SZ	美锦能源	山西美锦能源股份有限公司	8	105
44	000729.SZ	燕京啤酒	北京燕京啤酒集团公司	2	120
45	000755.SZ	*ST 三维	山西三维集团股份有限公司	3	212
46	000758.SZ	中色股份	中国有色金属建设股份有限公司	1	44
47	000767.SZ	漳泽电力	山西漳泽电力股份有限公司	2	60
48	000778.SZ	新兴铸管	新兴铸管股份有限公司	9	403
49	000791.SZ	甘肃电投	甘肃电投能源发展股份有限公司	1	10
50	000792.SZ	盐湖股份	青海盐湖工业股份有限公司	5	106
51	000802.SZ	北京文化	北京京西文化旅游股份有限公司	1	10
52	000807.SZ	云铝股份	云南铝业股份有限公司	2	100
53	000816.SZ	智慧农业	江苏农华智慧农业科技股份有限公司	1	15
54	000818.SZ	方大化工	方大锦化化工科技股份有限公司	1	20
55	000825.SZ	太钢不锈	山西太钢不锈钢股份有限公司	5	85
56	000826.SZ	启迪桑德	启迪桑德环境资源股份有限公司	2	22
57	000837.SZ	秦川机床	秦川机床工具集团股份公司	1	18
58	000875.SZ	吉电股份	吉林电力股份有限公司	1	18

续表

序号	代码	公司简称	公司全称	被罚次数	罚款总额/万元
59	000876.SZ	新希望	新希望六和股份有限公司	2	26
60	000877.SZ	天山股份	新疆天山水泥股份有限公司	5	137
61	000883.SZ	湖北能源	湖北能源集团股份有限公司	1	10
62	000905.SZ	厦门港务	厦门港务控股集团有限公司	2	15
63	000908.SZ	景峰医药	湖南景峰医药股份有限公司	1	3
64	000910.SZ	大亚圣象	大亚圣象家居股份有限公司	1	10
65	000912.SZ	泸天化	四川泸天化股份有限公司	1	50
66	000921.SZ	海信科龙	海信科龙电器股份有限公司	1	20
67	000926.SZ	福星股份	湖北福星科技股份有限公司	2	10
68	000932.SZ	*ST 华菱	湖南华菱钢铁股份有限公司	3	60
69	000933.SZ	神火股份	河南神火集团有限公司	4	90
70	000937.SZ	冀中能源	冀中能源集团有限责任公司	4	50
71	000939.SZ	凯迪生态	凯迪生态环境科技股份有限公司	1	0
72	000955.SZ	欣龙控股	欣龙控股（集团）股份有限公司	1	1.70
73	000957.SZ	中通客车	中通客车控股股份有限公司	2	6.80
74	000958.SZ	东方能源	国家电投集团石家庄东方能源股份有限公司	2	140
75	000959.SZ	首钢股份	北京首钢股份有限公司	1	11
76	000961.SZ	中南建设	江苏中南建设集团股份有限公司	1	10
77	000963.SZ	华东医药	华东医药股份有限公司	1	16
78	000969.SZ	安泰科技	安泰科技股份有限公司	1	20
79	000972.SZ	*ST 中基	中基健康产业股份有限公司	1	10
80	000979.SZ	中弘股份	中弘控股股份有限公司	1	177.56
81	000983.SZ	西山煤电	山西西山煤电股份有限公司	9	946
82	000988.SZ	华工科技	华工科技产业股份有限公司	1	10
83	000990.SZ	诚志股份	诚志股份有限公司	1	4.19
84	001696.SZ	宗申动力	重庆宗申动力机械股份有限公司	1	10
85	001979.SZ	招商蛇口	招商局蛇口工业区控股股份有限公司	1	25
86	002001.SZ	新和成	浙江新和成股份有限公司	1	25
87	002002.SZ	鸿达兴业	鸿达兴业股份有限公司	3	45
88	002004.SZ	华邦健康	华邦生命健康股份有限公司	2	28
89	002005.SZ	德豪润达	广东德豪润达电气股份有限公司	2	13.01
90	002007.SZ	华兰生物	华兰生物工程股份有限公司	1	20
91	002010.SZ	传化智联	传化智联股份有限公司	2	35
92	002013.SZ	中航机电	中航工业机电系统股份有限公司	1	37

续表

序号	代码	公司简称	公司全称	被罚次数	罚款总额/万元
93	002019.SZ	亿帆医药	亿帆医药股份有限公司	1	5
94	002025.SZ	航天电器	贵州航天电器股份有限公司	1	10
95	002040.SZ	南京港	南京港股份有限公司	1	7.5
96	002042.SZ	华孚色纺	华孚色纺股份有限公司	1	10
97	002043.SZ	兔宝宝	德华兔宝宝装饰新材股份有限公司	1	10
98	002053.SZ	云南能投	云南能投威士科技股份有限公司	1	20
99	002061.SZ	江山化工	浙江江山化工股份有限公司	1	12
100	002068.SZ	黑猫股份	江西黑猫炭黑股份有限公司	4	57.93
101	002070.SZ	*ST众和	福建众和股份有限公司	3	55
102	002073.SZ	软控股份	软控股份有限公司	1	3
103	002074.SZ	国轩高科	国轩高科股份有限公司	1	21
104	002075.SZ	沙钢股份	江苏沙钢股份有限公司	1	10
105	002078.SZ	太阳纸业	山东太阳纸业股份有限公司	3	56.85
106	002087.SZ	新野纺织	河南新野纺织股份有限公司	6	107
107	002092.SZ	中泰化学	新疆中泰化学股份有限公司	5	56
108	002098.SZ	浔兴股份	福建浔兴拉链科技股份有限公司	2	24
109	002118.SZ	紫鑫药业	吉林紫鑫药业股份有限公司	1	25
110	002119.SZ	康强电子	宁波康强电子股份有限公司	1	5
111	002120.SZ	韵达股份	韵达控股股份有限公司	1	0.8
112	002122.SZ	天马股份	天马轴承集团股份有限公司	2	20
113	002124.SZ	天邦股份	宁波天邦股份有限公司	1	17.5
114	002125.SZ	湘潭电化	湘潭电化科技股份有限公司	2	74.47
115	002146.SZ	荣盛发展	荣盛房地产发展股份有限公司	3	70
116	002152.SZ	广电运通	广州广电运通金融电子股份有限公司	1	10
117	002155.SZ	湖南黄金	湖南黄金股份有限公司	4	39
118	002157.SZ	正邦科技	江西正邦科技股份有限公司	4	16.12
119	002163.SZ	中航三鑫	中航三鑫股份有限公司	2	30
120	002170.SZ	芭田股份	深圳市芭田生态工程股份有限公司	4	73
121	002173.SZ	创新医疗	创新医疗管理股份有限公司	1	5
122	002182.SZ	云海金属	南京云海特种金属股份有限公司	3	205
123	002185.SZ	华天科技	天水华天科技股份有限公司	1	11.58
124	002191.SZ	劲嘉股份	深圳劲嘉集团股份有限公司	1	15
125	002197.SZ	证通电子	深圳市证通电子股份有限公司	1	17
126	002202.SZ	金风科技	新疆金风科技股份有限公司	1	55.23

续表

序号	代码	公司简称	公司全称	被罚次数	罚款总额/万元
127	002203.SZ	海亮股份	浙江海亮股份有限公司	2	63
128	002205.SZ	国统股份	新疆国统管道股份有限公司	1	10
129	002237.SZ	恒邦股份	山东恒邦冶炼股份有限公司	2	12
130	002247.SZ	帝龙文化	浙江帝龙文化发展股份有限公司	2	104
131	002249.SZ	大洋电机	中山大洋电机股份有限公司	3	38
132	002254.SZ	泰和新材	烟台泰和新材料股份有限公司	1	20
133	002259.SZ	升达林业	四川升达林业产业股份有限公司	1	10
134	002260.SZ	德奥通航	德奥通用航空股份有限公司	8	166
135	002274.SZ	华昌化工	江苏华昌化工股份有限公司	1	10
136	002302.SZ	西部建设	中建西部建设股份有限公司	6	80
137	002307.SZ	北新路桥	新疆北新路桥建设股份有限公司	1	7
138	002309.SZ	中利集团	江苏中利集团股份有限公司	1	10
139	002311.SZ	海大集团	广东海大集团股份有限公司	8	140
140	002325.SZ	洪涛股份	深圳市洪涛装饰股份有限公司	1	8
141	002326.SZ	永太科技	浙江永太科技股份有限公司	1	10
142	002330.SZ	得利斯	山东得利斯食品股份有限公司	2	23
143	002340.SZ	格林美	格林美股份有限公司	1	5
144	002349.SZ	精华制药	精华制药集团股份有限公司	1	20
145	002352.SZ	顺丰控股	顺丰控股（集团）股份有限公司	1	0.8
146	002381.SZ	双箭股份	浙江双箭橡胶股份有限公司	1	50
147	002382.SZ	蓝帆医疗	蓝帆医疗股份有限公司	1	1.85
148	002385.SZ	大北农	北京大北农科技集团股份有限公司	3	70.98
149	002386.SZ	天原集团	宜宾天原集团股份有限公司	1	30
150	002392.SZ	北京利尔	北京利尔高温材料股份有限公司	1	6
151	002393.SZ	力生制药	天津力生制药股份有限公司	1	2
152	002395.SZ	双象股份	无锡双象超纤材料股份有限公司	2	36
153	002406.SZ	远东传动	许昌远东传动轴股份有限公司	1	30
154	002415.SZ	海康威视	杭州海康威视数字技术股份有限公司	1	3
155	002418.SZ	康盛股份	浙江康盛股份有限公司	2	28
156	002422.SZ	科伦药业	四川科伦药业股份有限公司	1	20
157	002442.SZ	龙星化工	龙星化工股份有限公司	1	10
158	002445.SZ	中南文化	中南红文化集团股份有限公司	1	10
159	002452.SZ	长高集团	湖南长高高压开关集团股份公司	1	30
160	002453.SZ	天马精化	苏州天马精细化学品股份有限公司	1	10

续表

序号	代码	公司简称	公司全称	被罚次数	罚款总额/万元
161	002457.SZ	青龙管业	宁夏青龙管业股份有限公司	1	10
162	002458.SZ	益生股份	山东益生种畜禽股份有限公司	1	1
163	002460.SZ	赣锋锂业	江西赣锋锂业股份有限公司	1	30
164	002468.SZ	申通快递	申通快递股份有限公司	1	10
165	002470.SZ	金正大	金正大生态工程集团股份有限公司	3	62
166	002471.SZ	中超控股	江苏中超控股股份有限公司	1	22.13
167	002475.SZ	立讯精密	立讯精密工业股份有限公司	1	10
168	002477.SZ	雏鹰农牧	雏鹰农牧集团股份有限公司	7	59
169	002481.SZ	双塔食品	烟台双塔食品股份有限公司	1	10
170	002483.SZ	润邦股份	江苏润邦重工股份有限公司	1	0.9
171	002484.SZ	江海股份	南通江海电容器股份有限公司	1	8
172	002487.SZ	大金重工	辽宁大金重工股份有限公司	1	10
173	002489.SZ	浙江永强	浙江永强集团股份有限公司	1	11
174	002490.SZ	*ST 墨龙	山东墨龙石油机械股份有限公司	1	10
175	002496.SZ	辉丰股份	江苏辉丰农化股份有限公司	1	5
176	002507.SZ	涪陵榨菜	重庆市涪陵榨菜集团股份有限公司	2	60
177	002513.SZ	蓝丰生化	江苏蓝丰生物化工股份有限公司	1	40
178	002514.SZ	宝馨科技	苏州宝馨科技实业股份有限公司	1	16.07
179	002519.SZ	银河电子	江苏银河电子股份有限公司	1	2
180	002523.SZ	天桥起重	株洲天桥起重机股份有限公司	1	13
181	002526.SZ	山东矿机	山东矿机集团有限公司	2	9
182	002538.SZ	司尔特	安徽省司尔特肥业股份有限公司	1	30
183	002539.SZ	云图控股	成都云图控股股份有限公司	1	10.71
184	002545.SZ	东方铁塔	青岛东方铁塔股份有限公司	1	13
185	002548.SZ	金新农	深圳市金新农科技股份有限公司	3	61
186	002562.SZ	兄弟科技	兄弟科技股份有限公司	1	3
187	002564.SZ	天沃科技	苏州天沃科技股份有限公司	1	15
188	002567.SZ	唐人神	唐人神集团股份有限公司	2	30
189	002581.SZ	未名医药	山东未名生物医药股份有限公司	1	35
190	002588.SZ	史丹利	史丹利农业集团股份有限公司	2	71.24
191	002589.SZ	瑞康医药	瑞康医药股份有限公司	2	38
192	002594.SZ	比亚迪	比亚迪股份有限公司	1	2
193	002600.SZ	江粉磁材	广东江粉磁材股份有限公司	1	10
194	002601.SZ	龙蟒佰利	龙蟒佰利联集团股份有限公司	3	92.16

续表

序号	代码	公司简称	公司全称	被罚次数	罚款总额/万元
195	002605.SZ	姚记扑克	上海姚记扑克股份有限公司	1	12
196	002608.SZ	江苏国信	江苏国信股份有限公司	1	4
197	002610.SZ	爱康科技	江苏爱康科技股份有限公司	1	50
198	002613.SZ	北玻股份	洛阳北方玻璃技术股份有限公司	2	9
199	002618.SZ	丹邦科技	深圳丹邦科技股份有限公司	1	20
200	002619.SZ	巨龙管业	浙江巨龙管业股份有限公司	1	4
201	002626.SZ	金达威	厦门金达威集团股份有限公司	1	4
202	002628.SZ	成都路桥	成都市路桥工程股份有限公司	2	13
203	002636.SZ	金安国纪	金安国纪科技股份有限公司	1	13
204	002648.SZ	卫星石化	浙江卫星石化股份有限公司	1	71
205	002660.SZ	茂硕电源	茂硕电源科技股份有限公司	1	40
206	002664.SZ	信质电机	信质电机股份有限公司	1	5
207	002666.SZ	德联集团	广东德联集团股份有限公司	1	1
208	002672.SZ	东江环保	东江环保股份有限公司	2	15.8
209	002701.SZ	奥瑞金	奥瑞金包装股份有限公司	1	10
210	002702.SZ	海欣食品	海欣食品股份有限公司	1	11
211	002714.SZ	牧原股份	牧原食品股份有限公司	1	70
212	002723.SZ	金莱特	广东金莱特电器股份有限公司	1	10
213	002729.SZ	好利来	好利来（中国）电子科技股份有限公司	1	1
214	002734.SZ	利民股份	利民化工股份有限公司	1	10
215	002745.SZ	木林森	木林森股份有限公司	2	22
216	002752.SZ	昇兴股份	昇兴集团股份有限公司	2	87
217	002760.SZ	凤形股份	安徽省凤形耐磨材料股份有限公司	1	12
218	002772.SZ	众兴菌业	天水众兴菌业科技股份有限公司	2	38
219	002786.SZ	银宝山新	深圳市银宝山新科技股份有限公司	1	6
220	002831.SZ	裕同科技	深圳市裕同包装科技股份有限公司	3	62
221	300012.SZ	华测检测	华测检测技术股份有限公司	1	2
222	300018.SZ	中元股份	中元建设集团股份有限公司	1	11
223	300026.SZ	红日药业	天津红日药业股份有限公司	1	45
224	300032.SZ	金龙机电	金龙机电股份有限公司	3	12
225	300040.SZ	九洲电气	哈尔滨九洲电气股份有限公司	1	50
226	300070.SZ	碧水源	北京碧水源科技股份有限公司	6	129.02
227	300090.SZ	盛运环保	安徽盛运环保（集团）股份有限公司	2	30
228	300126.SZ	锐奇股份	锐奇控股股份有限公司	1	20

续表

序号	代码	公司简称	公司全称	被罚次数	罚款总额/万元
229	300136.SZ	信维通信	深圳市信维通信股份有限公司	1	5
230	300144.SZ	宋城演艺	宋城演艺发展股份有限公司	1	10
231	300157.SZ	恒泰艾普	恒泰艾普石油天然气技术服务股份有限公司	1	4
232	300172.SZ	中电环保	中电环保股份有限公司	1	10
233	300174.SZ	元力股份	福建元力活性炭股份有限公司	1	10
234	300203.SZ	聚光科技	聚光科技（杭州）股份有限公司	1	60
235	300230.SZ	永利股份	上海永利带业股份有限公司	1	20
236	300243.SZ	瑞丰高材	山东瑞丰高分子材料股份有限公司	1	10
237	300256.SZ	星星科技	浙江星星科技股份有限公司	1	16
238	300328.SZ	宜安科技	东莞宜安科技股份有限公司	1	4
239	300329.SZ	海伦钢琴	海伦钢琴股份有限公司	1	12
240	300335.SZ	迪森股份	广州迪森热能技术股份有限公司	3	42.5
241	300340.SZ	科恒股份	江门市科恒实业股份有限公司	1	14.42
242	300349.SZ	金卡智能	金卡智能集团股份有限公司	1	11
243	300370.SZ	安控科技	北京安控科技股份有限公司	1	3
244	300381.SZ	溢多利	广东溢多利生物科技股份有限公司	2	60
245	300391.SZ	康跃科技	康跃科技股份有限公司	1	2
246	300432.SZ	富临精工	绵阳富临精工机械股份有限公司	2	24.26
247	300477.SZ	合纵科技	北京合纵科技股份有限公司	1	10
248	300498.SZ	温氏股份	广东温氏食品集团股份有限公司	4	27
249	300535.SZ	达威股份	四川达威科技股份有限公司	1	12
250	300563.SZ	神宇股份	神宇通信科技股份公司	1	1
251	300575.SZ	中旗股份	江苏中旗作物保护股份有限公司	1	10
252	300591.SZ	万里马	广东万里马实业股份有限公司	1	6.5
253	600006.SH	东风汽车	东风汽车集团股份有限公司	1	10
254	600010.SH	包钢股份	包钢钢联股份有限公司	37	630
255	600011.SH	华能国际	中国华能集团公司	4	96
256	600019.SH	宝钢股份	宝山钢铁股份有限公司	6	146
257	600021.SH	上海电力	上海电力股份有限公司	3	60
258	600022.SH	山东钢铁	山东钢铁集团有限公司	1	30
259	600027.SH	华电国际	华电国际电力股份有限公司	4	61.95
260	600028.SH	中国石化	中国石油化工集团公司	37	1 394.5
261	600031.SH	三一重工	三一重工股份有限公司	7	219.12
262	600039.SH	四川路桥	四川路桥建设集团股份有限公司	4	95

续表

序号	代码	公司简称	公司全称	被罚次数	罚款总额/万元
263	600048.SH	保利地产	保利房地产（集团）股份有限公司	1	28
264	600050.SH	中国联通	中国联合网络通信集团有限公司	2	56
265	600063.SH	皖维高新	安徽皖维高新材料股份有限公司	3	40
266	600068.SH	葛洲坝	中国葛洲坝集团股份有限公司	1	40
267	600069.SH	银鸽投资	河南银鸽实业投资股份有限公司	1	5
268	600072.SH	中船科技	中船科技股份有限公司简介	1	14
269	600073.SH	上海梅林	上海梅林正广和股份有限公司	2	6
270	600075.SH	新疆天业	新疆天业股份有限公司	2	30
271	600078.SH	澄星股份	江苏澄星磷化工股份有限公司	1	10
272	600079.SH	人福医药	人福医药集团股份公司	1	57.14
273	600081.SH	东风科技	东风电子科技股份有限公司	1	1
274	600085.SH	同仁堂	北京同仁堂股份有限公司	2	21
275	600089.SH	特变电工	特变电工股份有限公司	2	52
276	600096.SH	云天化	云南云天化股份有限公司	1	15.38
277	600101.SH	明星电力	四川明星电力股份有限公司	1	15
278	600111.SH	北方稀土	中国北方稀土（集团）高科技股份有限公司	1	10
279	600115.SH	东方航空	中国东方航空有限公司	2	77
280	600116.SH	三峡水利	重庆三峡水利电力（集团）股份有限公司	1	10
281	600117.SH	西宁特钢	西宁特殊钢股份有限公司	1	10
282	600121.SH	*ST 郑煤	郑州煤电股份有限公司	1	10
283	600123.SH	兰花科创	山西兰花科技创业股份有限公司	4	74
284	600126.SH	杭钢股份	杭州钢铁股份有限公司	2	99
285	600133.SH	东湖高新	武汉东湖高新集团股份有限公司	1	19.30
286	600137.SH	浪莎股份	浪莎控股股份有限公司	2	20
287	600141.SH	兴发集团	湖北兴发化工集团股份有限公司	2	30
288	600143.SH	金发科技	金发科技股份有限公司	2	29
289	600150.SH	中国船舶	中国船舶工业股份有限公司	4	124
290	600157.SH	永泰能源	永泰能源股份有限公司	2	39
291	600167.SH	联美控股	联美控股股份有限公司	1	38.18
292	600169.SH	太原重工	太原重工股份有限公司	1	6
293	600170.SH	上海建工	上海建工股份有限公司	11	145.34
294	600177.SH	雅戈尔	雅戈尔集团股份有限公司	1	6
295	600182.SH	S 佳通	佳通轮胎股份有限公司	2	30
296	600184.SH	光电股份	北方光电股份有限公司	1	15

续表

序号	代码	公司简称	公司全称	被罚次数	罚款总额/万元
297	600188.SH	兖州煤业	兖州煤业股份有限公司	7	509
298	600192.SH	长城电工	兰州长城电工股份有限公司	1	17.12
299	600195.SH	中牧股份	中牧实业股份有限公司	1	15
300	600196.SH	复星医药	上海复星医药（集团）股份有限公司	1	14
301	600197.SH	伊力特	新疆伊力特实业股份有限公司	1	20
302	600200.SH	江苏吴中	江苏吴中实业股份有限公司	1	46
303	600216.SH	浙江医药	浙江医药股份有限公司	2	19
304	600220.SH	江苏阳光	江苏阳光股份有限公司	1	14
305	600232.SH	金鹰股份	浙江金鹰股份有限公司	1	13
306	600236.SH	桂冠电力	广西桂冠电力股份有限公司	1	0
307	600243.SH	青海华鼎	青海华鼎实业股份有限公司	1	3
308	600249.SH	两面针	柳州两面针股份有限公司	1	78.69
309	600251.SH	冠农股份	新疆冠农果茸集团股份有限公司	1	10
310	600256.SH	广汇能源	广汇能源股份有限公司	2	110
311	600268.SH	国电南自	国电南京自动化股份有限公司	1	11.68
312	600277.SH	亿利洁能	亿利洁能股份有限公司	2	24
313	600281.SH	太化股份	太原化工股份有限公司	5	60
314	600282.SH	南钢股份	南京钢铁股份有限公司	1	16.2
315	600283.SH	钱江水利	钱江水利开发股份有限公司	1	168
316	600284.SH	浦东建设	上海浦东路桥建设股份有限公司	1	8
317	600290.SH	华仪电气	华仪电气股份有限公司	1	40
318	600293.SH	三峡新材	湖北三峡新型建材股份有限公司	8	1 130
319	600295.SH	鄂尔多斯	内蒙古鄂尔多斯资源股份有限公司	2	34
320	600298.SH	安琪酵母	安琪酵母股份有限公司	1	20
321	600300.SH	维维股份	维维食品饮料股份有限公司	1	10
322	600303.SH	曙光股份	辽宁曙光汽车集团股份有限公司	1	6.24
323	600307.SH	酒钢宏兴	甘肃酒钢集团宏兴钢铁股份有限公司	3	117.05
324	600319.SH	亚星化学	潍坊亚星化学股份有限公司	4	484.72
325	600320.SH	振华重工	上海振华重工（集团）股份有限公司	7	148
326	600329.SH	中新药业	天津中新药业集团股份有限公司	1	5
327	600331.SH	宏达股份	四川宏达股份有限公司	1	0
328	600332.SH	白云山	广州白云山医药集团股份有限公司	1	33.82
329	600335.SH	国机汽车	国机汽车股份有限公司	2	8
330	600336.SH	澳柯玛	澳柯玛股份有限公司	1	0

续表

序号	代码	公司简称	公司全称	被罚次数	罚款总额/万元
331	600346.SH	恒力股份	恒力石化股份有限公司	2	100
332	600348.SH	阳泉煤业	阳泉煤业（集团）股份有限公司	3	65
333	600359.SH	新农开发	新疆塔里木农业综合开发股份有限公司	1	5
334	600362.SH	江西铜业	江西铜业股份有限公司	1	5
335	600366.SH	宁波韵升	宁波韵升股份有限公司	1	11
336	600367.SH	红星发展	贵州红星发展股份有限公司	2	4
337	600383.SH	金地集团	金地（集团）股份有限公司	1	5
338	600386.SH	北巴传媒	北京巴士传媒股份有限公司	2	10
339	600392.SH	盛和资源	盛和资源控股股份有限公司	1	10
340	600395.SH	盘江股份	贵州盘江精煤股份有限公司	1	20
341	600403.SH	*ST 大有	河南大有能源股份有限公司	1	30
342	600418.SH	江淮汽车	安徽江淮汽车集团股份有限公司	1	24.2
343	600422.SH	昆药集团	昆药集团股份有限公司	1	2
344	600425.SH	*ST 青松	新疆青松建材化工（集团）股份有限公司	2	3.6
345	600432.SH	*ST 吉恩	吉林吉恩镍业股份有限公司	1	10
346	600438.SH	通威股份	通威股份有限公司	5	72.5
347	600452.SH	涪陵电力	重庆涪陵电力实业股份有限公司	1	10
348	600466.SH	蓝光发展	四川蓝光发展股份有限公司	3	675
349	600469.SH	风神股份	风神轮胎股份有限公司	2	40
350	600470.SH	六国化工	安徽六国化工股份有限公司	3	127.52
351	600475.SH	华光股份	无锡华光锅炉股份有限公司	1	218.98
352	600478.SH	科力远	湖南科力远新能源股份有限公司	1	5
353	600482.SH	中国动力	中国船舶重工集团动力股份有限公司	2	54
354	600488.SH	天药股份	天津天药药业股份有限公司	1	10
355	600489.SH	中金黄金	中金黄金股份有限公司	4	372
356	600491.SH	龙元建设	龙元建设集团股份有限公司	1	10
357	600495.SH	晋西车轴	晋西车轴股份有限公司	1	20
358	600497.SH	驰宏锌锗	云南驰宏锌锗股份有限公司	1	45
359	600499.SH	科达洁能	广东科达洁能股份有限公司	2	18.5
360	600500.SH	中化国际	中化国际（控股）股份有限公司	3	150
361	600508.SH	上海能源	上海大屯能源股份有限公司	1	15
362	600509.SH	天富能源	新疆天富能源股份有限公司	4	45
363	600515.SH	海航基础	海南海航基础设施投资集团股份有限公司	2	18.76
364	600522.SH	中天科技	江苏中天科技股份有限公司	1	3

续表

序号	代码	公司简称	公司全称	被罚次数	罚款总额/万元
365	600526.SH	菲达环保	浙江菲达环保科技股份有限公司	2	15
366	600528.SH	中铁工业	中铁高新工业股份有限公司	1	5.18
367	600529.SH	山东药玻	山东省药用玻璃股份有限公司	1	10
368	600531.SH	豫光金铅	河南豫光金铅股份有限公司	2	45
369	600540.SH	*ST 新赛	新疆赛里木现代农业股份有限公司	1	10
370	600545.SH	新疆城建	新疆城建（集团）股份有限公司	1	2
371	600546.SH	山煤国际	山煤国际能源集团股份有限公司	7	645
372	600547.SH	山东黄金	山东黄金矿业股份有限公司	4	54.87
373	600548.SH	深高速	深圳高速公路股份有限公司	1	8
374	600551.SH	时代出版	时代出版传媒股份有限公司	1	1
375	600567.SH	山鹰纸业	安徽山鹰纸业股份有限公司	1	10
376	600569.SH	安阳钢铁	安阳钢铁股份有限公司	2	28
377	600578.SH	京能电力	北京京能电力股份有限公司	6	179
378	600582.SH	天地科技	天地科技股份有限公司	1	180
379	600585.SH	海螺水泥	安徽海螺水泥股份有限公司	9	93
380	600586.SH	金晶科技	山东金晶科技股份有限公司	5	80.12
381	600594.SH	益佰制药	贵州益佰制药股份有限公司	1	30
382	600595.SH	中孚实业	河南中孚实业股份有限公司	1	10
383	600596.SH	新安股份	浙江新安化工集团股份有限公司	1	25.45
384	600597.SH	光明乳业	光明乳业股份有限公司	1	20
385	600606.SH	绿地控股	绿地控股集团股份有限公司	3	412.79
386	600608.SH	*ST 沪科	上海宽频科技股份有限公司	2	24
387	600609.SH	金杯汽车	金杯汽车股份有限公司	3	48.588
388	600612.SH	老凤祥	老凤祥股份有限公司	1	20
389	600614.SH	鹏起科技	鹏起科技发展股份有限公司	2	43.45
390	600617.SH	国新能源	山西省国新能源股份有限公司	1	11
391	600623.SH	华谊集团	上海华谊集团股份有限公司	3	26
392	600633.SH	浙数文化	浙报数字文化集团股份有限公司	1	5
393	600635.SH	大众公用	上海大众公用事业（集团）股份有限公司	1	7
394	600636.SH	*ST 爱富	上海三爱富新材料股份有限公司	1	17
395	600642.SH	申能股份	申能股份有限公司	1	20
396	600645.SH	中源协和	中源协和细胞基因工程股份有限公司	1	12
397	600649.SH	城投控股	上海城投控股股份有限公司	2	78
398	600653.SH	申华控股	上海申华控股股份有限公司	3	21

续表

序号	代码	公司简称	公司全称	被罚次数	罚款总额/万元
399	600668.SH	尖峰集团	浙江尖峰集团股份有限公司	1	20
400	600676.SH	交运股份	上海交运集团股份有限公司	1	11
401	600678.SH	四川金顶	四川金顶（集团）股份有限公司	1	10
402	600679.SH	上海凤凰	上海凤凰企业（集团）股份有限公司	1	8
403	600685.SH	中船防务	中船海洋与防务装备股份有限公司	2	22
404	600688.SH	上海石化	中国石化上海石油化工股份有限公司	2	16
405	600691.SH	阳煤化工	阳煤化工股份有限公司	9	394
406	600692.SH	亚通股份	上海亚通股份有限公司	3	403
407	600693.SH	东百集团	福建东百集团股份有限公司	1	19.82
408	600702.SH	沱牌舍得	四川沱牌舍得酒业股份有限公司	1	10
409	600705.SH	中航资本	中航资本控股股份有限公司	1	10
410	600711.SH	盛屯矿业	盛屯矿业集团股份有限公司	1	23
411	600717.SH	天津港	天津港股份有限公司	1	4
412	600719.SH	大连热电	大连热电股份有限公司	4	44.5
413	600725.SH	ST 云维	云南云维股份有限公司	1	50
414	600726.SH	华电能源	华电能源股份有限公司	1	15
415	600737.SH	中粮糖业	中粮屯河糖业股份有限公司	7	124.10
416	600741.SH	华域汽车	华域汽车系统股份有限公司	1	12
417	600755.SH	厦门国贸	厦门国贸集团股份有限公司	3	13
418	600758.SH	红阳能源	辽宁红阳能源投资股份有限公司	5	94.37
419	600773.SH	西藏城投	西藏城市发展投资股份有限公司	1	100
420	600782.SH	新钢股份	新余钢铁股份有限公司	4	187.53
421	600783.SH	鲁信创投	鲁信创业投资集团股份有限公司	4	64.11
422	600784.SH	鲁银投资	鲁银投资集团股份有限公司	2	20
423	600789.SH	鲁抗医药	山东鲁抗医药股份有限公司	1	0
424	600792.SH	云煤能源	云南煤业能源股份有限公司	2	20
425	600793.SH	宜宾纸业	宜宾纸业股份有限公司	1	12.57
426	600795.SH	国电电力	国电电力发展股份有限公司	5	162
427	600801.SH	华新水泥	华新水泥股份有限公司	6	92
428	600810.SH	神马股份	神马实业股份有限公司	1	20
429	600811.SH	东方集团	东方集团股份有限公司	1	20
430	600812.SH	华北制药	华北制药股份有限公司	1	20
431	600820.SH	隧道股份	上海隧道工程股份有限公司	1	10
432	600844.SH	*ST 丹科	丹化化工科技股份有限公司	1	10

续表

序号	代码	公司简称	公司全称	被罚次数	罚款总额/万元
433	600853.SH	龙建股份	龙建路桥股份有限公司	1	2
434	600861.SH	北京城乡	北京城乡商业（集团）股份有限公司	1	10
435	600863.SH	内蒙华电	内蒙古蒙电华能热电股份有限公司	3	40
436	600864.SH	哈投股份	哈尔滨哈投投资股份有限公司	1	61
437	600866.SH	星湖科技	广东肇庆星湖生物科技股份有限公司	1	10.54
438	600871.SH	石化油服	中石化石油工程技术服务股份有限公司	3	93
439	600873.SH	梅花生物	梅花生物科技集团股份有限公司	1	10
440	600881.SH	亚泰集团	吉林亚泰（集团）股份有限公司	2	10
441	600886.SH	国投电力	国投电力控股股份有限公司	1	10
442	600889.SH	南京化纤	南京化纤股份有限公司	1	10
443	600939.SH	重庆建工	重庆建工集团股份有限公司	12	220
444	600960.SH	渤海活塞	山东滨州渤海活塞股份有限公司	1	29
445	600963.SH	岳阳林纸	岳阳林纸股份有限公司	2	14.8
446	600965.SH	福成股份	河北福成五丰食品股份有限公司	1	1
447	600966.SH	博汇纸业	山东博汇纸业股份有限公司	2	64.57
448	600978.SH	宜华生活	宜华生活科技股份有限公司	2	20
449	600987.SH	航民股份	浙江航民股份有限公司	3	42
450	600997.SH	开滦股份	开滦能源化工股份有限公司	4	179
451	601003.SH	柳钢股份	柳州钢铁股份有限公司	1	15
452	601005.SH	*ST 重钢	重庆钢铁股份有限公司	3	778.52
453	601069.SH	西部黄金	西部黄金股份有限公司	1	60
454	601088.SH	中国神华	中国神华能源股份有限公司	8	212
455	601118.SH	海南橡胶	海南天然橡胶产业集团股份有限公司	2	13
456	601168.SH	西部矿业	西部矿业股份有限公司	1	10
457	601179.SH	中国西电	中国西电电气股份有限公司	3	66
458	601186.SH	中国铁建	中国铁建股份有限公司	7	51.62
459	601208.SH	东材科技	四川东材科技集团股份有限公司	2	42
460	601212.SH	白银有色	白银有色集团股份有限公司	3	43.41
461	601216.SH	君正集团	内蒙古君正能源化工集团股份有限公司	3	40
462	601218.SH	吉鑫科技	江苏吉鑫风能科技股份有限公司	1	10
463	601222.SH	林洋能源	江苏林洋能源股份有限公司	1	3
464	601225.SH	陕西煤业	陕西煤业股份有限公司	2	55
465	601258.SH	庞大集团	庞大汽贸集团股份有限公司	1	4
466	601390.SH	中国中铁	中国中铁股份有限公司	9	507.23

续表

序号	代码	公司简称	公司全称	被罚次数	罚款总额/万元
467	601600.SH	中国铝业	中国铝业股份有限公司	18	479
468	601611.SH	中国核建	中国核工业建设股份有限公司	1	10
469	601618.SH	中国中冶	中国冶金科工股份有限公司	6	56.8
470	601668.SH	中国建筑	中国建筑股份有限公司	7	79
471	601669.SH	中国电建	中国电力建设股份有限公司	7	68
472	601699.SH	潞安环能	山西潞安环保能源开发股份有限公司	9	161
473	601727.SH	上海电气	上海电气集团股份有限公司	6	48
474	601766.SH	中国中车	中国中车股份有限公司	5	41
475	601800.SH	中国交建	中国交通建设股份有限公司	10	127.09
476	601857.SH	中国石油	中国石油天然气股份有限公司	5	54
477	601866.SH	中远海发	中远海运发展股份有限公司	1	35
478	601880.SH	大连港	大连港股份有限公司	3	13.3
479	601890.SH	亚星锚链	江苏亚星锚链股份有限公司	1	20
480	601898.SH	中煤能源	中国中煤能源股份有限公司	8	377
481	601899.SH	紫金矿业	紫金矿业集团股份有限公司	10	208.84
482	601933.SH	永辉超市	永辉超市股份有限公司	1	10
483	601939.SH	建设银行	中国建设银行股份有限公司	1	10
484	601958.SH	金钼股份	金堆城钼业股份有限公司	1	10
485	601989.SH	中国重工	中国船舶重工股份有限公司	3	212.35
486	601991.SH	大唐发电	大唐国际发电股份有限公司	7	250.65
487	601992.SH	金隅股份	北京金隅股份有限公司	5	24
488	603008.SH	喜临门	喜临门家具股份有限公司	1	1
489	603009.SH	北特科技	上海北特科技股份有限公司	1	25
490	603020.SH	爱普股份	爱普香料集团股份有限公司	1	40
491	603077.SH	和邦生物	四川和邦生物科技股份有限公司	4	165
492	603188.SH	亚邦股份	江苏亚邦染料股份有限公司	2	25
493	603227.SH	雪峰科技	新疆雪峰科技（集团）股份有限公司	1	1
494	603328.SH	依顿电子	广东依顿电子科技股份有限公司	1	14
495	603520.SH	司太立	浙江司太立制药股份有限公司	1	6
496	603609.SH	禾丰牧业	辽宁禾丰牧业股份有限公司	2	1.58
497	603699.SH	纽威股份	苏州纽威阀门股份有限公司	1	4.74
498	603766.SH	隆鑫通用	隆鑫通用动力股份有限公司	1	10.57
499	603823.SH	百合花	百合花集团股份有限公司	1	10
500	603989.SH	艾华集团	湖南艾华集团股份有限公司	1	10
501	603993.SH	洛阳钼业	洛阳栾川钼业集团股份有限公司	1	12

对公司总部在江苏省和山东省的上市公司分别进行统计，结果见附表 2.2 和附表 2.3。

附表 2.2　2017 年江苏省受到重大环境行政处罚的上市公司名单

序号	代码	公司简称	公司全称	被罚次数	罚款总额/万元
1	000425.SZ	徐工机械	徐工集团工程机械股份有限公司	1	4
2	000525.SZ	红太阳	南京红太阳股份有限公司	2	25
3	000626.SZ	远大控股	远大中国控股有限公司	1	0
4	000816.SZ	智慧农业	江苏农华智慧农业科技股份有限公司	1	15
5	000910.SZ	大亚圣象	大亚圣象家居股份有限公司	1	10
6	000961.SZ	中南建设	江苏中南建设集团股份有限公司	1	10
7	002002.SZ	鸿达兴业	鸿达兴业股份有限公司	3	45
8	002040.SZ	南京港	南京港股份有限公司	1	7.5
9	002074.SZ	国轩高科	国轩高科股份有限公司	1	21
10	002075.SZ	沙钢股份	江苏沙钢股份有限公司	1	10
11	002182.SZ	云海金属	南京云海特种金属股份有限公司	3	205
12	002274.SZ	华昌化工	江苏华昌化工股份有限公司	1	10
13	002309.SZ	中利集团	江苏中利集团股份有限公司	1	10
14	002349.SZ	精华制药	精华制药集团股份有限公司	1	20
15	002395.SZ	双象股份	无锡双象超纤材料股份有限公司	2	36
16	002445.SZ	中南文化	中南红文化集团股份有限公司	1	10
17	002453.SZ	天马精化	苏州天马精细化学品股份有限公司	1	10
18	002471.SZ	中超控股	江苏中超控股股份有限公司	1	22.13
19	002483.SZ	润邦股份	江苏润邦重工股份有限公司	1	0.9
20	002484.SZ	江海股份	南通江海电容器股份有限公司	1	8
21	002496.SZ	辉丰股份	江苏辉丰农化股份有限公司	1	5
22	002513.SZ	蓝丰生化	江苏蓝丰生物化工股份有限公司	1	40
23	002514.SZ	宝馨科技	苏州宝馨科技实业股份有限公司	1	16.07
24	002519.SZ	银河电子	江苏银河电子股份有限公司	1	2
25	002564.SZ	天沃科技	苏州天沃科技股份有限公司	1	15
26	002608.SZ	江苏国信	江苏国信股份有限公司	1	4
27	002610.SZ	爱康科技	江苏爱康科技股份有限公司	1	50
28	002734.SZ	利民股份	利民化工股份有限公司	1	10
29	300172.SZ	中电环保	中电环保股份有限公司	1	10
30	300563.SZ	神宇股份	神宇通信科技股份公司	1	1
31	300575.SZ	中旗股份	江苏中旗作物保护股份有限公司	1	10
32	600078.SH	澄星股份	江苏澄星磷化工股份有限公司	1	10

续表

序号	代码	公司简称	公司全称	被罚次数	罚款总额/万元
33	600200.SH	江苏吴中	江苏吴中实业股份有限公司	1	46
34	600220.SH	江苏阳光	江苏阳光股份有限公司	1	14
35	600268.SH	国电南自	国电南京自动化股份有限公司	1	11.68
36	600282.SH	南钢股份	南京钢铁股份有限公司	1	16.2
37	600300.SH	维维股份	维维食品饮料股份有限公司	1	10
38	600475.SH	华光股份	无锡华光锅炉股份有限公司	1	218.98
39	600522.SH	中天科技	江苏中天科技股份有限公司	1	3
40	600871.SH	石化油服	中石化石油工程技术服务股份有限公司	3	93
41	600889.SH	南京化纤	南京化纤股份有限公司	1	10
42	601218.SH	吉鑫科技	江苏吉鑫风能科技股份有限公司	1	10
43	601222.SH	林洋能源	江苏林洋能源股份有限公司	1	3
44	601890.SH	亚星锚链	江苏亚星锚链股份有限公司	1	20
45	603188.SH	亚邦股份	江苏亚邦染料股份有限公司	2	25
46	603699.SH	纽威股份	苏州纽威阀门股份有限公司	1	4.74

附表 2.3　2017 年山东省受到重大环境行政处罚的上市公司名单

序号	代码	公司简称	公司全称	被罚次数	罚款总额/万元
1	000338.SZ	潍柴动力	潍柴动力股份有限公司	1	7
2	000407.SZ	胜利股份	山东胜利股份有限公司	1	4.4
3	000423.SZ	东阿阿胶	东阿阿胶股份有限公司	1	60
4	000488.SZ	晨鸣纸业	山东晨鸣纸业集团股份有限公司	3	75.1
5	000498.SZ	山东路桥	山东省路桥集团有限公司	1	2
6	000599.SZ	青岛双星	双星集团有限责任公司	2	60
7	000677.SZ	恒天海龙	恒天海龙股份有限公司	1	10
8	000680.SZ	山推股份	山推工程机械股份有限公司	1	10
9	000957.SZ	中通客车	中通客车控股股份有限公司	2	6.8
10	002073.SZ	软控股份	软控股份有限公司	1	3
11	002078.SZ	太阳纸业	山东太阳纸业股份有限公司	3	56.85
12	002237.SZ	恒邦股份	山东恒邦冶炼股份有限公司	2	12
13	002254.SZ	泰和新材	烟台泰和新材料股份有限公司	1	20
14	002330.SZ	得利斯	山东得利斯食品股份有限公司	2	23
15	002382.SZ	蓝帆医疗	蓝帆医疗股份有限公司	1	1.85
16	002458.SZ	益生股份	山东益生种畜禽股份有限公司	1	1
17	002470.SZ	金正大	金正大生态工程集团股份有限公司	3	62

续表

序号	代码	公司简称	公司全称	被罚次数	罚款总额/万元
18	002481.SZ	双塔食品	烟台双塔食品股份有限公司	1	10
19	002490.SZ	*ST 墨龙	山东墨龙石油机械股份有限公司	1	10
20	002526.SZ	山东矿机	山东矿机集团有限公司	2	9
21	002545.SZ	东方铁塔	青岛东方铁塔股份有限公司	1	13
22	002581.SZ	未名医药	山东未名生物医药股份有限公司	1	35
23	002588.SZ	史丹利	史丹利农业集团股份有限公司	2	71.24
24	002589.SZ	瑞康医药	瑞康医药股份有限公司	2	38
25	300243.SZ	瑞丰高材	山东瑞丰高分子材料股份有限公司	1	10
26	300391.SZ	康跃科技	康跃科技股份有限公司	1	2
27	600022.SH	山东钢铁	山东钢铁集团有限公司	1	30
28	600027.SH	华电国际	华电国际电力股份有限公司	4	61.95
29	600188.SH	兖州煤业	兖州煤业股份有限公司	7	509
30	600319.SH	亚星化学	潍坊亚星化学股份有限公司	4	484.72
31	600336.SH	澳柯玛	澳柯玛股份有限公司	1	0
32	600529.SH	山东药玻	山东省药用玻璃股份有限公司	1	10
33	600547.SH	山东黄金	山东黄金矿业股份有限公司	4	54.87
34	600586.SH	金晶科技	山东金晶科技股份有限公司	5	80.12
35	600783.SH	鲁信创投	鲁信创业投资集团股份有限公司	4	64.11
36	600784.SH	鲁银投资	鲁银投资集团股份有限公司	2	20
37	600789.SH	鲁抗医药	山东鲁抗医药股份有限公司	1	0
38	600960.SH	渤海活塞	山东滨州渤海活塞股份有限公司	1	29
39	600966.SH	博汇纸业	山东博汇纸业股份有限公司	2	64.57

附录3 评估结果

附表3.1 综合得分

代码	公司简称	主要污染物和特征污染物名称	排放方式	排放口数量	排放口分布情况	排放浓度和排放总量	执行的污染物排放标准	核定的排放总量	超标排放情况	防治污染设施的建设和运行情况	建设项目环境影响评价及其他环境保护行政许可情况	突发环境事件应急预案	自行监测	定期报告评估得分	重大环境行政处罚披露得分	综合得分
000037.SZ	深南电A	1	1	1	1	1	1	1	1	1	1	1	1	12	5	100
000059.SZ	华锦股份	0	1	1	1	1	1	1	1	1	0	1	1	10	5	90
000338.SZ	潍柴动力	1	1	0	0	1	1	0	1	1	1	1	1	9	0	45
000410.SZ	*ST沈机	1	1	1	1	1	1	1	1	1	1	1	1	12	5	100
000420.SZ	吉林化纤	1	1	1	1	1	1	1	1	1	1	1	1	12	0	60
000422.SZ	湖北宜化	1	1	1	1	1	1	1	1	1	1	1	1	12	0	60
000423.SZ	东阿阿胶	1	1	1	1	1	1	0	1	1	1	1	1	11	0	55
000488.SZ	晨鸣纸业	1	1	1	1	1	1	1	1	1	1	1	1	12	0	60
000525.SZ	红太阳	1	1	1	1	1	1	1	1	1	1	1	1	12	0	60
000550.SZ	江铃汽车	1	1	1	1	1	1	1	1	1	1	1	1	12	5	100
000553.SZ	沙隆达A	1	1	1	0	1	1	1	1	1	0	1	1	10	0	50
000559.SZ	万向钱潮	0	0	0	0	0	0	0	0	0	0	0	0	0	5	40
000561.SZ	烽火电子	0	0	0	0	0	0	0	0	0	0	0	0	0	5	40
000565.SZ	渝三峡A	0	0	0	0	0	1	0	0	1	0	0	0	2	5	50
000572.SZ	海马汽车	0	0	0	0	0	1	0	0	0	0	0	0	1	5	45
000589.SZ	黔轮胎A	1	1	1	1	1	1	1	1	1	1	1	1	12	0	60
000596.SZ	古井贡酒	1	1	1	1	1	1	1	1	1	1	1	1	12	5	100
000597.SZ	东北制药	1	1	1	1	1	1	1	1	1	1	1	1	12	5	100
000635.SZ	英力特	1	1	1	1	1	1	1	1	1	1	1	1	12	5	100
000636.SZ	风华高科	1	1	1	1	1	1	0	1	1	1	1	1	11	5	95
000677.SZ	恒天海龙	0	0	0	0	0	0	0	0	0	0	0	0	0	0	0
000698.SZ	沈阳化工	1	1	1	0	1	1	0	1	1	1	1	1	10	0	50
000707.SZ	双环科技	1	1	1	1	1	1	1	1	1	1	1	1	12	5	100
000708.SZ	大冶特钢	1	1	1	1	1	1	1	1	1	1	1	1	12	5	100
000710.SZ	*ST天仪	0	0	0	0	0	0	0	0	0	0	0	0	0	5	40
000725.SZ	京东方A	1	1	1	1	1	1	1	1	1	1	1	1	12	5	100
000726.SZ	鲁泰A	1	1	1	1	1	1	1	1	1	1	1	1	12	5	100
000729.SZ	燕京啤酒	0	1	1	1	1	1	0	1	1	1	1	1	10	0	50
000751.SZ	锌业股份	1	1	1	1	1	1	1	1	1	1	1	1	12	5	100
000755.SZ	*ST三维	1	1	1	1	1	1	1	1	1	1	1	1	12	4.5	96

续表

代码	公司简称	主要污染物和特征污染物名称	排放方式	排放口数量	排放口分布情况	排放浓度和排放总量	执行的污染物排放标准	核定的排放总量	超标排放情况	防治污染设施的建设和运行情况	建设项目环境影响评价及其他环境保护行政许可情况	突发环境事件应急预案	自行监测	定期报告评估得分	重大环境行政处罚披露得分	综合得分
000756.SZ	新华制药	0	0	0	0	0	0	0	0	0	0	0	0	0	5	40
000778.SZ	新兴铸管	1	1	1	1	1	1	1	1	1	1	1	1	12	0	60
000782.SZ	美达股份	1	1	1	0	1	1	1	1	1	1	1	1	11	5	95
000799.SZ	酒鬼酒	0	1	1	0	1	1	1	1	1	1	1	1	10	5	90
000800.SZ	一汽轿车	1	1	1	1	1	1	1	1	1	1	1	1	12	5	100
000807.SZ	云铝股份	0	0	0	0	0	1	0	0	1	1	1	1	5	0	25
000815.SZ	美利云	1	1	1	1	1	1	1	1	1	1	1	1	12	5	100
000816.SZ	智慧农业	1	1	1	1	1	1	1	1	1	1	1	1	12	0	60
000818.SZ	方大化工	1	1	1	1	1	1	1	1	1	0	1	1	11	0	55
000825.SZ	太钢不锈	1	1	1	1	1	1	1	1	1	1	1	1	12	0	60
000833.SZ	贵糖股份	1	1	1	1	1	1	1	1	1	1	1	1	12	5	100
000848.SZ	承德露露	0	0	0	0	0	0	0	0	0	0	0	0	0	5	40
000858.SZ	五粮液	1	1	1	1	1	1	1	1	1	1	1	1	12	5	100
000868.SZ	安凯客车	1	1	1	1	1	1	1	1	1	1	1	1	12	5	100
000898.SZ	鞍钢股份	1	1	1	1	1	1	0	1	1	1	1	1	11	5	95
000902.SZ	新洋丰	1	1	1	1	1	1	1	1	1	1	1	1	12	5	100
000912.SZ	泸天化	1	1	1	1	1	1	1	1	1	0	1	1	11	0	55
000913.SZ	钱江摩托	1	1	1	1	1	1	1	1	1	1	1	1	12	5	100
000923.SZ	河北宣工	1	0	1	1	1	1	1	1	1	1	1	1	11	5	95
000930.SZ	中粮生化	1	1	1	1	1	1	1	1	1	1	1	1	12	5	100
000949.SZ	新乡化纤	1	0	1	1	1	1	1	1	1	1	1	1	11	5	95
000952.SZ	广济药业	1	1	1	1	1	1	1	1	1	1	1	1	12	5	100
000953.SZ	*ST 河化	1	1	1	1	1	1	1	1	1	1	0	1	11	5	95
000957.SZ	中通客车	1	1	1	1	1	1	0	1	1	1	1	1	11	0	55
000962.SZ	东方钽业	1	1	1	1	1	1	0	1	1	0	1	1	10	5	90
000970.SZ	中科三环	1	1	1	1	1	1	1	1	1	1	1	1	12	5	100
000982.SZ	*ST 中绒	1	1	1	1	1	1	0	1	1	1	1	1	11	5	95
000989.SZ	九芝堂	1	1	1	1	1	1	0	0	1	1	1	1	10	5	90
002012.SZ	凯恩股份	0	1	1	1	1	1	1	1	1	1	1	1	11	5	95
002025.SZ	航天电器	1	1	1	1	1	1	1	1	1	1	1	1	12	0	60
002032.SZ	苏泊尔	1	1	1	1	1	1	1	1	1	0	1	1	11	5	95
002034.SZ	美欣达	1	1	0	0	1	1	1	1	1	0	1	0	8	5	80
002043.SZ	兔宝宝	1	1	1	1	1	1	1	1	1	1	1	1	12	0	60

续表

代码	公司简称	主要污染物和特征污染物名称	排放方式	排放口数量	排放口分布情况	排放浓度和排放总量	执行的污染物排放标准	核定的排放总量	超标排放情况	防治污染设施的建设和运行情况	建设项目环境影响评价及其他环境保护行政许可情况	突发环境事件应急预案	自行监测	定期报告评估得分	重大环境行政处罚披露得分	综合得分
002056.SZ	横店东磁	1	1	1	1	1	1	1	1	1	1	1	1	12	5	100
002061.SZ	江山化工	1	1	1	0	1	1	1	1	1	1	1	1	11	0	55
002067.SZ	景兴纸业	1	1	1	1	1	1	1	1	1	1	1	1	12	5	100
002072.SZ	凯瑞德	0	0	0	0	0	0	0	0	0	0	0	0	0	5	40
002075.SZ	沙钢股份	1	1	1	1	1	1	1	1	1	1	1	1	12	0	60
002078.SZ	太阳纸业	1	1	1	1	1	1	1	1	1	1	1	1	12	0	60
002082.SZ	栋梁新材	1	1	1	1	1	1	1	1	1	1	1	1	12	5	100
002086.SZ	东方海洋	1	1	1	1	1	1	1	1	1	1	1	1	12	5	100
002098.SZ	浔兴股份	1	1	1	0	1	1	1	1	1	1	1	1	11	0	55
002099.SZ	海翔药业	1	1	1	1	1	1	1	1	1	1	1	1	12	5	100
002101.SZ	广东鸿图	0	1	1	1	1	1	1	1	1	1	1	1	11	5	95
002105.SZ	信隆健康	1	1	1	1	1	1	1	1	1	1	1	1	12	5	100
002106.SZ	莱宝高科	1	1	1	1	1	1	1	1	1	1	1	1	12	5	100
002110.SZ	三钢闽光	1	0	1	1	1	1	1	1	1	1	1	1	11	5	95
002111.SZ	威海广泰	0	1	1	1	1	1	1	1	1	0	1	1	10	5	90
002112.SZ	三变科技	1	1	1	0	1	1	1	1	1	1	1	1	11	5	95
002114.SZ	罗平锌电	1	1	1	1	1	1	1	1	1	1	1	1	12	5	100
002125.SZ	湘潭电化	1	1	1	1	1	1	1	1	1	1	1	1	12	2.5	80
002126.SZ	银轮股份	1	1	1	1	1	1	1	1	1	1	1	1	12	5	100
002129.SZ	中环股份	0	0	0	0	0	0	0	0	1	1	1	1	4	5	60
002131.SZ	利欧股份	1	1	1	1	1	1	1	1	1	1	1	1	12	5	100
002134.SZ	*ST 普林	1	1	1	1	1	1	0	0	1	0	1	1	9	5	85
002135.SZ	东南网架	1	1	1	1	1	1	0	0	1	1	1	1	10	5	90
002136.SZ	安纳达	1	1	1	0	1	1	1	1	1	1	1	1	11	5	95
002138.SZ	顺络电子	0	0	0	0	0	0	0	0	0	0	0	0	0	5	40
002144.SZ	宏达高科	1	1	1	0	1	1	1	1	1	1	1	1	11	5	95
002156.SZ	通富微电	1	1	1	1	1	1	1	1	1	1	1	1	12	5	100
002158.SZ	汉钟精机	0	0	0	0	0	0	0	0	0	0	0	0	0	5	40
002171.SZ	楚江新材	1	1	1	1	1	1	1	1	1	1	1	1	12	5	100
002185.SZ	华天科技	0	0	0	0	0	0	0	0	0	0	0	0	0	0	0
002191.SZ	劲嘉股份	1	0	1	1	1	1	0	1	1	1	1	1	10	0	50
002202.SZ	金风科技	0	0	0	0	0	0	0	0	0	0	0	0	0	0	0
002206.SZ	海利得	0	1	1	1	1	1	1	1	1	1	1	1	11	5	95
002217.SZ	合力泰	1	1	1	1	1	1	1	1	1	1	1	1	12	5	100
002237.SZ	恒邦股份	1	1	1	1	1	1	0	1	1	1	1	1	11	0	55
002246.SZ	北化股份	1	1	1	1	1	1	1	1	1	1	1	1	12	5	100

续表

代码	公司简称	主要污染物和特征污染物名称	排放方式	排放口数量	排放口分布情况	排放浓度和排放总量	执行的污染物排放标准	核定的排放总量	超标排放情况	防治污染设施的建设和运行情况	建设项目环境影响评价及其他环境保护行政许可情况	突发环境事件应急预案	自行监测	定期报告评估得分	重大环境行政处罚披露得分	综合得分
002247.SZ	帝龙文化	0	1	1	1	1	1	1	1	1	1	1	1	11	0	55
002252.SZ	上海莱士	1	1	1	1	1	1	0	1	1	1	1	1	11	5	95
002254.SZ	泰和新材	1	1	1	1	1	1	0	1	1	1	1	1	11	0	55
002258.SZ	利尔化学	1	1	1	1	1	1	1	1	1	1	1	1	12	5	100
002262.SZ	恩华药业	1	1	1	1	1	1	1	1	1	1	1	1	12	5	100
002273.SZ	水晶光电	1	1	1	1	1	1	1	1	1	1	1	1	12	5	100
002284.SZ	亚太股份	0	1	1	0	1	1	0	1	1	1	1	1	9	5	85
002286.SZ	保龄宝	0	1	1	1	1	1	1	1	1	0	1	1	10	5	90
002287.SZ	奇正藏药	0	0	0	0	0	0	0	0	0	0	0	0	0	5	40
002304.SZ	洋河股份	1	1	1	1	1	1	1	1	1	1	1	1	12	5	100
002318.SZ	久立特材	1	1	1	1	1	1	1	1	1	1	1	1	12	5	100
002326.SZ	永太科技	1	1	1	1	1	1	1	1	1	1	1	1	12	0	60
002332.SZ	仙琚制药	1	1	1	1	1	1	1	1	1	1	1	1	12	5	100
002333.SZ	罗普斯金	1	1	1	1	1	1	1	1	1	1	1	1	12	5	100
002338.SZ	奥普光电	1	1	1	1	1	1	0	1	1	1	1	1	11	5	95
002365.SZ	永安药业	1	1	1	1	1	1	1	1	1	1	1	1	12	5	100
002382.SZ	蓝帆医疗	0	0	0	0	0	0	0	0	0	0	0	0	0	0	0
002390.SZ	信邦制药	1	1	1	1	1	1	1	1	1	1	1	1	12	5	100
002391.SZ	长青股份	1	1	1	1	1	1	1	1	1	1	1	1	12	5	100
002393.SZ	力生制药	0	0	0	0	0	0	0	0	0	0	0	0	0	0	0
002399.SZ	海普瑞	0	1	1	0	1	1	1	1	1	1	1	1	10	5	90
002408.SZ	齐翔腾达	1	0	1	1	1	1	1	1	1	1	1	1	11	5	95
002412.SZ	汉森制药	1	1	1	1	1	1	1	1	1	1	1	1	12	5	100
002418.SZ	康盛股份	1	1	1	1	1	1	1	1	1	1	1	1	12	0	60
002422.SZ	科伦药业	1	1	1	1	1	1	1	1	1	1	1	1	12	0	60
002424.SZ	贵州百灵	1	1	1	1	1	1	1	1	1	1	1	1	12	5	100
002428.SZ	云南锗业	1	1	1	1	1	1	1	1	1	1	1	1	12	5	100
002430.SZ	杭氧股份	0	0	0	0	0	0	0	0	0	0	0	0	0	5	40
002442.SZ	龙星化工	1	1	1	1	1	1	1	1	1	1	1	1	12	0	60
002443.SZ	金洲管道	0	1	1	0	0	1	1	1	1	1	1	0	8	5	80
002460.SZ	赣锋锂业	1	1	1	0	1	1	1	1	1	1	1	0	10	0	50
002463.SZ	沪电股份	1	1	1	1	1	1	1	1	1	1	1	1	12	5	100
002470.SZ	金正大	1	1	1	1	1	1	1	1	1	1	1	1	12	0	60
002476.SZ	宝莫股份	1	1	1	1	1	1	1	1	1	1	1	1	12	5	100
002479.SZ	富春环保	1	1	1	1	1	1	1	1	1	1	1	1	12	5	100
002481.SZ	双塔食品	1	1	1	1	1	1	1	1	1	1	1	1	12	0	60

续表

代码	公司简称	主要污染物和特征污染物名称	排放方式	排放口数量	排放口分布情况	排放浓度和排放总量	执行的污染物排放标准	核定的排放总量	超标排放情况	防治污染设施的建设和运行情况	建设项目环境影响评价及其他环境保护行政许可情况	突发环境事件应急预案	自行监测	定期报告评估得分	重大环境行政处罚披露得分	综合得分
002486.SZ	嘉麟杰	0	0	0	0	0	0	0	0	0	0	0	0	0	5	40
002487.SZ	大金重工	0	0	0	0	0	0	0	0	0	0	0	0	0	0	0
002488.SZ	金固股份	0	0	0	0	0	0	0	0	0	0	0	0	0	5	40
002489.SZ	浙江永强	0	1	1	1	1	1	1	1	1	1	1	1	11	0	55
002490.SZ	*ST 墨龙	0	0	0	0	0	0	0	0	0	0	0	0	0	0	0
002494.SZ	华斯股份	1	1	1	1	0	1	1	1	1	1	1	1	11	5	95
002513.SZ	蓝丰生化	1	1	1	1	1	1	1	1	1	1	1	1	12	0	60
002523.SZ	天桥起重	0	0	0	0	0	0	0	0	0	0	0	0	0	0	0
002532.SZ	新界泵业	0	1	1	1	1	1	1	1	1	1	1	1	11	5	95
002557.SZ	洽洽食品	0	0	0	0	0	0	0	0	0	0	0	0	0	5	40
002562.SZ	兄弟科技	1	1	1	0	1	1	1	1	1	1	1	1	11	0	55
002579.SZ	中京电子	1	1	1	1	1	1	1	1	1	1	1	1	12	5	100
002580.SZ	圣阳股份	1	1	1	1	1	1	1	1	1	1	1	1	12	5	100
002584.SZ	西陇科学	1	1	1	1	1	1	1	1	1	1	1	1	12	5	100
002597.SZ	金禾实业	1	1	1	1	1	1	1	1	1	1	1	1	12	5	100
002599.SZ	盛通股份	1	1	1	1	1	1	1	1	1	0	1	1	11	5	95
002601.SZ	龙蟒佰利	1	1	1	1	1	1	1	1	1	1	1	1	12	2.5	80
002603.SZ	以岭药业	1	1	1	1	1	1	1	1	1	1	1	1	12	5	100
002604.SZ	龙力生物	0	1	1	1	1	1	1	1	1	1	1	1	11	5	95
002615.SZ	哈尔斯	1	1	1	1	1	1	1	1	1	1	1	1	12	5	100
002626.SZ	金达威	1	1	1	1	1	1	1	1	1	1	0	0	10	0	50
002643.SZ	万润股份	1	1	1	1	1	1	1	1	1	1	1	0	11	5	95
002646.SZ	青青稞酒	1	1	1	1	1	1	1	1	1	1	1	1	12	5	100
002648.SZ	卫星石化	1	1	1	1	1	1	1	1	1	1	1	1	12	0	60
002662.SZ	京威股份	0	0	0	0	0	0	0	0	0	0	0	0	0	5	40
002664.SZ	信质电机	1	1	1	1	1	1	1	1	1	1	1	1	12	0	60
002674.SZ	兴业科技	1	1	1	0	1	1	1	1	1	1	1	1	11	5	95
002688.SZ	金河生物	1	1	1	1	1	1	0	1	1	1	1	1	11	5	95
002689.SZ	远大智能	0	0	0	0	0	0	0	0	0	0	0	0	0	5	40
002693.SZ	双成药业	1	1	1	1	1	1	1	1	1	1	1	1	12	5	100
002701.SZ	奥瑞金	1	1	1	1	1	1	1	1	1	1	1	1	12	0	60
002705.SZ	新宝股份	1	1	1	1	1	1	1	1	1	1	1	1	12	5	100
002715.SZ	登云股份	0	0	0	0	0	0	0	0	0	0	0	0	0	5	40
002716.SZ	金贵银业	1	1	1	1	1	1	1	1	1	1	1	1	12	5	100
002719.SZ	麦趣尔	1	1	1	1	1	1	1	1	1	1	1	1	12	5	100
002725.SZ	跃岭股份	0	0	0	0	0	0	0	0	0	0	0	0	0	5	40

续表

代码	公司简称	主要污染物和特征污染物名称	排放方式	排放口数量	排放口分布情况	排放浓度和排放总量	执行的污染物排放标准	核定的排放总量	超标排放情况	防治污染设施的建设和运行情况	建设项目环境影响评价及其他环境保护行政许可情况	突发环境事件应急预案	自行监测	定期报告评估得分	重大环境行政处罚披露得分	综合得分
002726.SZ	龙大肉食	0	0	0	0	0	0	0	0	0	0	0	0	0	5	40
002734.SZ	利民股份	1	1	1	1	1	1	1	1	1	1	1	1	12	0	60
002741.SZ	光华科技	0	0	0	0	0	0	0	0	0	0	0	0	0	5	40
002742.SZ	三圣股份	1	1	1	1	1	1	1	1	1	1	1	1	12	5	100
002753.SZ	永东股份	1	1	1	1	1	1	1	1	1	1	1	1	12	5	100
002756.SZ	永兴特钢	1	1	1	1	1	1	1	1	1	1	1	1	12	5	100
002805.SZ	丰元股份	1	1	1	1	1	1	1	1	1	1	1	1	12	5	100
002810.SZ	山东赫达	1	1	1	1	1	1	1	1	1	1	1	1	12	5	100
002842.SZ	翔鹭钨业	1	1	1	1	1	1	1	1	1	1	1	1	12	5	100
002863.SZ	今飞凯达	1	1	1	1	1	1	1	1	1	1	1	1	12	5	100
002868.SZ	绿康生化	1	1	1	1	1	1	1	1	1	1	1	1	12	5	100
300037.SZ	新宙邦	1	1	1	1	1	1	1	1	1	1	1	1	12	5	100
300041.SZ	回天新材	1	1	1	1	1	1	1	1	1	1	1	1	12	5	100
300046.SZ	台基股份	0	0	0	0	0	0	0	0	0	0	0	0	0	5	40
300054.SZ	鼎龙股份	1	1	1	1	1	1	1	1	1	1	1	1	12	5	100
300068.SZ	南都电源	1	1	1	1	1	1	1	1	1	1	1	1	12	5	100
300082.SZ	奥克股份	1	1	1	1	1	1	1	1	1	1	1	1	12	5	100
300083.SZ	劲胜精密	1	1	1	1	1	1	1	1	1	1	1	1	12	5	100
300088.SZ	长信科技	1	1	1	0	1	1	1	1	1	1	1	1	11	5	95
300094.SZ	国联水产	0	0	0	0	0	0	0	0	0	0	0	0	0	5	40
300102.SZ	乾照光电	1	1	1	1	1	1	1	1	1	1	1	1	12	5	100
300110.SZ	华仁药业	1	1	1	0	1	1	1	0	1	1	1	1	10	5	90
300115.SZ	长盈精密	1	1	1	1	1	1	1	1	1	1	1	1	12	5	100
300121.SZ	阳谷华泰	1	1	1	1	1	1	0	1	1	1	1	1	11	5	95
300132.SZ	青松股份	1	1	1	1	1	1	1	1	1	1	1	1	12	5	100
300134.SZ	大富科技	1	1	1	1	1	1	1	1	1	1	1	0	11	5	95
300158.SZ	振东制药	1	1	1	1	1	1	1	1	1	1	1	1	12	5	100
300171.SZ	东富龙	1	0	0	0	0	1	0	0	1	1	1	1	6	5	70
300176.SZ	鸿特精密	1	1	1	1	1	1	1	1	1	1	1	1	12	5	100
300180.SZ	华峰超纤	1	1	1	1	1	1	0	1	1	0	1	1	10	5	90
300218.SZ	安利股份	1	1	1	1	1	1	1	1	1	1	1	1	12	5	100
300224.SZ	正海磁材	1	1	1	1	1	1	1	1	1	1	1	1	12	5	100
300225.SZ	金力泰	1	1	1	1	1	1	1	1	1	1	1	1	12	5	100
300239.SZ	东宝生物	1	1	1	1	1	1	1	1	1	1	1	1	12	5	100
300254.SZ	仟源医药	1	1	1	1	1	1	1	1	1	1	1	1	12	5	100
300256.SZ	星星科技	1	1	1	1	1	1	1	1	1	0	1	1	11	0	55

续表

代码	公司简称	主要污染物和特征污染物名称	排放方式	排放口数量	排放口分布情况	排放浓度和排放总量	执行的污染物排放标准	核定的排放总量	超标排放情况	防治污染设施的建设和运行情况	建设项目环境影响评价及其他环境保护行政许可情况	突发环境事件应急预案	自行监测	定期报告评估得分	重大环境行政处罚披露得分	综合得分
300257.SZ	开山股份	0	0	0	0	0	0	0	0	0	0	0	0	0	5	40
300261.SZ	雅本化学	1	1	1	1	1	1	1	0	1	1	1	1	11	5	95
300323.SZ	华灿光电	1	1	1	1	1	1	1	1	1	0	1	1	11	5	95
300362.SZ	天翔环境	1	1	1	1	1	1	1	1	1	1	1	1	12	5	100
300363.SZ	博腾股份	1	1	1	1	1	1	1	1	1	1	1	1	12	5	100
300375.SZ	鹏翎股份	1	1	1	1	1	1	1	1	1	1	1	1	12	5	100
300405.SZ	科隆精化	1	1	1	1	1	1	1	1	1	1	1	1	12	5	100
300408.SZ	三环集团	1	1	1	1	1	1	1	1	1	1	1	1	12	5	100
300446.SZ	乐凯新材	1	1	1	1	1	1	1	1	1	1	1	1	12	5	100
300452.SZ	山河药辅	1	1	1	1	1	1	1	1	1	1	1	1	12	5	100
300476.SZ	胜宏科技	0	0	0	0	0	0	0	0	0	0	0	0	0	5	40
300547.SZ	川环科技	1	1	1	0	1	1	1	1	1	1	1	1	11	5	95
300554.SZ	三超新材	1	1	1	1	1	1	1	1	1	1	1	1	12	5	100
300558.SZ	贝达药业	1	1	1	1	1	1	1	1	1	1	1	1	12	5	100
300569.SZ	天能重工	0	0	0	0	0	0	0	0	0	0	0	0	0	5	40
300583.SZ	赛托生物	1	1	1	1	1	1	1	1	1	1	1	1	12	5	100
300641.SZ	正丹股份	1	1	1	1	1	1	1	1	1	1	1	1	12	5	100
300657.SZ	弘信电子	1	1	1	1	1	1	1	1	1	1	1	1	12	5	100
600019.SH	宝钢股份	0	0	0	0	0	0	0	0	0	0	0	0	0	0	0
600060.SH	海信电器	0	0	0	0	0	1	0	0	0	0	0	0	1	5	45
600062.SH	华润双鹤	1	1	1	1	1	1	0	1	1	0	0	0	8	5	80
600063.SH	皖维高新	1	1	1	0	1	1	1	0	1	1	1	1	10	0	50
600066.SH	宇通客车	1	0	0	0	1	1	1	0	1	1	1	1	8	5	80
600103.SH	青山纸业	1	1	1	1	1	1	1	1	1	1	1	1	12	5	100
600117.SH	西宁特钢	1	1	1	1	1	1	0	1	1	1	1	1	11	0	55
600165.SH	新日恒力	0	0	0	0	0	0	0	0	0	0	0	0	0	5	40
600190.SH	锦州港	1	0	0	0	1	1	1	1	1	1	1	1	9	5	85
600197.SH	伊力特	1	1	1	1	1	1	1	1	1	0	0	0	9	0	45
600207.SH	安彩高科	1	0	1	1	1	1	1	1	1	0	0	0	8	5	80
600220.SH	江苏阳光	1	1	1	1	1	1	1	1	1	1	1	1	12	0	60
600226.SH	升华拜克	1	1	1	1	0	1	1	1	1	1	1	1	11	5	95
600231.SH	凌钢股份	1	1	1	1	0	0	0	1	1	1	1	1	9	5	85
600235.SH	民丰特纸	0	0	0	0	0	0	0	0	0	0	0	0	0	5	40
600267.SH	海正药业	1	1	1	1	1	1	1	0	1	0	0	0	8	5	80
600273.SH	嘉化能源	1	0	0	0	0	1	1	1	0	0	0	0	4	5	60
600282.SH	南钢股份	1	0	1	1	1	1	1	1	1	1	1	1	11	0	55

续表

代码	公司简称	主要污染物和特征污染物名称	排放方式	排放口数量	排放口分布情况	排放浓度和排放总量	执行的污染物排放标准	核定的排放总量	超标排放情况	防治污染设施的建设和运行情况	建设项目环境影响评价及其他环境保护行政许可情况	突发环境事件应急预案	自行监测	定期报告评估得分	重大环境行政处罚披露得分	综合得分
600293.SH	三峡新材	1	1	1	1	0	1	0	1	1	1	1	1	10	0	50
600298.SH	安琪酵母	1	1	1	1	1	1	1	1	1	1	1	1	12	0	60
600300.SH	维维股份	1	1	1	1	1	1	1	1	1	1	1	1	12	0	60
600302.SH	标准股份	0	0	0	0	0	1	0	0	0	0	0	0	1	5	45
600303.SH	曙光股份	0	0	0	0	0	0	0	0	0	0	0	0	0	0	0
600307.SH	酒钢宏兴	1	0	0	0	1	1	0	1	1	1	1	1	8	0	40
600308.SH	华泰股份	1	0	0	0	1	1	1	0	1	1	1	1	8	5	80
600309.SH	万华化学	1	1	0	0	1	0	0	0	0	0	0	0	3	5	55
600316.SH	洪都航空	1	1	1	1	1	1	1	1	1	1	1	1	12	5	100
600317.SH	营口港	1	1	1	1	1	1	1	1	1	1	1	0	11	5	95
600319.SH	亚星化学	1	0	0	0	1	1	1	0	1	0	0	0	5	1.5	37
600330.SH	天通股份	0	0	0	0	0	1	0	0	1	0	0	0	2	5	50
600353.SH	旭光股份	1	1	1	1	1	1	1	0	1	0	1	1	10	5	90
600356.SH	恒丰纸业	0	0	0	0	0	1	0	0	1	0	1	0	3	5	55
600360.SH	华微电子	0	0	0	0	0	1	0	0	0	0	0	0	1	5	45
600367.SH	红星发展	1	1	1	1	1	1	1	1	1	1	1	1	12	0	60
600379.SH	宝光股份	0	0	0	0	0	1	0	0	0	0	0	0	1	5	45
600389.SH	江山股份	1	1	1	1	1	1	1	1	1	0	1	1	11	5	95
600399.SH	抚顺特钢	1	1	1	0	1	1	0	0	1	1	1	1	9	5	85
600408.SH	安泰集团	1	1	1	1	1	1	1	1	1	1	1	1	12	5	100
600426.SH	华鲁恒升	1	0	0	0	1	1	1	0	1	0	0	0	5	5	65
600429.SH	三元股份	1	1	1	1	0	0	0	1	1	0	1	1	8	5	80
600432.SH	*ST 吉恩	0	0	0	0	0	0	0	0	0	0	1	1	2	0	10
600433.SH	冠豪高新	1	0	0	0	1	0	0	1	0	0	0	0	3	5	55
600448.SH	华纺股份	1	1	1	1	1	1	1	1	1	1	1	1	12	5	100
600470.SH	六国化工	1	0	1	1	0	1	1	1	1	0	0	1	8	0	40
600477.SH	杭萧钢构	0	0	0	0	0	0	0	0	0	0	0	0	0	5	40
600486.SH	扬农化工	1	1	1	1	1	1	1	0	1	0	0	0	8	5	80
600488.SH	天药股份	1	1	1	0	1	1	1	0	1	1	1	1	10	0	50
600493.SH	凤竹纺织	1	1	1	1	1	1	1	1	1	0	1	0	10	5	90
600501.SH	航天晨光	1	1	1	1	1	1	1	0	1	1	1	1	11	5	95
600507.SH	方大特钢	1	0	1	1	1	1	0	1	1	1	1	0	9	5	85
600513.SH	联环药业	1	1	1	1	0	1	1	0	1	1	1	1	10	5	90
600516.SH	方大炭素	1	1	1	1	1	1	0	0	1	0	1	0	8	5	80
600519.SH	贵州茅台	1	1	1	1	1	1	1	1	1	1	1	1	12	5	100
600521.SH	华海药业	1	1	0	0	0	0	0	0	1	1	1	1	6	5	70

续表

代码	公司简称	主要污染物和特征污染物名称	排放方式	排放口数量	排放口分布情况	排放浓度和排放总量	执行的污染物排放标准	核定的排放总量	超标排放情况	防治污染设施的建设和运行情况	建设项目环境影响评价及其他环境保护行政许可情况	突发环境事件应急预案	自行监测	定期报告评估得分	重大环境行政处罚披露得分	综合得分
600529.SH	山东药玻	1	1	1	1	0	1	1	0	1	1	1	1	10	0	50
600549.SH	厦门钨业	1	1	0	0	1	1	1	0	1	1	1	1	9	5	85
600550.SH	保变电气	0	0	0	0	0	1	0	0	0	0	0	0	1	5	45
600552.SH	凯盛科技	1	1	1	1	1	1	1	1	1	0	0	0	9	5	85
600558.SH	大西洋	1	1	1	1	1	0	0	1	1	1	1	1	10	5	90
600567.SH	山鹰纸业	1	1	1	1	1	1	0	1	1	0	0	0	8	0	40
600569.SH	安阳钢铁	1	0	0	0	1	1	1	1	1	1	0	0	7	0	35
600573.SH	惠泉啤酒	1	1	1	1	1	1	1	1	1	0	1	0	10	5	90
600581.SH	八一钢铁	1	1	1	0	0	1	0	1	1	0	0	0	6	5	70
600584.SH	长电科技	1	0	0	0	1	1	0	1	1	1	1	1	8	5	80
600586.SH	金晶科技	0	0	0	0	0	0	0	0	0	0	0	0	0	1.5	12
600587.SH	新华医疗	1	1	1	1	0	1	1	1	1	0	0	0	8	5	80
600594.SH	益佰制药	1	1	1	1	1	1	1	1	1	1	1	1	12	0	60
600618.SH	氯碱化工	0	0	0	0	0	0	0	0	0	0	1	1	2	5	50
600636.SH	*ST 爱富	1	0	0	0	0	0	0	0	1	0	1	0	3	0	15
600660.SH	福耀玻璃	0	0	0	0	0	0	0	0	1	1	1	1	4	5	60
600678.SH	四川金顶	1	1	1	1	1	1	0	1	1	1	1	1	11	0	55
600688.SH	上海石化	0	0	0	0	0	0	0	0	0	1	1	1	3	4	47
600702.SH	沱牌舍得	1	1	1	1	1	1	1	1	0	1	1	1	11	4.5	91
600727.SH	鲁北化工	1	1	1	1	1	1	1	1	1	1	1	1	12	5	100
600740.SH	山西焦化	1	1	1	1	1	1	1	1	1	1	1	1	12	5	100
600746.SH	江苏索普	1	1	1	0	1	1	1	1	1	0	1	0	9	5	85
600750.SH	江中药业	1	1	1	1	1	1	1	1	1	1	1	1	12	5	100
600761.SH	安徽合力	1	1	1	1	1	1	0	1	1	1	1	1	11	5	95
600779.SH	水井坊	1	1	1	0	1	1	1	0	1	1	1	1	10	5	90
600782.SH	新钢股份	1	1	1	1	1	1	1	1	1	1	1	1	12	0	60
600789.SH	鲁抗医药	1	1	1	1	1	1	1	1	1	1	1	1	12	0	60
600793.SH	宜宾纸业	1	0	1	0	1	1	1	1	1	0	0	0	7	0	35
600796.SH	钱江生化	0	0	0	0	0	0	0	0	0	0	0	0	0	5	40
600808.SH	马钢股份	1	1	1	1	0	1	0	0	1	1	1	1	9	5	85
600809.SH	山西汾酒	1	1	1	1	1	1	1	1	1	1	1	1	12	5	100
600810.SH	神马股份	1	1	1	1	1	1	1	1	1	1	1	1	12	0	60
600815.SH	*ST 厦工	1	1	1	0	1	1	1	1	1	1	1	0	10	5	90
600841.SH	上柴股份	0	0	0	0	0	1	0	0	1	1	0	1	4	5	60
600847.SH	*ST 万里	0	0	0	0	0	0	0	0	0	0	1	1	2	5	50
600883.SH	博闻科技	0	0	0	0	0	0	0	0	0	0	0	0	0	5	40

续表

代码	公司简称	主要污染物和特征污染物名称	排放方式	排放口数量	排放口分布情况	排放浓度和排放总量	执行的污染物排放标准	核定的排放总量	超标排放情况	防治污染设施的建设和运行情况	建设项目环境影响评价及其他环境保护行政许可情况	突发环境事件应急预案	自行监测	定期报告评估得分	重大环境行政处罚披露得分	综合得分
600888.SH	新疆众和	1	0	0	0	0	1	0	0	1	0	0	1	4	5	60
600960.SH	渤海活塞	1	1	1	1	1	1	0	0	0	0	0	0	6	0	30
600961.SH	株冶集团	0	0	0	0	0	1	0	0	1	0	1	0	3	5	55
600963.SH	岳阳林纸	0	0	0	0	0	1	0	0	1	0	0	0	2	0	10
600966.SH	博汇纸业	1	1	1	1	1	1	0	0	1	1	0	0	8	5	80
600978.SH	宜华生活	1	0	1	1	1	1	1	1	1	1	1	1	11	0	55
600983.SH	惠而浦	1	1	1	1	1	1	1	0	1	1	1	0	10	5	90
600987.SH	航民股份	0	0	0	0	0	1	0	0	0	0	0	0	1	0	5
600992.SH	贵绳股份	0	0	0	0	0	1	0	0	0	0	0	0	1	5	45
601002.SH	晋亿实业	1	1	1	0	1	1	1	1	1	1	0	0	9	5	85
601011.SH	宝泰隆	1	1	1	1	1	1	1	1	1	0	0	0	9	5	85
601015.SH	陕西黑猫	1	1	1	1	1	1	1	1	1	0	0	0	9	5	85
601058.SH	赛轮金宇	1	1	1	1	1	1	0	1	1	0	1	0	9	5	85
601106.SH	*ST 一重	1	0	0	0	1	1	1	0	1	1	1	1	8	5	80
601113.SH	华鼎股份	1	1	0	0	0	1	0	0	1	0	0	0	4	5	60
601216.SH	君正集团	1	1	1	1	1	1	1	1	1	1	1	1	12	0	60
601231.SH	环旭电子	1	1	1	0	1	1	1	1	1	1	1	0	10	5	90
601233.SH	桐昆股份	0	0	0	0	0	0	0	0	0	0	0	0	0	5	40
601388.SH	怡球资源	1	1	1	1	1	1	1	1	1	1	1	1	12	5	100
601633.SH	长城汽车	0	0	0	0	0	0	0	0	0	0	0	0	0	5	40
601678.SH	滨化股份	1	0	1	0	1	1	0	0	1	1	1	1	8	5	80
601777.SH	力帆股份	0	1	1	0	0	1	0	0	1	1	1	1	7	5	75
601969.SH	海南矿业	0	0	0	0	0	0	0	0	0	0	0	0	0	5	40
603020.SH	爱普股份	0	0	0	0	0	1	0	0	0	0	0	0	1	0	5
603027.SH	千禾味业	1	1	0	0	1	1	1	1	1	1	1	1	10	5	90
603033.SH	三维股份	1	1	1	1	1	1	1	1	1	1	1	1	12	5	100
603058.SH	永吉股份	0	0	0	0	0	0	0	0	0	0	0	0	0	5	40
603067.SH	振华股份	1	1	1	0	1	1	1	1	1	1	1	0	10	5	90
603077.SH	和邦生物	1	1	1	1	1	1	1	1	1	1	1	1	12	0	60
603086.SH	先达股份	1	1	1	1	1	1	1	1	1	1	1	1	12	5	100
603113.SH	金能科技	1	1	0	1	1	1	0	1	1	1	1	1	10	5	90
603165.SH	荣晟环保	0	0	0	0	0	1	0	0	1	0	0	0	2	5	50
603200.SH	上海洗霸	1	1	0	0	0	1	1	0	1	1	0	0	6	5	70
603208.SH	江山欧派	1	1	0	0	0	1	0	0	1	1	1	1	7	5	75
603228.SH	景旺电子	1	1	1	1	1	1	0	1	1	1	0	0	9	5	85
603238.SH	诺邦股份	1	0	0	0	1	1	1	1	1	1	1	1	9	5	85

续表

代码	公司简称	主要污染物和特征污染物名称	排放方式	排放口数量	排放口分布情况	排放浓度和排放总量	执行的污染物排放标准	核定的排放总量	超标排放情况	防治污染设施的建设和运行情况	建设项目环境影响评价及其他环境保护行政许可情况	突发环境事件应急预案	自行监测	定期报告评估得分	重大环境行政处罚披露得分	综合得分
603298.SH	杭叉集团	0	1	1	0	1	1	0	1	0	0	0	0	5	5	65
603299.SH	井神股份	1	1	1	1	1	1	1	1	1	0	0	0	9	5	85
603328.SH	依顿电子	1	1	1	1	1	1	1	1	1	1	1	1	12	4.5	96
603337.SH	杰克股份	1	1	1	1	1	1	1	1	1	1	1	1	12	5	100
603338.SH	浙江鼎力	1	1	1	0	1	1	1	1	1	1	1	1	11	5	95
603345.SH	安井食品	1	1	1	1	1	1	1	1	1	1	1	1	12	5	100
603369.SH	今世缘	1	1	1	1	1	1	1	1	1	1	1	1	12	5	100
603385.SH	惠达卫浴	1	1	1	1	1	1	1	1	1	0	0	0	9	5	85
603399.SH	新华龙	0	0	0	0	0	1	0	0	1	1	1	0	4	5	60
603520.SH	司太立	1	1	0	0	0	1	1	0	1	0	1	1	7	0	35
603568.SH	伟明环保	1	1	1	0	1	1	0	1	1	0	0	0	7	5	75
603589.SH	口子窖	1	1	1	1	1	1	1	1	1	0	0	1	10	5	90
603639.SH	海利尔	1	1	1	1	1	1	1	0	1	1	1	1	11	5	95
603686.SH	龙马环卫	1	1	0	0	1	1	1	0	1	0	1	1	8	5	80
603728.SH	鸣志电器	0	0	0	0	0	0	1	0	0	0	0	0	1	5	45
603797.SH	联泰环保	0	0	0	0	0	0	0	0	0	0	0	0	0	5	40
603799.SH	华友钴业	1	1	1	1	1	1	1	1	1	1	1	1	12	5	100
603822.SH	嘉澳环保	1	1	1	1	1	1	1	1	1	1	1	1	12	5	100
603823.SH	百合花	0	1	0	0	0	0	0	0	1	0	1	0	3	0	15
603878.SH	武进不锈	1	1	1	0	1	1	1	1	1	1	1	1	11	5	95
603919.SH	金徽酒	1	1	1	1	1	1	1	1	1	0	1	1	11	5	95
603920.SH	世运电路	1	1	1	1	1	1	1	1	1	0	0	1	10	5	90
603926.SH	铁流股份	1	1	1	1	1	1	1	1	1	1	1	1	12	5	100
603968.SH	醋化股份	1	1	1	1	1	1	1	1	1	1	1	1	12	5	100
603969.SH	银龙股份	1	1	0	1	1	1	1	1	1	1	1	1	11	5	95
603998.SH	方盛制药	1	0	0	0	1	1	1	1	1	1	0	0	7	5	75

对公司总部在江苏省和山东省的上市公司分别进行统计，结果见附表 3.2 和附表 3.3。

附表 3.2　江苏省综合得分

代码	公司简称	主要污染物和特征污染物名称	排放方式	排放口数量	排放口分布情况	排放浓度和排放总量	执行的污染物排放标准	核定的排放总量	超标排放情况	防治污染设施的建设和运行情况	建设项目环境影响评价及其他环境保护行政许可情况	突发环境事件应急预案	自行监测	定期报告评估得分	重大环境行政处罚披露得分	综合得分
000525.SZ	红太阳	1	1	1	1	1	1	1	1	1	1	1	1	12	0	60
000816.SZ	智慧农业	1	1	1	1	1	1	1	1	1	1	1	1	12	0	60

续表

代码	公司简称	主要污染物和特征污染物名称	排放方式	排放口数量	排放口分布情况	排放浓度和排放总量	执行的污染物排放标准	核定的排放总量	超标排放情况	防治污染设施的建设和运行情况	建设项目环境影响评价及其他环境保护行政许可情况	突发环境事件应急预案	自行监测	定期报告评估得分	重大环境行政处罚披露得分	综合得分
002075.SZ	沙钢股份	1	1	1	1	1	1	1	1	1	1	1	1	12	0	60
002156.SZ	通富微电	1	1	1	1	1	1	1	1	1	1	1	1	12	5	100
002262.SZ	恩华药业	1	1	1	1	1	1	1	1	1	1	1	1	12	5	100
002304.SZ	洋河股份	1	1	1	1	1	1	1	1	1	1	1	1	12	5	100
002333.SZ	罗普斯金	1	1	1	1	1	1	1	1	1	1	1	1	12	5	100
002391.SZ	长青股份	1	1	1	1	1	1	1	1	1	1	1	1	12	5	100
002463.SZ	沪电股份	1	1	1	1	1	1	1	1	1	1	1	1	12	5	100
002513.SZ	蓝丰生化	1	1	1	1	1	1	1	1	1	1	1	1	12	0	60
002734.SZ	利民股份	1	1	1	1	1	1	1	1	1	1	1	1	12	0	60
300261.SZ	雅本化学	1	1	1	1	1	1	1	0	1	1	1	1	11	5	95
300554.SZ	三超新材	1	1	1	1	1	1	1	1	1	1	1	1	12	5	100
300641.SZ	正丹股份	1	1	1	1	1	1	1	1	1	1	1	1	12	5	100
600220.SH	江苏阳光	1	1	1	1	1	1	1	1	1	1	1	1	12	0	60
600282.SH	南钢股份	1	0	1	1	1	1	1	1	1	1	1	1	11	0	55
600300.SH	维维股份	1	1	1	1	1	1	1	1	1	1	1	1	12	0	60
600389.SH	江山股份	1	1	1	1	1	1	1	1	1	0	1	1	11	5	95
600486.SH	扬农化工	1	1	1	1	1	1	1	0	1	0	0	0	8	5	80
600501.SH	航天晨光	1	1	1	1	1	1	1	0	1	1	1	1	11	5	95
600513.SH	联环药业	1	1	1	1	0	1	1	0	1	1	1	1	10	5	90
600584.SH	长电科技	1	0	0	0	1	1	0	1	1	1	1	1	8	5	80
600746.SH	江苏索普	1	1	1	0	1	1	1	1	1	0	1	0	9	5	85
601388.SH	怡球资源	1	1	1	1	1	1	1	1	1	1	1	1	12	5	100
603299.SH	井神股份	1	1	1	1	1	1	1	1	1	0	0	0	9	5	85
603369.SH	今世缘	1	1	1	1	1	1	1	1	1	1	1	1	12	5	100
603878.SH	武进不锈	1	1	1	0	1	1	1	1	1	1	1	1	11	5	95
603968.SH	醋化股份	1	1	1	1	1	1	1	1	1	1	1	1	12	5	100

附表 3.3　山东省综合得分

代码	公司简称	主要污染物和特征污染物名称	排放方式	排放口数量	排放口分布情况	排放浓度和排放总量	执行的污染物排放标准	核定的排放总量	超标排放情况	防治污染设施的建设和运行情况	建设项目环境影响评价及其他环境保护行政许可情况	突发环境事件应急预案	自行监测	定期报告评估得分	重大环境行政处罚披露得分	综合得分
000338.SZ	潍柴动力	1	1	0	0	1	1	0	1	1	1	1	1	9	0	45
000423.SZ	东阿阿胶	1	1	1	1	1	1	0	1	1	1	1	1	11	0	55

续表

代码	公司简称	主要污染物和特征污染物名称	排放方式	排放口数量	排放口分布情况	排放浓度和排放总量	执行的污染物排放标准	核定的排放总量	超标排放情况	防治污染设施的建设和运行情况	建设项目环境影响评价及其他环境保护行政许可情况	突发环境事件应急预案	自行监测	定期报告评估得分	重大环境行政处罚披露得分	综合得分
000488.SZ	晨鸣纸业	1	1	1	1	1	1	1	1	1	1	1	1	12	0	60
000677.SZ	恒天海龙	0	0	0	0	0	0	0	0	0	0	0	0	0	0	0
000726.SZ	鲁泰 A	1	1	1	1	1	1	1	1	1	1	1	1	12	5	100
000756.SZ	新华制药	0	0	0	0	0	0	0	0	0	0	0	0	0	5	40
000957.SZ	中通客车	1	1	1	1	1	1	0	1	1	1	1	1	11	0	55
002072.SZ	凯瑞德	0	0	0	0	0	0	0	0	0	0	0	0	0	5	40
002078.SZ	太阳纸业	1	1	1	1	1	1	1	1	1	1	1	1	12	0	60
002086.SZ	东方海洋	1	1	1	1	1	1	1	1	1	1	1	1	12	5	100
002111.SZ	威海广泰	0	1	1	1	1	1	1	1	1	0	1	1	10	5	90
002217.SZ	合力泰	1	1	1	1	1	1	1	1	1	1	1	1	12	5	100
002237.SZ	恒邦股份	1	1	1	1	1	1	0	1	1	1	1	1	11	0	55
002254.SZ	泰和新材	1	1	1	1	1	1	0	1	1	1	1	1	11	0	55
002286.SZ	保龄宝	0	1	1	1	1	1	1	1	1	0	1	1	10	5	90
002382.SZ	蓝帆医疗	0	0	0	0	0	0	0	0	0	0	0	0	0	0	0
002408.SZ	齐翔腾达	1	0	1	1	1	1	1	1	1	1	1	1	11	5	95
002470.SZ	金正大	1	1	1	1	1	1	1	1	1	1	1	1	12	0	60
002476.SZ	宝莫股份	1	1	1	1	1	1	1	1	1	1	1	1	12	5	100
002481.SZ	双塔食品	1	1	1	1	1	1	1	1	1	1	1	1	12	0	60
002490.SZ	*ST 墨龙	0	0	0	0	0	0	0	0	0	0	0	0	0	0	0
002580.SZ	圣阳股份	1	1	1	1	1	1	1	1	1	1	1	1	12	5	100
002604.SZ	龙力生物	0	1	1	1	1	1	1	1	1	1	1	1	11	5	95
002643.SZ	万润股份	1	1	1	1	1	1	1	1	1	1	1	0	11	5	95
002726.SZ	龙大肉食	0	0	0	0	0	0	0	0	0	0	0	0	0	5	40
002805.SZ	丰元股份	1	1	1	1	1	1	1	1	1	1	1	1	12	5	100
002810.SZ	山东赫达	1	1	1	1	1	1	1	1	1	1	1	1	12	5	100
300110.SZ	华仁药业	1	1	1	0	1	1	1	0	1	1	1	1	10	5	90
300121.SZ	阳谷华泰	1	1	1	1	1	1	0	1	1	1	1	1	11	5	95
300224.SZ	正海磁材	1	1	1	1	1	1	1	1	1	1	1	1	12	5	100
300569.SZ	天能重工	0	0	0	0	0	0	0	0	0	0	0	0	0	5	40
300583.SZ	赛托生物	1	1	1	1	1	1	1	1	1	1	1	1	12	5	100
600060.SH	海信电器	0	0	0	0	0	1	0	0	0	0	0	0	1	5	45
600308.SH	华泰股份	1	0	0	0	1	1	1	0	1	1	1	1	8	5	80
600309.SH	万华化学	1	1	0	0	1	0	0	0	0	0	0	0	3	5	55
600319.SH	亚星化学	1	0	0	0	1	1	1	0	1	0	0	0	5	1.5	37

续表

代码	公司简称	主要污染物和特征污染物名称	排放方式	排放口数量	排放口分布情况	排放浓度和排放总量	执行的污染物排放标准	核定的排放总量	超标排放情况	防治污染设施的建设和运行情况	建设项目环境影响评价及其他环境保护行政许可情况	突发环境事件应急预案	自行监测	定期报告评估得分	重大环境行政处罚披露得分	综合得分
600426.SH	华鲁恒升	1	0	0	0	1	1	1	0	1	0	0	0	5	5	65
600448.SH	华纺股份	1	1	1	1	1	1	1	1	1	1	1	1	12	5	100
600529.SH	山东药玻	1	1	1	1	0	1	1	0	1	1	1	1	10	0	50
600586.SH	金晶科技	0	0	0	0	0	0	0	0	0	0	0	0	0	1.5	12
600587.SH	新华医疗	1	1	1	1	0	1	1	1	1	0	0	0	8	5	80
600727.SH	鲁北化工	1	1	1	1	1	1	1	1	1	1	1	1	12	5	100
600789.SH	鲁抗医药	1	1	1	1	1	1	1	1	1	1	1	1	12	0	60
600960.SH	渤海活塞	1	1	1	1	1	1	0	0	0	0	0	0	6	0	30
600966.SH	博汇纸业	1	1	1	1	1	1	0	0	1	1	0	0	8	5	80
601058.SH	赛轮金宇	1	1	1	1	1	1	0	1	1	0	1	0	9	5	85
601678.SH	滨化股份	1	0	1	0	1	1	0	0	1	1	1	1	8	5	80
603086.SH	先达股份	1	1	1	1	1	1	1	1	1	1	1	1	12	5	100
603113.SH	金能科技	1	1	0	1	1	1	0	1	1	1	1	1	10	5	90
603639.SH	海利尔	1	1	1	1	1	1	1	0	1	1	1	1	11	5	95

附录 4 上市公司警示清单

1. 信息披露严重违规警示

共有 16 家上市公司定期报告环境信息披露得分在 3 分及 3 分以下，同时虽受到环保部门重大行政处罚但未披露任何重大环境行政处罚信息。这部分环境信息披露严重违规的上市公司名单见附表 4.1。

附表 4.1 信息披露严重违规上市公司清单

代码	公司简称	上市公司名称	总部所在省份	包含重点监控企业数	重大环境行政处罚次数	定期报告评估得分
000677.SZ	恒天海龙	恒天海龙股份有限公司	山东	1	1	0
002185.SZ	华天科技	天水华天科技股份有限公司	甘肃	2	1	0
002202.SZ	金风科技	新疆金风科技股份有限公司	新疆	3	1	0
002382.SZ	蓝帆医疗	蓝帆医疗股份有限公司	山东	1	1	0
002393.SZ	力生制药	天津力生制药股份有限公司	天津	1	1	0
002487.SZ	大金重工	辽宁大金重工股份有限公司	辽宁	1	1	0
002490.SZ	*ST 墨龙	山东墨龙石油机械股份有限公司	山东	1	1	0
002523.SZ	天桥起重	株洲天桥起重机有限责任公司	湖南	1	1	0
600019.SH	宝钢股份	宝山钢铁股份有限公司	上海	6	6	0
600303.SH	曙光股份	辽宁曙光汽车集团股份有限公司	辽宁	2	1	0
600432.SH	*ST 吉恩	吉林吉恩镍业股份有限公司	吉林	3	1	2
600636.SH	*ST 爱富	上海三爱富新材料股份有限公司	上海	3	1	3
600963.SH	岳阳林纸	岳阳林纸股份有限公司	湖南	1	2	2
600987.SH	航民股份	浙江航民股份有限公司	浙江	8	3	1
603020.SH	爱普股份	爱普香料集团股份有限公司	上海	1	1	1
603823.SH	百合花	百合花集团股份有限公司	浙江	2	1	3

2. 重大环境违规风险警示

将本报告的评估结果与《基于固定源环境监管数据的上市公司环境绩效评价研究报告》的评估结果结合，筛选出环境信息披露水平和环境绩效表现都较差的上市公司。以环境信息披露综合得分低于 60 分为环境信息披露较差的标准，以环境绩效等级为 C 及 C 以下为环境绩效表现较差的标准。附表 4.2 为这部分存在重大环境违规风险的上市公司名单。

附表 4.2 重大环境违规风险警示上市公司清单

代码	公司简称	公司全称	环境绩效总得分	环境绩效评分等级	信息披露综合得分	总部所在省份
000420.SZ	吉林化纤	吉林化纤股份有限公司	62	C	60	吉林
000677.SZ	恒天海龙	恒天海龙股份有限公司	66	C	0	山东
000755.SZ	*ST 三维	山西三维集团股份有限公司	52	C-	96	山西
000778.SZ	新兴铸管	新兴铸管股份有限公司	69.39	C	60	河北
000825.SZ	太钢不锈	山西太钢不锈钢股份有限公司	60.02	C	60	山西
002422.SZ	科伦药业	四川科伦药业股份有限公司	60.51	C	60	四川
002513.SZ	蓝丰生化	江苏蓝丰生物化工股份有限公司	58	C-	60	江苏
002601.SZ	龙蟒佰利	龙蟒佰利联集团股份有限公司	66	C	80	河南
002716.SZ	金贵银业	郴州市金贵银业股份有限公司	68	C	100	湖南
600293.SH	三峡新材	湖北三峡新型建材股份有限公司	44	D	50	湖北
600307.SH	酒钢宏兴	甘肃酒钢集团宏兴钢铁股份有限公司	60	C	40	甘肃
600308.SH	华泰股份	山东华泰纸业股份有限公司	69.9	C	80	山东
600319.SH	亚星化学	潍坊亚星化学股份有限公司	64	C	37	山东
600367.SH	红星发展	贵州红星发展股份有限公司	63.67	C	60	贵州
600470.SH	六国化工	安徽六国化工股份有限公司	40.59	D	40	安徽
600569.SH	安阳钢铁	安阳钢铁股份有限公司	67.7	C	35	河南
600586.SH	金晶科技	山东金晶科技股份有限公司	67.19	C	12	山东
600782.SH	新钢股份	新余钢铁股份有限公司	64	C	60	江西
600793.SH	宜宾纸业	宜宾纸业股份有限公司	58	C-	35	四川
600966.SH	博汇纸业	山东博汇纸业股份有限公司	68	C	80	山东
603077.SH	和邦生物	四川和邦生物科技股份有限公司	66	C	60	四川

3. 严重环境违法行为警示

若某一企业所受行政处罚满足以下任一条件，认为该企业有严重环境违法行为：（1）单次罚款 100 万元以上；（2）按日连续处罚；（3）案件移送公安机关；（4）相关人员被行政拘留。附表 4.3 统计了 2017 年有严重违法行为的上市公司。附表 4.4 和附表 4.5 分别统计了总部在江苏省和山东省的 2017 年有严重违法行为的上市公司。

附表 4.3 严重环境违法行为上市公司清单

代码	公司简称	公司全称	按日计罚案件数	罚款 100 万元以上案件数	移送公安机关案件数	行政拘留案件数
000009.SZ	中国宝安	中国宝安集团股份有限公司	0	0	1	1
000069.SZ	华侨城 A	深圳华侨城股份有限公司	0	1	0	0

续表

代码	公司简称	公司全称	按日计罚案件数	罚款 100 万元以上案件数	移送公安机关案件数	行政拘留案件数
000422.SZ	湖北宜化	湖北宜化化工股份有限公司	0	0	1	1
000511.SZ	*ST 烯碳	银基烯碳新材料股份有限公司	0	0	1	1
000598.SZ	兴蓉环境	成都市兴蓉环境股份有限公司	0	1	0	0
000626.SZ	远大控股	远大中国控股有限公司	0	0	0	1
000692.SZ	惠天热电	沈阳惠天热电股份有限公司简介	1	1	2	2
000755.SZ	*ST 三维	山西三维集团股份有限公司	0	1	0	0
000778.SZ	新兴铸管	新兴铸管股份有限公司	0	2	0	0
000921.SZ	海信科龙	海信科龙电器股份有限公司	0	0	0	1
000972.SZ	*ST 中基	中基健康产业股份有限公司	0	0	1	1
000979.SZ	中弘股份	中弘控股股份有限公司	0	1	0	0
000983.SZ	西山煤电	山西西山煤电股份有限公司	0	1	0	0
002025.SZ	航天电器	贵州航天电器股份有限公司	0	0	1	0
002125.SZ	湘潭电化	湘潭电化科技股份有限公司	0	0	1	1
002146.SZ	荣盛发展	荣盛房地产发展股份有限公司	0	0	1	1
002182.SZ	云海金属	南京云海特种金属股份有限公司	1	1	0	0
002247.SZ	帝龙文化	浙江帝龙文化发展股份有限公司	0	1	0	0
002259.SZ	升达林业	四川升达林业产业股份有限公司	0	0	1	1
002311.SZ	海大集团	广东海大集团股份有限公司	0	0	1	1
002385.SZ	大北农	北京大北农科技集团股份有限公司	0	0	1	1
002395.SZ	双象股份	无锡双象超纤材料股份有限公司	0	0	1	1
002452.SZ	长高集团	湖南长高高压开关集团股份公司	0	0	1	1
002470.SZ	金正大	金正大生态工程集团股份有限公司	0	0	1	1
002514.SZ	宝馨科技	苏州宝馨科技实业股份有限公司	0	0	1	0
002588.SZ	史丹利	史丹利农业集团股份有限公司	1	0	0	0
002752.SZ	昇兴股份	昇兴集团股份有限公司	1	0	0	0
600010.SH	包钢股份	包钢钢联股份有限公司	0	1	0	0
600021.SH	上海电力	上海电力股份有限公司	1	0	0	0
600028.SH	中国石化	中国石油化工集团公司	2	3	1	1
600143.SH	金发科技	金发科技股份有限公司	0	0	2	1
600188.SH	兖州煤业	兖州煤业股份有限公司	0	1	0	0
600283.SH	钱江水利	钱江水利开发股份有限公司	0	1	0	0

续表

代码	公司简称	公司全称	按日计罚案件数	罚款 100 万元以上案件数	移送公安机关案件数	行政拘留案件数
600293.SH	三峡新材	湖北三峡新型建材股份有限公司	0	3	0	0
600319.SH	亚星化学	潍坊亚星化学股份有限公司	4	3	0	0
600331.SH	宏达股份	四川宏达股份有限公司	0	0	1	1
600466.SH	蓝光发展	四川蓝光发展股份有限公司	0	1	0	0
600475.SH	华光股份	无锡华光锅炉股份有限公司	0	1	0	0
600488.SH	天药股份	天津天药药业股份有限公司	0	0	1	1
600489.SH	中金黄金	中金黄金股份有限公司	0	2	1	1
600500.SH	中化国际	中化国际（控股）股份有限公司	0	1	0	0
600546.SH	山煤国际	山煤国际能源集团股份有限公司	1	2	0	0
600582.SH	天地科技	天地科技股份有限公司	1	1	0	0
600585.SH	海螺水泥	安徽海螺水泥股份有限公司	0	0	2	2
600606.SH	绿地控股	绿地控股集团股份有限公司	0	1	0	0
600691.SH	阳煤化工	阳煤化工股份有限公司	1	2	0	0
600692.SH	亚通股份	上海亚通股份有限公司	1	1	0	0
600740.SH	山西焦化	山西焦化股份有限公司	0	1	0	0
600755.SH	厦门国贸	厦门国贸集团股份有限公司	0	0	1	1
600758.SH	红阳能源	辽宁红阳能源投资股份有限公司	0	0	1	0
600773.SH	西藏城投	西藏城市发展投资股份有限公司	1	1	0	0
600801.SH	华新水泥	华新水泥股份有限公司	0	0	1	1
601005.SH	*ST 重钢	重庆钢铁股份有限公司	0	2	0	0
601069.SH	西部黄金	西部黄金股份有限公司	0	0	1	1
601390.SH	中国中铁	中国中铁股份有限公司	0	1	0	0
601898.SH	中煤能源	中国中煤能源股份有限公司	1	1	0	0
601899.SH	紫金矿业	紫金矿业集团股份有限公司	1	0	0	0
601989.SH	中国重工	中国船舶重工股份有限公司	0	1	0	0
601991.SH	大唐发电	大唐国际发电股份有限公司	0	1	0	0

附表 4.4　江苏省严重环境违法行为上市公司清单

代码	公司简称	公司全称	按日计罚案件数	罚款 100 万元以上案件数	移送公安机关案件数	行政拘留案件数
002182.SZ	云海金属	南京云海特种金属股份有限公司	1	1	0	0
002514.SZ	宝馨科技	苏州宝馨科技实业股份有限公司	0	0	1	0

续表

代码	公司简称	公司全称	按日计罚案件数	罚款 100 万元以上案件数	移送公安机关案件数	行政拘留案件数
002395.SZ	双象股份	无锡双象超纤材料股份有限公司	0	0	1	1
000626.SZ	远大控股	远大中国控股有限公司	0	0	0	1
600475.SH	华光股份	无锡华光锅炉股份有限公司	0	1	0	0

附表 4.5　山东省严重环境违法行为上市公司清单

代码	公司简称	公司全称	按日计罚案件数	罚款 100 万元以上案件数	移送公安机关案件数	行政拘留案件数
600319.SH	亚星化学	潍坊亚星化学股份有限公司	4	3	0	0
002470.SZ	金正大	金正大生态工程集团股份有限公司	0	0	1	1
600188.SH	兖州煤业	兖州煤业股份有限公司	0	1	0	0
002588.SZ	史丹利	史丹利农业集团股份有限公司	1	0	0	0